河北传媒学院教材文库丛书

河北传媒学院学术基金资助出版

# 全媒体现场报道实务及案例分析

张惠程◎著

中国广播影视出版社

图书在版编目（CIP）数据

全媒体现场报道实务及案例分析 / 张惠程著 .

北京 ： 中国广播影视出版社， 2025. 5. -- ISBN 978-7
-5043-9375-3

Ⅰ . G222.2

中国国家版本馆 CIP 数据核字第 2025FT4428 号

**全媒体现场报道实务及案例分析**

张惠程　著

| | | |
|---|---|---|
| 责任编辑 | 王　萱　宋蕾佳 | |
| 封面设计 | 寒　露 | |
| 版式设计 | 寒　露 | |
| 责任校对 | 张　哲 | |

出版发行　中国广播影视出版社
电　　话　010-86093580　010-86093583
社　　址　北京市西城区真武庙二条 9 号
邮　　编　100045
网　　址　www.crtp.com.cn
电子信箱　crtp8@sina.com

经　　销　全国各地新华书店
印　　刷　定州启航印刷有限公司

开　　本　787毫米×1092毫米　　1/16
字　　数　246（千）字
印　　张　14.75
版　　次　2025 年 5 月第 1 版　2025 年 5 月第 1 次印刷

书　　号　ISBN 978-7-5043-9375-3
定　　价　88.00元

# 序

　　"河北传媒学院学术基金"是河北传媒学院为提升教师队伍水平、加强人才培养的一项学术性资助项目,欣闻张惠程老师的《全媒体现场报道实务及案例分析》一书获得该基金资助,即将付梓出版,并被列入"河北传媒学院教材文库丛书",首先表示祝贺。这个秋天,平添了一分收获的喜悦。

　　"充满活力,大有希望",这是我去年进入河北传媒学院新闻传播学院担任院长后,很快就对这个学院产生的感觉。因为是民办学院,河北传媒学院一直注重发挥机制较为灵活的优势,选择了一条凝聚社会资源、吸引高端人才、提升内涵品质、创造优质品牌效应的发展路径。学校从校外聘请了大量高层次专家参与学校的管理教学,特别是从省内外多家媒体聘请专业人才走上讲台,用他们的专业知识、专业技能丰富了教学内容,也为课堂注入了新鲜活力,更让学校培养应用型人才的办学指导思想有了着陆点。这种运行模式也深受学生喜欢。对课堂上生动与有实战意义的实践经验,他们在充分吸纳的同时,也积极运用到课堂实践和校外实践中。在河北传媒学院,各种演播厅、录制间、剪辑机房内年轻学子忙碌的身影络绎不绝,校园内、湖水旁学生们练习发音诵读、扛着摄录机认真拍摄的动人风景比比皆是。近年来,河北传媒学院的学生作品在国内外屡获殊荣,涌现一批优秀人才,也都是学校敞开大门办教育的具体成果。

　　张惠程老师就是学校引入的专业人才之一,他就职于河北广播电视台,一直工作在节目一线,十年前走上新闻传播学院的讲台,教授多门课程。当他找到我说要出一本专业书时,我又惊又喜。惊讶的是,工作繁忙的电视人能抽出时间讲课已属不易,能及时进行理论总结,进而形成著述,更是难得;喜悦的是,这是学校老师们热爱讲台的一种体现,是我们新闻传播学院教学工作的一个成绩单。

　　这本《全媒体现场报道实务及案例分析》来自张老师日常教学的讲义总结,有自己鲜明的特色:一是实用。所谓实务,就是指具体的办法。作为一门学科,现场报道本身就是一门方法论的研究课程,需要来自实践又能用于实际的具体方法。张老师在书中既有自己工作经验的体会，也有相关理论与电视实际工作的结合，注重细节上的可操作性，这对我们培养应用型人才、提升学生的实操能力是大有裨益的。二是注重案例分析，方法论教学离不开示范，而实践中的真实案例是示范的重要内容。在本书中，张老师运用了大量实践案例。这些案例既能用以说明具体的方法运用，也能直观地展现方法运用的效果，对读者来说便于理解和接受。

我还了解到，作为一门新兴学科，现场报道的相关理论研究还处在百家争鸣的状态，相对统一的学科体系还处在探索性的构建中。张老师在这本书中也力图构建起具有自身特色的学科体系，虽然是一家之说，但对整个学科的发展与完善，一定可以起到添砖加瓦的作用。最重要的是，立足三尺讲台，面对学生倾囊相授；俯身一米书桌，远离尘嚣静心著说，是我希望在大学教师队伍中看到的景象，也是我们学校激励教师不断提升业务和知识水平所出现的动人景象。

感谢学院学术基金对这本书的资助，河北传媒学院院长李锦云、副院长李建平、科研处董孟怀处长对该书立项给予了认真审核和大力支持，河北传媒学院新闻传播学院张晶老师为该项目做了很多具体而复杂的工作，在此一并感谢。这是对张老师个人的爱护与支持，更是对新闻传媒学院所有老师的激励与鞭策。

"风雨如晦，鸡鸣不已"，面对这个伟大时代如火如荼的媒体竞争与改革发展，传媒学院应当积极参与其中并发出自己的声音。我也相信，会有更多的老师用自己的智慧，用自己的笔为这个充满希望的时代增添更多亮丽的色彩。

是为序。

2024 年 9 月

河北传媒学院新闻传播学院院长　张金桐

# 目 录

## 第三部分　实务运用及案例分析

# 第一部分

# 基本概念

# 第一章　新闻的全媒体传播与全媒体现场报道

## 第一节　新闻的全媒体传播

融媒体时代，短视频与网络直播成为搅动互联网神经的敏感元素。第 53 次《中国互联网络发展状况统计报告》显示：截至 2023 年 12 月，网络视频用户规模达 10.67 亿人，其中短视频用户规模达 10.53 亿人。短视频发展不仅搅动互联网的发展与创新，也直接影响传统媒体的传媒语态，打造网媒视频平台已经成为传统媒体的重点发力方向。对此，很多媒体（如新华社与《人民日报》等）都在向视频传播拓展，推出自己的网络电视台和手机电视台。中央广播电视总台的"央视新闻""央视频"以新闻资源优势和权威优势打造新闻视频的领军地位，截至 2023 年 12 月底，央视新闻 App 主打版块"正直播"已经实现每天不少于三场直播。众多央视主持人和记者也加入网络直播的行列，内容涉及新闻事件、政策发布、产业、旅游、美食、节日活动等众多题材。新华社于 2016 年 2 月 29 日推出"现场新闻"移动直播新闻平台，于 2017 年 2 月 19 日再次推出"现场云"平台，构建融文字、图片、视频、直播为一体的新闻移动平台。在地方，重庆广电的"第一眼"新闻平台、深圳广电的"直新闻"平台、福建广电的"海博 TV"客户端、成都广电全媒体平台"看度"都在媒体融合的转型中以新闻直播为着力点做出了有益的尝试。大量的新闻直播，让传统媒体的记者在发挥优势探索媒体融合新语境的表达方式的同时，也有了更多的机会拿起话筒走到镜头前与受众直面交流进行报道。全媒体现场报道概念的提出，正是融媒体时代新闻全媒体传播的必然结果。

## 一、全媒体的概念

媒体互联网与数字媒体的发展以及新兴媒体的不断涌现与成熟，彻底颠覆了传媒格局，特别是对传统大众主流媒体来说，新浪潮的冲击推动着报纸、广播、电视等传统媒体加速转型，积极进行着传播媒介的融合发展和营销行为的多元发展，媒体融合与全媒体转型成为传统媒体面对媒体竞争迎头赶上的自觉选择。

全媒体转型是传统媒体在媒介融合基础上进一步提升媒介传播力的一种发展策略。在媒介融合初期，传统媒体主要是通过多种媒介渠道特别是自觉运用新媒体进行传播的新闻叙事或表达融合等联合操作，而目前，通过战略联盟进行融合的全媒体转型已经成为传统媒体改革发展的主流。

全媒体，是指打破传统媒介界限，在数字介质上，构建全新的融文字、图片、音频、视频、动画等多种表现形式为一体的内容平台，并打破原有的刊发和播出平台，实现24小时滚动内容提供。全媒体理念的核心就在于打破媒介之间的壁垒，实现不同媒体内容及渠道的融合，探索一种新的运营模式。[①]

## 二、传统媒体的全媒体转型

全媒体是具有更加多样化的传播渠道、更加广泛的传播领域、更加立体的传播模式、更加多元的传播效果的一种传媒平台架构。传统媒体改变单一的传播渠道与传播功能，积极搭建、完善并且强化这种平台架构，就是全媒体转型。华中科技大学广播电视与新媒体研究院院长石长顺教授在《融合新闻学导论》一书中，将我国当前全媒体转型的主要形态分为以下三种：

一是广播电视全媒体转型，即广播电视媒体在自身节目通过新媒体等多种媒体拓展传播渠道、增强传播能力的同时，借助数字媒体技术，打造新媒体形态，包括网络电视媒体、IPTV、手机广播电视等，并随着三网融合的深入推进，逐步将传统的家庭客厅电视观看方式转变为多屏收看、随时收看、交互信息、智能电视的模式。传统的广播电视台不再是单纯的节目生产播出方，而是新媒体时代中一个具有先进传播手段、强大传播能力、立体传播功能的媒体平台。从前传统新

---

① 石长顺：《融合新闻学导论》，北京大学出版社2020年版，第49页。

闻采编和新媒体业务"两张皮"的现象从"你就是你，我就是我"转变成为"你就是我，我就是你"的深度融合状态。

二是报业全媒体转型，即报业媒体要依托互联网和数字媒体技术，立足报业自身内容生产，跨区域办报、跨行业拓展、跨媒体融合，使报业传媒不再只依靠纸媒传播，而是成为集文字、图片、视频、广播、电视等多种传播手段于一身，且传统媒体与互联网媒体并存的一种综合性新媒体平台。《人民日报》创办人民网、推出人民直播，上海报业集团打造的澎湃新闻，四川日报集团和阿里巴巴合作成立封面传媒，杭州日报报业集团联合其他公司推出国内首份 5G 融媒报等都是这种转型的优秀代表。

三是移动化、视频化发展转型。电视人孙玉胜在 2018 年中国网络媒体论坛上发言："媒介发展到视听阶段，视频是传播的最高形态，100 多年来没有改变，未来也不会改变。"事实上，抖音、快手、B 站等视频平台的崛起，已经将网络视频时代推到了受众面前，打造网媒视频平台已经成为传统媒体的重点发力方向，很多媒体都在向视频传播拓展，推出自己的网络电视台和手机电视台。比如，湖南广电芒果 TV 作为湖南广电"双核驱动"战略主体之一，与芒果互娱、天娱传媒、芒果影视、芒果娱乐整体打包注入快乐购（后更名为"芒果超媒"），正式成为国内 A 股首家国有控股的视频平台，显示出芒果超媒在视频发展上的强大能力。

## 三、新闻传播方式的改变

移动化、视频化发展趋势使短视频成为传统媒体进行全媒体转型过程中构建传播新语境的重要方式，包括新闻传播也在重视短视频的过程中不断融入新的表达方式。随着全媒体转型的不断深入和新技术的不断出现，新闻的叙事手段和空间不断得到拓展，在 2022 年第 32 届中国新闻奖评选中，"新闻专题"类合并了以往的广播新闻专题、电视新闻专题、网络新闻专题、短视频专题报道四个类别，包括报纸、广播、电视和新媒体等多种媒体形态的作品。"短视频、微视频、长图、交互均有体现，集中表现为融媒多语态叙事，如大连新闻传媒集团的《昨天，风雪中的背影，震撼了大连》融图片、视频、文字为一体；《一支疫苗的诞生》借助二维、三维、虚拟现实等动画手段，以拟人化的卡通形象设计来演示新冠病毒疫苗的作用机理、研发模式等；扬子晚报的《少年志 青少年强国学习空间站》设置了包括信仰核心舱、空中学习舱、成长体验舱几个互动区域，提供了开放的叙事链，叙事节奏轻快活泼。"①

随着新闻传播生态的更迭，新闻产品由过去单一的文字、图片、声音、图像形式转变为多媒体的流程再造。新闻生产方式的革命对新闻从业人员的素质提出了更高的要求。传播者不仅要掌握新闻业务知识，还要精通电子科技和网络知识，能够综合使用文字、图像、视频等传播手段。传播者在完成采访任务后，要形成文字、音视频等多种介质的新闻产品，成为一个全能型的新闻工作者。

## 第二节　新闻的全媒体现场报道

### 一、全媒体现场报道的概念

在新闻传播生态和新闻语态的转变中，新闻直播更加普及化，而现场报道无论是在传统电视媒体的新闻报道中，还是在融媒体的网络新闻报道中，都是直播新闻的重要手段。

那么，全媒体现场报道到底是什么呢？它仅仅是指记者拿着话筒面对镜头报道吗？该如何做好现场报道？什么样的现场报道是成功的，是让人们为之叫好的呢？

2017年6月4日，英国伦敦发生疑似恐怖袭击的车撞人事件，至少1人死亡。当天早上，一个新闻栏目迅速报道了此事。在节目中，主持人现场连线前方记者，以直播方式介绍事件发生的情况。应该说，直播报道海外重大事件，反映了国际化的新闻理念，体现了栏目强大的新闻传播实力。但遗憾的是，由于事发突然、准备仓促、经验不足等问题，这个记者的直播现场报道做得让人感觉并不专业。

首先，记者虽然介绍了伦敦连续发生三次撞人事件以及警方目前的应对措施，但是记者在报道过程中略显慌乱，声音不稳，多次出现语病和磕绊现象。其次，

---

① 任殷乐：《这些"新闻专题"为何获中国新闻奖　三个共同点可借鉴》，2023年5月11日，中国记协网，http://www.zgjx.cn/2023-05/11/c_1310717670.htm。

记者的现场陈述条理不清晰，重点不突出，甚至重点信息交代不清楚。比如，记者陈述了伦敦发生三起撞人事件，也介绍了三起事件发生的地点，但只是单纯地说出了三个地名。而三个地名对并不熟悉伦敦的绝大多数观众来说是带有干扰性的无效信息，因为观众无法从地名上判断出伦敦是在多大范围内发生了三起事件，这三起事件有什么关联性，严重程度又如何。最后，记者出镜的地点也不具备标识性。虽然记者交代了由于警方的封锁无法到达现场，但是记者也没有选择在警戒线外出镜，而是以一栋没有标志性的大楼的一角作为背景，且大楼之外是模糊的夜色，这样的位置让观众看不出记者出镜的地点和事发现场有什么关联性，甚至看不出和伦敦有什么关联性，这大大削弱了报道的现场感。

就在这篇报道让人感到略微遗憾时，当天的节目很快又播出了这样一则报道：位于重庆南岸区的黄桷湾立交桥，由于高低落差大，匝道多，被网友称为重庆"最复杂立交桥"，在网上火了起来，为此，记者到现场进行了实地探访，并发回了报道：

（记者现场出镜）这里就是最近引发网友关注的重庆最复杂立交桥。这个立交桥呢一共是上下5层，有15条匝道。现在，我就在立交桥的第3层，从我身后这个角度看过去呢，立交桥是高低错落、纵横交错的，于是有网友就担心：来到这个立交桥会不会迷路？现在我们就乘车去体验一下，看一下它的交通状况如何。

随后，记者又在车上出镜体验，用画外音告诉大家，虽然立交桥连接方向众多，但并不影响其识别性，最后采访当地司机，他们告诉记者：按照路牌标识走，不会搞错；如果用导航，是没有问题的。

这则新闻可以说饶有趣味。首先，它从网上的热议话题入手，以记者体验求证的方式厘清争议，回复公众疑问，反映了栏目贴近百姓、关注热点的新闻理念和求真求实的新闻传播姿态。其次，它以记者现场出镜报道的方式增强了可信度，体验结果令人信服。最后，记者的现场报道位置选择正确，语言表述清晰而客观，使报道真实、客观而又公正。可以说，这是一则较为成功的出镜报道。

两条新闻都运用了现场报道，观感却大不相同，究其原因，可以从以下方面进行比较：

（1）在新闻内容上，伦敦撞人事件是一起突发事件，具有突然性，而重庆立交桥只是一个新闻现象，具有话题性。在内容叙述上，显然前者更复杂、更具有难度。

（2）在报道方式上，伦敦撞人事件完全依靠记者的现场叙述来独立进行报道，对这样一个复杂事件要叙述清楚就需要内容严密的逻辑性和口语表达的流畅性，这显然具有一定难度；而重庆立交桥的报道除了有记者的现场出镜报道，还有记者体验、画外音解说以及现场调查等方式，这种多样化报道手段的运用能够更容易清楚地交代报道内容的来龙去脉，同时更生动直观。

（3）在传播方式上，伦敦撞人事件是记者在和新闻主播进行连线的情况下进行的直播报道，而重庆立交桥的体验报道是记者在录播情况下完成的事后报道——在直播的情况下，记者出现一些情绪的紧张和内容的散乱是情有可原的；而在录播的情况下，记者可以反复拍摄，把最好的一面展现给大家，因此记者在镜头前没有什么瑕疵。

通过比较可以看到，现场报道记者需要很多要素集合而成，有着丰富的内容和不同的形式。同时，两种现场报道也有一些共性，如都是记者在现场的报道，都需要记者面对镜头，报道中记者有陈述、有采访，个人的表现往往决定着报道的效果等。综合起来，这些共性就构成了全媒体现场报道的概念——在新闻的全媒体传播过程中，记者以出镜的方式在新闻现场或相关现场进行报道和采访的一种新闻传播方式。

## 二、全媒体现场报道的要素

### （一）记者

全媒体现场报道是记者进行的报道，似乎无须赘言，但实践中许多人正是在这一点上出现了偏差，特别是一些学习播音主持专业的学生，更容易受专业影响而把报道做得"主持化"。比如，很多学生在进行现场报道的练习时，第一句话往往是"观众朋友，大家好，我是……"，有的学生甚至会说"亲爱的观众朋友，大家好"。这种现象表明，对现场出镜报道，很多人把注意力首先放在了"出镜"上，因此，自然而然地认为出镜带有表演性质，便习惯性地使用常用主持语。

实际上，全媒体现场报道的出镜任务在绝大多数情况下是由记者来完成的——在西方的一些大型电视媒体中，新闻节目的主播就是节目的制片人，在节目进行的同时会深入新闻现场进行采访和现场出镜报道,但是,在出镜报道时,这些新闻主播行使的是记者职能,而不是以主播或主持人的身份出现。同样,在国内,一些大型庆典活动、出访活动和会议报道中,也有新闻主播在现场出镜报道,但此时的新闻主播仍然行使的是记者职能。只不过由于职业特点和形象优势,他们的个性特征更为突出,更容易吸引观众的关注。

笔者认为,出镜记者是指在新闻现场,面对镜头进行信息传达、人物采访、事件评论的记者和主持人的总称。这个定义所强调的就是全媒体现场报道的出镜记者和主持人最终发挥的是记者的职能。

《现代汉语词典》对记者的定义是"通讯社、报刊、广播电台、电视台等采访新闻和写通讯报道的专职人员"。记者的主要职能是发现新闻、调查新闻、传播新闻。在这一点上,出镜记者不同于坐在直播间的新闻主播,他们在功能上的区别可以通过表1-1来总结:

表1-1　出镜记者与新闻主播在功能上的区别

| 功能 | 出镜记者 | 新闻主播 |
|---|---|---|
| 报道 | 语言陈述,可以借助动作或现场场景进行描述式陈述。对事件的报道来自现场。现场报道的目的最终服务于演播室内播报。 | 语言播报,除了表情,很少有其他表达方式。对事件的全部过程进行报道,常常借助现场记者的调查报道。 |
| 评论 | 在镜头前完成,评论一般与现场和新闻事件关联。 | 对新闻本身的社会价值进行评论,不一定与现场关联。 |
| 采访 | 对相关人员的采访是为了澄清事实,一般带有调查性。 | 多是对新闻本身进行相关的评述和咨询,带有咨询性。即使是为了调查真相,也带有验证性。 |

从上述比较可以看出,出镜记者主要的职能是传达现场信息,这种传达又是基于对事实的调查,其遵循的职业原则是真实、客观、公正、正义。

记者要做到对事件的报道客观真实,首要的是做到避免个人因素的主观介入,在进行全媒体现场报道时,要摒弃表演的冲动,以客观冷静的态度进行报道。客观报道要求记者做到发现事实真相,客观全面地传送事实。全媒体现场报道就是一种特殊的传播手段,即记者在新闻现场面对面地向观众直接呈现自己的所见所闻,对报道的内容给出解释、判断和背景材料。在这个过程中,秉承的原则是

"用事实还原真实"，即记者在全媒体现场报道中，自觉地运用现场的真实环境客观地展示新闻事件的真实情况。这种展示，不是来自记者的个人感受，而是来自事实的细节展示。比如，在报道天气寒冷时，记者不能只是说"我很冷"，而要设法让观众感知有多冷，可以用现场周边的环境向观众展示有多冷，如展示身旁的树叶是否已结霜、身边的河流是否已结冰等，让观众形象化地感受到"冷"的真实程度。同样，在报道灾难性事故时，记者需要掌握准确的人员伤亡和财产损失情况，但仅有干巴巴的数字是不够的，需要用现场环境真实的情况和具有代表性的场景来客观说明。比如，在报道一起球迷骚乱事件时，记者把出镜现场选在了事后警方搜集起来的观众在骚乱中跑失的一堆鞋子和提包面前。大量的鞋子铺在地上，已经彰显出骚乱的混乱程度，不需要更多的语言表述，后果的严重已经不言自明。这种出镜现场的选择以及具体细节的展示，就是出镜记者牢记"用事实还原真实"这一原则的具体体现。

综上，记者的出镜，绝不是简单地重复别人的观点与言论，而是用自己的眼睛发现真相，用自己的方法报道真相，这既不是表演，也不是主持节目，更像一场没有硝烟的战斗，在战斗中要战胜各种不利条件，挖掘出事实真相，把事实和材料呈现给观众，让观众在全面接受事实的同时对事件有一个客观准确的判断。

总之，强调"记者"要素的意义在于，要明确现场报道是记者的特有职能，要摒弃在镜头前的表演冲动，要善于运用新闻的眼光审视现场环境，用事实、用细节展现真相，客观报道。

### （二）现场

全媒体现场报道立足"现场"。现场，是指新闻事件发生的地点。媒介的信息是物质现实的还原，全媒体现场报道就是通过摄像机和记者的报道最大限度地还原现场，给予观众真实感和现场感。因此，尽可能地逼近现场是记者在采访中的最大诉求。但在实际采访过程中，记者并不总能顺利进入现场，而不管能否进入现场，记者都会面临很多挑战。

如果能够进入现场，记者首先需要做的是迅速进行判断：选择什么样的场景作为出镜位置。出镜位置的选择，除了考虑光线影响、画面效果，还应该考虑哪些场景是适合出镜的典型场景。所谓典型场景，是现场中最能反映报道事件的特点、程度、概况的场景。比如，交通事故中的肇事车辆、火灾现场最大的火力点。

这些场景，能让观众直接看到事件发生的概况，感受事件发生的程度，因而应该成为记者出镜位置的首选。当然，在选择的过程中，有时也需要记者付出巨大的勇气。比如，在报道暴雨和大风来临时，记者需要站在风雨中、站在风高浪急的海岸边，而这些地方都有一定的危险性，需要记者拿出勇气，同时又要确保安全，顺利完成现场报道。2023年10月，巴以双方爆发新一轮冲突，中央广播电视总台记者第一时间奔赴前线，用镜头和文字，记录下了战争的残酷和人性的光辉。在危险重重的环境中，记者保持冷静和专注，用平稳流畅的语速向观众传递着战争的残酷。这种深入骨髓的勇气和毅力，让人们无不为之动容，让人们看到了记者的良知和责任。记者备受关注的基础就是：炮火硝烟中，"我在现场"。

如果由于客观原因记者不能直接进入中心现场，这时也应该牢记"尽可能逼近现场"的要求，在现场外的相关地点选择有利位置，选择典型场景完成出镜报道。这样的场景因为没有完全脱离新闻发生地而被称作关联现场。比如，前面提到的伦敦撞人事件报道，由于警方封锁道路，记者无法进入事故现场，但是也应该选择在警戒线外出镜，确保背景画面最大限度地反映现场情况，具有事件的标识性，这样的出镜报道才更有现场感，有记者深入调查的纪实感。

不管能否进入现场，在选择了典型场景后，记者还有许多问题需要考虑。比如，如何运用具体的场景清晰地介绍现场情况，是否需要借助一些道具和参照物来直观地说明事件发生的程度，如何组织语言条理清晰地介绍现场、说明情况等。所有这些意味着记者要善于把握现场环境，这对现场出镜报道是至关重要的。而要把握好现场环境，记者需要有敏锐的新闻挖掘能力、快速的反应能力和勇敢的职业精神，也需要有良好的语言组织能力、语言表达能力和镜头表现能力。如何做好这些，将是本书之后讲述的重要内容。

### （三）出镜

全媒体现场报道是记者进行新闻报道的具体形式。记者是现场与观众之间的桥梁，是信息传输的纽带。现场出镜报道在传统媒体中是电视新闻特有的报道方式，也是目前全媒体新闻传播的重要手段，它要求出镜记者必须能够面对镜头，记录并呈现记者现场调查的真实情况和相关信息。

出镜，是记者在镜头前的个人表现，但是表现不等于表演。记者的职责是发现、调查和传播新闻，不管采用什么样的传播方式，都要秉承客观的原则，必须避免个人主观因素的介入，摒弃表演的欲念。全媒体现场报道尤其如此。做到这一点，就要求记者时刻牢记：我是一名记者，不是节目主持人，更不是表演者。任务不是给观众进行个人的形象展示，而是要把事实真相、现场情况真实地传播出去。

但是，不表演，不意味着不表现。全媒体现场报道毕竟是一种新闻传播方式，是与观众的一种面对面的交流。传播就会产生传播效果——记者是否发现了新闻、是否准确地把新闻真相展示了出来、信息的传播是否客观全面，等等。这些问题既会影响在传播过程中观众对信息的还原度，也是衡量记者素质的重要标准，是观众在接收信息过程中评判记者现场报道优劣成败的重要标准。从传播效果这个角度来说，记者面前的镜头，实际上就是观众审视记者的眼睛。观众要审视的，就是记者在现场报道中的表现如何、效果如何。记者要想获得好的传播效果，在镜头前有好的表现，需要考虑多种因素，掌握必要方法，更需要必要的合理设计。

2019 年，中央电视台中文国际频道《中国新闻》栏目推出系列报道《百村脱贫记》，其中在报道甘肃临夏南阳洼村靠"养殖＋贷款"模式打好脱贫攻坚战时，记者来到村中，在讲述了村民马一吉勒靠贷款养羊走上富裕路后，坐在羊圈前边喂羊边进行了这样一段现场报道：

（记者）家庭养殖是目前无法外出打工留在村中的贫困户主要的产业和收入来源。在马一吉勒的带动下，全村有 80% 的贫困户都开始发展养殖业，那像这样的羊圈在南阳洼村现在已经超过 100 个，它给贫困户带来的年收入也超过了500 元。

之后记者又把话题转入易地搬迁，介绍村民们的新住房，并又一次现场出镜。这次出镜地点是在新村子的街道上，记者背对着镜头，和坐在街头的大妈们聊天，在问完一个问题后忽然回头面对镜头报道：

（记者）从山上的老旧危房到现在的新农村集中安置点，村民们告诉我 2019年底村里所有有搬迁意愿的贫困户都搬到了这里的新家。现在路是新的，墙是白的，那么搬迁后贫困户的生活过得怎么样？他们住得还习惯吗？我们一起到他们的新家看一看。

之后记者起身走出镜头，并在下一个镜头中从画外走入农户。在报道了农户家中情况后，记者又讲述了村民们正申请贷款开饭店的事，并且在结尾再次出镜。这次，记者坐在了村民家门口的小板凳上，手里端着一碗茶，在他的身后是村民一家在院中围坐着喝茶。

（记者喝了一口茶）抬头是山、低头是沟，这样的自然环境曾经一度限制了这里村民的发展，然而随着路铺了、水通了、羊圈建起来了，勤劳纯朴的村民们都可以找到适合自己脱贫致富的方式。也正因为这样，第一书记杨生荣充满信心地告诉我们："南阳洼村一定会在 2020 年全部实现脱贫。"总台央视记者甘肃宁夏报道。

说完这段话，记者起身拿起小板凳，向村民们走去。记者的三段出镜报道都是以不同寻常的姿态完成的，有着强烈的表达意图和出镜设计感，这种设计到底是表演还是表现？

在教学过程中，这个问题也在同学们中引起热议。通过讨论大家认为记者的报道首先没有失实，表现并不夸张，相反，现场报道中记者表现出的喂羊时的惬意、街道聊天时的随意、闲暇喝茶时的快意，不正是农民美好生活的一种写照吗？不正是这篇报道的主题氛围吗？而且这种设计让整篇报道生动灵活，充满趣味。一篇成绩报道让人看得津津有味，这种良好的传播效果不正是应该提倡的吗？所以这是一篇成功的报道。

这篇报道体现了记者在现场报道中进行设计的重要性。那么，记者在现场出镜时进行哪些设计，才能有好的表现呢？

首先是内容的设计。在现场，记者必须很快熟悉现场环境，并快速做出反应，捕捉到那些最有价值的新闻信息，并快速地理出头绪，确定把哪些信息传播出去，按照什么顺序传播出去，对要传播的内容做到胸有成竹、了如指掌。

其次是传播方式的设计。确定了说什么，紧接着要解决的问题就是怎么说。这包括两方面内容：一是选择典型环境，确定自己出镜的位置和利用环境进行陈述说明的方法和顺序，还要考虑是否需要借助道具和工具来帮助更好地陈述说明；二是对报道语言的设计，先说什么，后说什么，条理要清晰，要符合观众接收信息的逻辑顺序。同时，语言的表达要生动。这方面在不同的现场会有不同的要求，如灾难性事故报道的语言尽可能平实、喜庆节日的报道可适当增加文学色彩，语言的运用要准确到位。

还需要注意的是，在融媒体时代，记者报道的内容与方式不应该只考虑电视的报道需要，还应该有融媒体传播的主动意识，考虑新媒体传播的需求，设计出适合在多种媒体传播的样态，甚至根据不同媒体平台的特点设计出多种报道方式，在不同的媒体平台分众传播，追求传播效果最大化。

最后是自身形象的设计。出镜报道是记者的一种形象展示，恰当的形象设计是提升传播效果的一个重要元素，可以成为栏目的信息符号。记者对自身形象设计包括两方面内容：一是外在形象的设计，总体要求是要与报道环境相适应；二是神态与感情的设计，根据不同的现场环境应该有不同的神情表达和语态表达，要符合准确表达报道内容的需要，不能不分场合地始终用一个表情、一种语态。

上述设计，不是主观地随意设计，所有的设计目的是获得好的传播效果，需要恪守的原则仍然是"用事实还原真实"。对如何展示、如何让说话更有表现力和说服力，记者需要进行有效的整理和组织——这是记者在出镜报道过程中必须"设计"的内容。好的设计才会有好的表现效果，才能更被观众认同，产生好的传播效果。

# 第二章 全媒体现场报道的功能

了解全媒体现场报道的功能，是为了更深刻地理解现场出镜报道在新闻报道中的意义与作用。全媒体现场报道是记者传播新闻的一种方式，在新闻报道中，它有以下几个主要功能：

## 一、传播信息

记者的职责是以及时、真实、有效、客观、公正的态度为大众传播消息。全媒体现场报道是记者进行新闻传播的一种方式，传播信息是其第一功能。全媒体现场报道的传播信息特点如下：一是更加迅速直接。记者在现场不经"加工"地直接将现场信息传播出去，实现"现实的还原"，特别是直播的现场报道还实现了同步共时传播，使新闻的内涵由"新近发生的"这一时间特征前移至"正在发生"，使现场报道成为加快新闻传播的时效性的重要手段。二是信息传播量更加丰富。与画外音解说配画面的报道方式相比，全媒体现场报道在具体信息呈现、典型场景和具体细节展现方面更有叙事优势，能够更加详尽地传播有效信息，同时，记者报道时的非语言符号也会增加观众获得的信息量。比如在报道雨情时，对"积水达到齐腰深"这一具体状况的报道，如果只是用画面配音的方式解说，就不如以现场报道的方式，让记者进行展示、比较，这样具有更多的信息量和更加真实生动的传播效果。

## 二、增强新闻真实感

一则新闻是新闻主播的口头播出更可信，还是记者在现场的恰当展示更可信呢？答案是后者。来自现场的记者报道之所以让观众更觉得真实可信，是因为如果记者的任务就是传达事实，那么现场报道就是记者用"我在现场"的方式验证了这个传达过程的真实性。这种真实性表现在以下两个方面：一是记者的陈述与镜头表现可以让观众通过镜头"目睹"现场的情况，获得更加直观的感受，有直击现场的认同感。记者到达现场、搜集信息、梳理信息、深入采访的过程展示，使得新闻报道生动而具体、真实而可信。二是记者在现场的调查行为，通过现场报道呈现在观众面前，让观众直接看到了事实采集的过程和记者的职业表现，对记者有了更多的信任感。这是观众信任媒体、加强收视忠实度的心理基础，也是观众收视心理的直接反映。

第三届中国国际进口博览会（以下简称"进博会"）于 2020 年 11 月在上海举办。在新冠肺炎疫情侵扰世界各地的大背景下，这一国际性博览会备受关注。中央电视台中文国际频道推出了《新时代 共享未来》系列报道，其中 10 月 31 日推出的报道为《进博搭台 助力全球企业共享中国消费市场机遇》。从题目上看，这是一个具有一定视野高度的选题，也是一个成就报道。这样的报道最大的难题就是如何让反映成就的数字与数据不显得那么枯燥与生硬。在这篇报道中，第一个镜头是记者行走在一家体育用品大卖场的现场报道：

（记者从货架上拿起一只乒乓球拍，迎着镜头穿过货架边走边说）在这个 7500 平方米的体育大卖场里，共有 12 万件货品。（记者放下球拍，走向旁边的小机器人，并边走边说）那这个机器人呢，可以在两个小时之内就完成对所有货品的盘点。这款从进博会走出的明星产品，如今已经落地中国近 30 座城市的 50 多家商场，成为率先用于中国体育新零售领域的一款机器人。

在这样一个充满动感又十分吸引观众眼球的现场报道之后，记者通过采访和画外音解说告诉观众，正是由于中国巨大的市场潜力，使得很多企业不仅看好中国市场，也积极寻求合作，在中国市场孵化零售行业数字化转型新业态。像新西兰的某乳制品品牌，也是在两届进博会之后，打入中国市场，在安徽，已经进入阜阳这样的三线城市，并探索出与网络电商合作的新模式。为此，记者在一家小型超市进行了这样的现场报道：

（记者边在货架间取物采购边报道）这里是一家电商平台位于安徽阜阳的线下便民小店，在这里我们可以看到在去年进博会展出的新西兰牛奶还有奶粉，短短一年时间不到，进博会同款就可以搬上华东地区一座地级城市小店的货架上，足以看出进博会展品变商品的速度有多快。

之后，记者用采访和数字进一步说明，进博会为跨国企业进入快速发展的中国市场打通了快车道。应该说，这篇报道还是别开生面的，它从大处着眼，从小处入手，以具体的例子与可信的事实证明了进博会在展品变为商品方面发挥的巨大催化作用。其中，记者的两次现场报道做得十分用心：一方面，记者以动态方式把现场报道做得灵动活跃，非常有视觉吸引力；另一方面，记者以"我在现场"的姿态，深入市场最前端，在具体的商场内把具体的商品呈现给观众，将真实的事实作为报道内容，让自己的结论言之有据、论之有据，体现了真实性原则。一篇具有宏观性的报道因为具体的事实和场景而具有说服力，也更加好看，这就是现场报道增强真实感功能的体现。这样的报道也启示人们：现场报道的真实感来自记者在真实的场景、用具体的细节进行展示，同时运用合适的报道方式，这样新闻报道才能产生良好的传播效果。

### 三、功能性作用

现场报道会增强新闻报道的全面性和客观真实性，也会产生名记者效应，从而成为栏目甚至是媒体的标志性符号。作为一种有标识性的传播方式显示栏目与媒体的某些特点，就是现场报道的功能性作用。大量的现场报道体现了新闻报道的原创性和专属性，是"本台报道"和独家报道的一种标志。它体现了媒体独立采制新闻的一种能力，反映了媒体的新闻实力，其在新闻竞争日益白热化的今天，是增强公信力和竞争力的一种具体手段，是电视作为大屏传播难以替代的传播优势之一。

2024 年 8 月 9 日，在巴黎奥运会赛场上，中国女子曲棍球队在决赛中与传统强队荷兰队展开角逐，虽然表现优异但还是遗憾败北。《巴黎晨报》节目在第二天报道了这一消息，报道的最后，记者在比赛现场进行了这样的出镜报道：

（记者在比赛球场观众席出镜）从 2000 年第一次冲出亚洲，到 2008 年拿到奥运会银牌，再从里约、东京（奥运会）未能在小组赛中突围，再到这回巴黎奥运会和荷兰队杀得难解难分，中国女曲 24 年奥运路几经沉浮，但我们从未想过放弃！冰山雪莲，越是高寒，越见雪莲之坚。虽然今天还有一丝遗憾，但这样的遗憾也会成为我们傲然绽放的起点。我们也相信，中国女曲的姑娘们也会继续前进，终将让冰山雪莲绽放在世界之巅。总台记者巴黎报道。

这段带有诗意的现场报道出镜，既有对中国女曲队员比赛成绩的肯定，也有对中国女曲队员身上所体现的拼搏精神的褒奖与称赞，还有对中国女曲未来的祝福，语句优美，言简意赅，表达顺畅，给人留下深刻印象。而实际上，在巴黎奥运会期间，中央电视台投入了大量的精力与技术手段充分保障赛会直播与报道，其中在体育频道每天的赛况报道中，每一项有中国队员参与的比赛都有一位随行记者，在报道最新消息后，用现场报道来做总结评论，并统一以"总台记者巴黎报道"这种刻意强调"我在现场"的规范性句式来结尾。这时现场报道的意义已经并不局限于赛事评论，还以一种标志性的新闻语态彰显了中央电视台在国际重大赛事上的绝对话语权，彰显了体育频道在赛事报道中其他媒体平台难以比肩的报道能力和传播能力。这种凸显媒体和频道独特优势和报道风格的作用，就是现场报道的功能性作用。

有时，记者的出镜报道是对事实过程进行有效信息的传达，也是节目塑造风格、彰显定位的一种规范性做法，在一定程度上是节目彰显定位特色和媒体传播实力的规定动作。比如，2024年7月大雨袭击我国中部，河南卫视的《河南新闻联播》对河南的汛情及防汛工作进行了集中报道。在大量汛情报道中有一个鲜明的特色，就是每个地区的报道中都会出现记者现场报道的内容，他们或是站在抢修大堤上，或是坐在救险的冲锋舟上，或是站在没过双脚的雨水中，或是站在把伞吹得东倒西歪的大雨中……这些记者的报道水准并不整齐划一，但在新闻报道中的集体性频繁出现，以及在节目剪辑重播过程中多次出现，共同构成了救灾中的一道独特风景线——灾情面前，河南台记者始终坚持"我在现场"！而这正是节目所追求的定位特色的具体体现。

## 四、结构性作用

结构性作用是指全媒体现场报道在新闻报道的编辑写作和谋篇布局中发挥的作用。新闻写作讲究谋篇布局，在一篇有记者出镜的新闻报道中，现场报道作为报道内容的一部分，在整个新闻写作和编辑过程中也发挥着重要作用，这种作用

主要体现在以下两个方面:

一是在结构上承上启下、划分段落。视听新闻都有一定的长度,需要谋篇布局进行新闻创作,特别是一些内容较为复杂的新闻报道,需要画面加解说结合记者出镜报道来共同完成新闻叙事。在这些新闻中,出镜记者的现场报道在新闻叙事中既发挥着传达信息的作用,在文本结构上也发挥着承上启下、划分段落的作用,或者是在一个段落的开始引出新的内容,或者是在一个段落的结尾进行总结,从而转入下一个段落的内容,使整篇报道更加顺畅,条理更加清晰。

二是改变节奏,强化氛围。现场报道的特点是简洁快速,在整篇新闻报道中往往能改变整个报道的节奏。特别是在篇幅较长的报道中,鲜活的现场报道与画面解说产生节奏与视觉效果的不同,记者在现场的语调语速和现场氛围会更有代入感,让受众更能感受事件现场的真实情况。

对现场报道,虽然从不同的角度分析可以划分出不同的功能,但是在实际运用中,每一次现场报道都不会只有一种功能,而是多种功能兼有。了解了这些功能,才能更好地了解现场报道,做好整个新闻事件的叙述与报道。

# 第三章　现场报道的分类

## 第一节　直播型现场报道与录播型现场报道

现场报道的基础分类是直播型现场报道与录播型现场报道，这是从制作和传播渠道上进行的一种划分，也是实践运用中的一种基本分类，因为对一个出镜记者来说，在采制一个新闻事件的现场报道前首先面临一个选择：是直播还是录播？

### 一、直播型现场报道

#### （一）直播型现场报道的概念

直播型现场报道是指记者在新闻事件现场同步播出的现场报道，报道的制作过程也是播出过程，观众同步接收记者传递的信息。目前，国内省级以上电视媒体的电视新闻节目和新媒体平台的新闻报道，大多采用直播的方式进行传播。但是这个直播只是节目本身播出方式的直播，并不一定所有内容都是直播，也就是说，新闻主播的播报本身是直播，但播报的内容有相当大一部分是事先已经制作完成的，并不是新闻事件本身的现场直播。

这里所说的直播是指真实的、同步发生的记者现场报道，即在新闻节目播出过程中，记者在现场同步报道正在发生的新闻事件。观众可以通过屏幕在第一时间同步收看现场正在发生的新闻。这种报道方式拉近了观众与新闻现场的距离，把事件发生和观众接收信息的时间差几乎降为零，有效地传播了新闻信息，增强了节目的可视性，目前已经被电视新闻节目普遍采用，更是各媒体平台在网络上吸引流量、提升关注度、争夺网络受众的重要手段。

**（二）直播型现场报道的特征**

作为一种新闻传播方式，直播型现场报道有其特殊要求，也有着鲜明的特征。

1. 在现场

对直播中"现场"的概念，学界有多种定义，这主要是因为现场报道有两种状态：一种是记者报道的时候事件正在或仍在发生，如中央电视台在2018年的第一天直播天安门广场升旗过程，就是对正在发生的事情进行报道；另一种是记者报道的时候，新闻事件已经发生完毕，出镜记者所在的现场已经是事后的现场，因此在一些人看来记者的报道就不能算真正的直播。

从狭义的角度来说，这种观点有一定道理，但是从传播过程来看，记者只要是在节目传输的时候同步报道新闻事件就视为直播，这是在实际运用中，各媒体普遍认同的定义，也是按照这个标准来划分直播与非直播。

直播报道需要在现场进行，而现场就是新闻事件发生的地点，它是直播型现场报道的第一要素，是传播信息的核心要素。在实际操作中，记者对进行直播型现场报道的出镜位置会有以下两种选择：

一是新闻发生的实际现场，即就在事件发生的中心地点，这是新闻记者最希望到达的地点，就像公安侦查员最需要到达的案发地点。只有在中心地点，才能捕捉到事件的真实情况，才能最大限度地获得真实的信息。因此，无限接近新闻事件现场，是记者采访的第一诉求。

二是关联现场，这是指接近新闻现场、与新闻事件有关联的地点。在实际采访中，记者并不能总是不受限制地接近现场。比如，刑事案件往往限制记者在第一时间进入现场，一些突发事件如爆炸、火灾等也会受到有关部门的限制；有时会受到客观条件的限制，如火灾现场，在火势最大的时候难以接近燃烧中心地点，洪涝、海啸等自然灾害也难以在第一时间进入中心地点。遇到这种情况，记者应当尽量争取在关联地点进行现场报道，包括可以远观到事件现场的地点和与事件相关联的地点，前者如前面举例的升国旗报道，记者就是在天安门城楼上能够看到国旗的地点进行报道；后者如本书开头举例的伦敦车撞人事件中，案发后封锁线附近的街道、标志性建筑都是事件的关联地点。此外，事件发生后波及影响的地点也是关联地点，如洪水等自然灾害影响范围内的地方等。

选择在关联地点进行现场报道，虽然不能像在事件中心地点那样获得更真实丰富的信息，但是如果选用得当，依然具有事件真实感，依然能体现记者的现场参与，保持节目的可视性，实现直播的要求。

### 2.现场连线

直播型现场报道一般都是采用现场连线的方式进行新闻传播，即在节目播出过程中，新闻主播与前方记者进行连线交流，共同完成直播报道。这是电视新闻节目直播化的常用方式，因为这种方式将前方（新闻事件现场）与后方（演播室）联系起来，因而产生了异地同步共享信息的传播作用，使节目获得真实的"现场感"。

因为是异地连线交流，这种方式往往是通过演播室内新闻主播进行提问，现场记者回答问题并陈述信息来完成报道。对现场记者来说，在开始报道前往往会有回应的话语，如"你好，主播""是的，主播"等。但这样的开头只适用于直播报道中，而且是在主播连线后进行相对应的使用。

### 3.同步传输

有现场、有连线的报道就一定是直播报道吗？不一定，因为在实际操作中，记者可以在现场事先录像，在开头留好供连线使用的回应话语。这样，在播出时进行声画剪辑对接，也可以实现连线的对话感。

在电视行业实际运用中，决定一个现场报道是否直播的衡量标准只有一个：是否同步传输。只有在报道的同时同步播出，才会被视为直播。当然，有的新闻节目在实际播出中会有适当延时，也就是节目录制与播出有略微的时间差，但这个延时最多也就是十几秒，不能改变直播的性质，完全可以忽略不计。

同步直播，意味着记者面对镜头只能一次性完成出镜，无法重录，难以更改。因此，记者在出镜时优点与缺点也会在镜头前暴露无遗。对疏漏与缺憾，记者只能在现场随机应变进行调整，但无法更改。这就像拍电影与演话剧的区别：电影可以反复拍摄直到满意，而演话剧就是和观众面对面的直播，演好与演砸，机会只有一次。演砸了，可以救场，但能救回多少，要看你的能力和发挥。直播也是这样一种挑战：能否成功，要看你平时的积累与准备。因此，对待直播，一个记者所能做的就是认真准备，积极面对。

### （三）直播型现场报道的划分与适用范围

从报道题材上划分，直播型现场报道可以划分为常规性直播型现场报道和非常规性直播型现场报道。

#### 1. 常规性直播型现场报道

这是指按照节目正常播出计划，事先进行策划，在节目播出过程中进行的直播型现场报道。新闻栏目的一个特征就是有固定的播出时间或推送时段，在栏目播出过程中，按照栏目定位和事先设计进行的直播就是常规性直播。

目前，国内广泛使用常规性直播型现场报道方式的是省级电视台的民生新闻节目。自从《南京零距离》节目开创民生节目模式以来，以直播和现场报道为主要方式的报道模式就在各地普及开来。现在，很多地方民生新闻节目都更加注重直播，注重现场报道，其主要特征是新闻主播会和现场的记者连线对话，由记者在现场进行实时报道。这种形式和报道内容是在节目正常播出过程中进行的，是节目的正常流程和基本内容，也是节目播出的一种常规形态。

常规性直播型现场报道的主要适用范围如下：

（1）庆典、仪式等一些事先预知的特殊活动，包括常规性的仪式（如天安门广场升旗仪式）和一些非常规性的仪式活动（如重大会议召开之类的政治活动和火箭发射、轮船下水等科技经济类重大事件活动）。

（2）特殊的交通、天气情况，如节假日各地交通情况，暴雨、洪灾、降雪等已知的特殊天气状况等，一般不会造成特别大的灾害。

（3）媒体主导策划的直播报道，如春运期间的交通状况、节假日各地旅游景点的人流情况、对特殊人群的帮扶救助等。

（4）记者的观察体验，如行车礼让行人的执行情况、地铁和高铁开通后的运行情况、新科技项目发布体验等。

#### 2. 非常规性直播型现场报道

相对于常规性直播型现场报道，另一种直播报道的类型就是非常规性直播型现场报道，这是指对一些突发性的新闻事件打破正常的播出安排进行的直播报道，或者对重大媒介事件打破正常的播出安排进行的一种直播报道。打破正常的播出安排是指打破原有的播出安排进行另一种形式的特殊播出安排，如中华人民共和国成立 70 周年庆典活动直播、北京冬奥会开幕式直播、杭州第 19 届亚运会开幕式直播等。

对新闻直播报道来说，进行特殊节目安排，一般包括以下两种情况：

（1）突发事件的直播报道。突发事件是指对突然发生，造成或者可能造成严重社会危害，需要采取应急处置措施予以应对的自然灾害、事故灾难、公共卫生事件和社会安全事件。突发事件的主要特点是出乎意料的突发性、具有一定的破坏性、导致状态的失衡性，而且可以瞬间引发社会的高度关注。

从新闻行业的报道角度划分，突发事件一般分为大型突发事件和小型突发事件。大型突发事件是指在不可预知的情况下，突然发生，造成或者可能造成重大人员伤亡、财产损失、生态环境破坏和严重社会危害，危及公共安全的特别重大、重大和较大的突发事件。小型突发事件是指突然发生，但相对于大型突发事件而言损失较小、波及范围较小的一般性突发事件，如一般性交通事故、居民个别家庭的火灾等。

对媒体来说，突发事件的发生就是战斗号角的响起，往往是新闻记者重点关注的对象。对突发事件，视听新闻报道主要采取两种传播方式：一是在正常的新闻节目播出过程中进行报道，现场报道多采用连线前方记者的方式；二是打破正常的节目播出安排，临时进行专门报道，如2008年汶川大地震，在地震发生不到1小时，中央电视台综合频道和新闻频道中断其他节目的播出，对灾情和全国军民抗震救灾的英勇壮举进行全天候的大型并机直播。

突发事件的直播报道最大的特点就是突发性，因为发生得突然，能够瞬间引发社会关注，所以就具有了打破常规进行特殊播出安排的意义。它的另一个隐性特征是往往会由突发性向策划性转移：在突发性事件发生后，媒体往往会迅速直播，抢时间、拼速度，力争在第一时间把现场情况报道出去。但是随着事件的进展，媒体面临的问题就是接下来该怎样进行报道，就会进入媒体的策划阶段，对事件报道的角度、方式、时长等进行具体策划部署，这种后续的策划性很接近于对媒介事件的报道。

（2）媒介事件的直播报道。新闻事件包括突发事件，也包括一些重要的政治活动、社会活动、体育赛事、科技活动等。比如，国庆大阅兵的举行、全国两会的召开、北京冬奥会的举办、太空火箭的发射、电影节的颁奖礼等。

这些事件和突发事件一样，也具有很高的社会关注度，往往也会成为媒体关注的焦点。而与突发事件不同的是，它的发生时间是预先可知的，正因为可以预知，媒体往往会事先进行专门的策划与编排，在直播报道前会提前宣传预告，不断提升社会关注度，在直播过程中会进行特殊播出安排，增加一些特殊的节目形式和播出手段。在这个过程中，观众对事件的关注度、对信息的接收过程以及参与过程，往往会受到媒体影响，因此在新闻学研究领域，这类事件又被称为"媒介事件"。

美国学者丹尼尔·戴扬（Daniel Dayan）和伊莱休·卡茨（Elihu Katz）在《媒介事件》中将媒介事件定义为"对电视的节日性收看，即关于那些令国人乃至世人屏息驻足的电视直播的历史事件"，并认为媒介事件对受众来讲，具有三个特点：一是突破了空间界限，使观众直接参与事件的进程；二是打破了时间的限制，让受众以改变日常的生活规律为代价，投入"表演"地收看；三是由于媒介经过了提前的策划和电视参与，使得媒介事件在转播之前就产生了相当的"知名度"。依据上述概念，作者将媒介事件分为竞赛、加冕、征服三种类型。

竞赛是指那些具有冲突和竞争性的事件，如奥运会、足球世界杯等重要赛事，其他类竞技比赛，战争事件等。

加冕是指引起社会关注的某种仪式，如重要人物的葬礼或婚礼、权力交接仪式、重要颁奖仪式、重大庆典活动或纪念活动等。

征服是指人类在社会活动和自然活动中打破常规或固有观念，被社会广泛关注的重大活动，如火箭发射、重大工程竣工、重大考古挖掘、抗击自然灾害等。

媒介事件的一个重要特征是预先可知性。对媒介事件过程的报道是经过事先策划并进行特殊安排的，因此对重大媒介事件的直播报道，一般都是电视媒体打破常规进行特殊播出安排，这种安排往往与事件的发生保持同步。比如，2016年9月15日，我国自主研发的第二个空间实验室天宫二号发射升空，中央电视台新闻频道进行了近8个半小时的直播报道；2024年4月25日，神舟十八号载人飞船发射，中央电视台新闻频道以特别节目的形式，进行了近两个小时的直播。

上述这些直播报道，都是打破了常规播出安排，使用专用时段进行的特殊直播报道，在媒体行业一般都被称为大型直播报道。在直播过程中，往往会通过记者连线的方式，由出镜记者介绍自己所处的位置的现场情况，常常需要多个出镜记者共同完成不同地点的现场报道，形成综合性的全方位报道。

## 二、录播型现场报道

### （一）录播型现场报道的概念

与直播型现场报道相对应的就是录播型现场报道，它是指记者在现场进行录像，经编辑加工后播出的现场报道。

录播型现场报道也是在现场录制完成，因为录制和播出有时差，所以在稍晚时段播出，播出时一般会提示是记者在现场之前录制好的录像。录播型现场报道也是新闻传播的重要方式，具有传播信息、还原新闻现场的作用，是新闻报道的基础形式和常用报道形态。

在直播常态化的今天，录播形式依然大量存在的原因，一是录播在纪实性记录上更有优势，因为不用记者连线，时间上相对不受限制，录播可以更加全面地记录新闻事实，更加从容有序地多方面、多角度还原现场、增强纪实感。特别是在融媒体时代，新闻题材进一步多元化，在一些成就型、回顾性报道中，录播报道所具有的可创新性特点被进一步放大，用在节目里以增强收视效果，增加真实感。比如，《河南新闻联播》推出的《玥读·实验室》系列报道，展示了河南建成全国最多的省实验室的成就，其中最大的特点是记者走访形式的运用。在走访过程中，记者频繁进行现场报道，并且创新的形式趋于多样化，富有融媒特色，使用的都是录播形式。二是有新闻才有报道，新闻并不总是在媒体进行传播时发生，特别是对紧急发生的新闻事件，应该优先记录。对此，记者应当先录制现场报道，再不断跟进，通过栏目连线或网络直播等方式提升直播的时效性。三是对一些特别题材的新闻，如调查性新闻深度报道，现场报道是对记者调查行为的记录，是调查过程中的一个环节，可能还需要其他环节相互印证，才能客观展现事件全貌，这样的现场报道只能在调查结束后，经过编辑加工才能播出，但是同样具有传播信息、还原现场的作用。

### （二）录播型现场报道的特点

录播型现场报道虽然不像直播型现场报道那样是在第一时间同步进行的报道，从而具有时效性强的特点，但因为同样是在事件现场做出的报道，因此也具有真实性和全面性等特点。同时，在传播形态上，它还有一些自身的特点。

### 1.录像完成，滞后传播

录播新闻是视听新闻节目常见的节目形态，虽然加大直播量和提升直播能力是媒体不断追求的方向，但录播新闻在新闻节目中仍然占很大比例。

录播虽然不具有直播的同步实效性，但是在准确性、全面性和条理性上具有独特的优势。总的来说，在新闻六要素方面，在时间（When）、地点（Where）、发生了什么（What）等方面的报道上，直播型现场报道具有一定优势，而在人物（Who）、原因（Why）、影响（How）的报道上，录播型现场报道则更有一定的优势。尤其是一些深度调查性的新闻事件，更适合采用录播型现场报道的方式进行报道。同时，由于新闻节目播出时间和事件发生时间的差异性，很多新闻事件都只能采用录播的方式来报道。

下面来看一则获得河北省新闻奖的新闻报道：

（主持人演播室出镜）石家庄赵县彭家庄村村东的麦田突然着起了大火，我们来看当时的情况。

（记者现场出镜）这里是石家庄赵县彭家庄村，我们现在在村东的一片麦地里，现在我们看到身后的麦子已经着起了大火，刚刚我们看到身后的火是从南侧目前一直向北进行蔓延，那刚才过火的一片呢，是还没有来得及收割的麦子，那目前呢这片地火势是有所减小，（记者指着远处的麦田）这还有，这还有，我们看到又有一片还没有来得及收割的麦田的一角，现在也已经着起来了。我们赶紧打电话。

（记者电话录音画外音）赵县彭家庄村村东麦田着火了。

（119火警电话）我们这正出着车呢，正往那里走着呢！

（记者出镜）只有3分钟的时间，我们看到刚才非常整齐的一片麦田，现在基本上已经烧到了尽头。现在我们从现场来看，火苗的高度能够达到六七米高。我们虽然距离这个火势的现场大概是20多米的距离，但是从现场能够感觉出来，烤得非常的热。那现在我们已经看到火线已经越逼越近，在旁边还有没有来得及收割的麦田。那我们现在只能期待着救火车能够尽快来到现场。

（附近村民）没来得及收呢，说过两天就收呢，你看就这样着了，（救火车灭火画面）20亩地都着了，着没了。一年就是靠这点收成呢。（哭）全着没了这回。

（附近村民）收割机短路了，还是怎么回事就给着了。发现的时候地上还没着呢，光机子着了，用了两个灭火器都没灭下来。

（演播室主持人出镜）你看一把火毁了这么大的收成，看着能不心疼吗？但是谁也想不到罪魁祸首竟是一台使用不到一周的收割机。现在我们的直播记者还在现场，下面连线记者，看看现场的情况。

（记者现场出镜）我们现在还是在这片过火的麦地里，下午五点多钟呢现场的明火已经被完全扑灭，这片过火的麦田里我们来看一下，（记者蹲下身抓起灰烬）现在我脚下呢，原来是好好的麦穗，但是现在已经被烧焦了，都烧成炭了。（记者站起来走到旁边的村民身旁）这是这片地的主人，咱这片地有多大？

（村民）12 亩地。

（记者）那损失有多大？

（村民）有 2 万多。

（记者转身面向镜头）刚才这位大姐说了，这片地之所以收得这么晚，是因为今年的这片地是留作麦种用的，所以想等它长成一点，但是没来得及收的时候就被火烧了。（走到失火的收割机残骸旁）现在看到，在我身旁是这台起火的收割机，（从收割机上拿到票据）从机主的手里我们拿到这样一张发票，上面显示的购机时间是 2018 年的 5 月 14 号，机主跟我们说这台收割机使用的时间还不到一周，就发生了起火的事故，那么目前我们看到，在车轮的位置还有烟冒出来。我们从现场了解到的最新情况是，当地乡镇第一时间来到了现场，帮助村民进行灭火的处置，保险工作人员也来到了现场，在现场进行了勘查，村民们呢已经联系到了收割机的厂家，准备进行索赔。

这是一则既有录播现场报道，也有直播现场报道的新闻，也很好地展示了两种类型现场报道的各自优势与特点。在第一条录播报道中，面对一场突如其来的大火，正在附近采访的记者迅速到达了现场，并冲进了正在燃烧的火场，这时节目还没有播出，直播也无法进行，怎么办？当然是拍下来，及时准确地记录现场。能够目击现场并在第一时间赶到现场，不仅是记者的天然职责，也是一种职业敏感，因为新闻的发生总是稍纵即逝。记者以最快的速度站在了现场，而他也没有忘记自己的职责，站在距自己只有 20 多米、已经能够感觉到严重炙烤的大火前，完成了现场报道。真实、及时拍摄到的火场实景画面，使报道充满了真实感。这段录播新闻，也成为后面直播报道的重要铺垫和新闻背景，两者共同组成了一个完整的新闻叙事。

不是每一个新闻都会在电视直播时发生，面对正在发生的新闻现场，记者一定要记录、记录、赶紧记录！如果可以即时开通融媒体平台直播，要先同步网络直播，来不及就先拍下来再及时通过融媒体平台发布出去。在这一点上，录播更具有及时记录的优势。这也是在拼直播、抢新闻的今天，录播形式不能被忽视的意义。

除了上述优势，录播型现场报道还有一个优势，就是由于现场报道是以录像形式完成的，这意味着可以反复多次地拍摄，保证记者在镜头前的最佳状态。在时间紧、任务重的情况下，面对直播镜头出现紧张情绪，是直播中的常见问题。而在录播中，可以多次试镜，从而达到更好的报道效果，特别是一些时效性不强的报道中，特殊的设计、多种技术的运用，会使现场报道别开生面。

2. 注重典型性现场的选择

虽然是录播，但录播型现场报道是在现场进行的新闻报道，因此现场的选择很重要。和直播型现场报道一样，录播型现场报道的出镜地点也分为第一现场和关联现场，也要注意对典型环境的选择和设计，而由于是录播，录制的时间会相对宽裕些，更有利于记者在现场进行更细致的观察，在选择出镜地点和典型环境的运用上可以设计得更加贴切生动。

2018年9月16日，台风"山竹"在中国登陆。对这一近年来少见的强烈台风，电视媒体予以高度关注，并及时记录报道了台风登陆影响的情况。9月17日，《朝闻天下》播出了这样一则报道——《玻璃幕墙被吹落两次 现场紧急封锁》，其中有这样的记者出镜：

（记者）我现在就是在国家开发银行大厦的楼下，在中午1：30左右，该栋21楼有一块3—5平方米的玻璃幕墙被飓风刮倒，直接掉落在我身后的位置。连同刮倒的还有一些金属框架和招牌，所幸当时没有造成任何的人员伤亡。而深圳气象台在中午的气象预报说，现在这个福田中心区的最大风力达到了12级以上，所以我现在站在的这个位置不时也能感觉到阵阵的大风，而且雨打在脸上也是十分的疼。所以现场的工作人员就跟我们说，他们不排除还有其他玻璃掉落的可能，所以现场已经拉起了封锁线。

之后，报道使用画外音解说，介绍就在记者做现场报道的时候，该栋大厦的23楼又有玻璃和金属架被大风吹落。在画面中，出现金属架在记者身后掉落，记者受到惊吓跑开的情形，之后记者又回到镜头前进行报道：

（记者快速回到现场出镜报道）就在我刚刚说完的这一刻，又有一整块玻璃带着金属框架重重地掉落在我身后的地板上，发出巨大的响声，把我和我的摄像都吓了一跳，可想而知现场的风有多么的大，各位在台风天出行一定要注意安全。

台风"山竹"因巨大的破坏力而备受关注，中央电视台与多地电视台都进行了直播和特别报道。在众多报道中，这篇报道比较受人关注，就是因为在报道的过程中，玻璃墙幕在记者身后掉落这一惊险镜头被拍摄记录下来，这一幕真实地展现了台风"山竹"的巨大破坏性。

从表面上看，这一镜头的成功获得是具有偶然性的，但是在现实的采访报道过程中，这些偶然性都有着某些必然的原因。在这篇报道中，应该特别注意记者对出镜位置的交代，记者所称的"直接掉落在我身后的位置"，是最直接的中心现场，记者所在的位置也是在隔离带外最接近那里的位置。这个位置的选择，使记者最大限度地逼近了现场，并将它清晰地呈现在摄像画面中，这反映了记者具有位置和场景选择的清醒意识，站在了应该站的位置。所以，当工作人员预测的"可能还会掉落"真的发生时，自然而然地被收入镜头。所以说这篇报道成功的原因，与其说是镜头捕捉到了物品掉落的画面，不如说是记者用自己的职业素养为偶然发生的状况做好了准备。

这个报道体现了出镜位置选择的重要性，无论是直播还是录播，这样的位置选择的意识都非常重要，而在录播报道中，因为可以重复录制，更应该注意位置与背景的准确性。

2015 年 10 月 3 日，中央电视台《朝闻天下》节目推出了 7 集新闻专题《数说命运共同体》第一集《远方的包裹》，在紧扣时代核心命题、大数据挖掘独家内容的同时，将"一镜到底"视频技术运用到电视新闻领域，通过主持人以现场出镜的方式轻松穿越、巧妙勾连，呈现特殊的影像效果。该报道开头部分如表3-1所示。

表3-1 《远方的包裹》报道开头部分

| 解说或同期声 | 画面 |
|---|---|
| （画外音解说）高业是来自中国一家电商网站的采购员，现在他要到位于曼谷郊区的一家工厂最后确认一批发往中国的货物。 | 高业由曼谷市区出发。<br>到达工厂。 |
| 发往中国的包裹已经准备妥当。检查确认后，高业将一个GPS定位仪放入了其中一个包装盒内。 | 高业验货。<br>封箱打包镜头。 |
| 就在工人们忙着装货的时候，一艘名字叫作"阔昌号"的货轮已经停靠在曼谷港，只等这批包裹到达，就即刻起航，驶往中国。 | 装货进入货轮镜头。 |
| 全球上空的19颗卫星跟踪着包裹，数据轨迹描绘出它的跨国旅途。<br>…… | 卫星数据图，显示到达杭州下沙保税区。 |
| （记者）GPS的跟踪轨迹显示，从泰国发出的货物现在已经来到了位于杭州下沙的保税区，它们将会在这里进行保税和存放，然后开箱查验，完成所有的清单手续之后呢，再派送到消费者的手里。 | 记者在仓库内，旁边工人开箱验货。 |
| 刚才我们的工作人员已经打开了其中的一个箱子，我们来看一看。你知道这里面装的是什么吗？它就是一个乳胶枕头。其实它也是最近一段时间以来在网上最受欢迎的泰国商品之一。 | 记者从箱中拿出一个枕头，然后走向镜头，将枕头递给旁边另一名工人。 |
| 可能中国的消费者更加关注的是睡眠质量，但是对全世界第一大橡胶生产国泰国来说，出口乳胶枕和出口原材料天然橡胶之间，差别还是很大的。这里呢就是曼谷的一家乳胶枕工厂，这些流水线上的枕头每一个在中国的售价就是600元人民币。 | 记者继续往前走，后面的场景由仓库转为乳胶工厂生产车间。车间里工人在忙碌。 |
| 那同样是这个价格，如果不是卖枕头，而是卖天然橡胶的话，泰国的橡胶林里就需要产出120公斤的天然橡胶。<br>在泰国东部尖竹汶府的这个橡胶林里，为了得到这120公斤的天然橡胶，一个割胶工需要起早贪黑地连续劳作4天，才能从200棵成年的橡胶树上，换来足够多的收获。而你知道吗？这么多的乳胶，都够做30个枕头了。 | 记者继续走，在经过一个柱子时，后面的场景转为橡胶林，记者从树后出现，在橡胶林内走向镜头。最后手扶一棵橡胶树，树上挂着橡胶收集碗。 |

在这则报道中，记者以连续运动的方式，"不间断"地跨越了三个异地现场，"一次性"完成了出镜报道，这种"一镜到底"的方式颇类似于电影中的长镜头，极具视觉效果，也非常具有创新性。这种"一镜到底"是依赖后期编辑的技术手段来完成的，并不是真正意义上的一次性长镜头，记者跨越的三个现场也并不都是真实的"我在现场"（如第二个现场，曼谷的一家乳胶工厂生产车间就是后期拼上去的），而之所以能收到具有良好的视觉效果的同时实现良好的报道效果，是因为报道在充分利用现代传播技术手段进行独具匠心的大胆设计的同时，坚持了现场报道的一个重要原则——重视现场的呈现。比如，第一个现场是典型的中转站现场，第三个现场是真实的橡胶林现场，这两个都是实景拍摄的，也是具有典型性的现场，第二个现场即曼谷的一家乳胶工厂生产车间，虽然是后期加上去的，但车间内的场景仍然是真实的，对报道内容来说是具有典型性的。记者的报道之所以让观众感到毫无违和感，就是因为保证了现场报道中现场的真实性这一基本要求，保持了现场报道追求真实性的这一特点。

因此，录播型现场报道虽然可以通过多次的录制以及其他技术手段来进行视觉效果等方面的创新，但报道内容的真实性、现场报道中的现场要具有典型性，仍然是对录播型现场报道方式运用的基本要求。

### 3. 出镜方式的多样性，创新的无限可能性

除了在传播方式上的不同，录播型现场报道还有很多不同于直播型现场报道的地方。比如，在直播型现场报道中，通常都是一个记者在一个地点完成对现场的报道，而在录播型现场报道中，因为可以反复拍摄，同时又能借助后期编辑，记者可以把多个地点的现场报道进行整合编辑，同时可以用多样化的方式和现代化的手段，丰富表现方法，增加传播符号，形成一个完整的、新颖的报道。刚才介绍的《远方的包裹》的出镜报道，就是这样一个例子。

2016 年 7 月 3 日，中央电视台《新闻联播》节目报道了一则新闻《志在深空 世界最大射电望远镜主体工程完工》，报道了位于贵州平塘的世界最大单口径射电望远镜（FAST）主体工程全部完工，将于 2016 年 9 月投入使用。在报道中，在同期声进行了背景介绍后，记者进行了出镜报道，如表 3-2 所示。

表3-2　《志在深空 世界最大射电望远镜主体工程完工》记者出镜报道

| 出镜同期声 | 画面 |
|---|---|
| （记者现场报道）从这口超级大锅的锅底向上，绕上4圈，就来到了位于锅边位置的圈梁之上，500米口径的射电望远镜即使你不恐高，沿着这个镂空的钢网绕上一圈，也得需要40分钟的时间。 | 记者从镜头前走入画面，边退边进行报道。<br>镜头摇向全量全景，出现口径500米的字幕图标。 |
| 仅仅这个圈梁，它的用钢量，就已经达到了5000多吨，几乎可以建造一座埃菲尔铁塔了。 | 镜头摇回记者，身上出现动画字幕：5000多吨钢材。记者用手自下向上抬起，手下出现埃菲尔铁塔动画形象。 |
| 那么为了支撑这样一个巨型的反射面板，建设团队使用了近9000吨钢索，织出了一张超级大网。 | 记者边后退边报道，用手指向右下侧，镜头摇向其右下侧钢索网。 |
| 而这9000吨钢索，每一根都是经过特殊设计研制的，它的抗疲劳强度呢都超出了国家标准的2.5倍，就像我身边的这根钢索，它的强度呀足以吊起500个我。 | 记者从画面右上方走下台阶，身右侧最近的钢索旁出现动画字幕：2.5倍抗疲劳强度超国家标准、×500（人形）可承受强度。 |
| 500米跨度的大科技工程带给我们的将是超强的灵敏度，不仅可以将我国的空间测控能力从月球轨道延伸到太阳系的边缘，而且可以捕捉到百亿光年前来自宇宙爆炸时的神秘信息。 | 记者站在锅边山崖上，镜头自下向上摇起，并拉开镜头快速至远景，接宇宙浩渺镜头。 |

之后，报道通过配有彩色漫画的画外音解说和相关采访同期声，介绍了在未来射电望远镜发挥的巨大作用。

应该说，在中央电视台《新闻联播》节目中看到带有网媒传播特点的字幕设计和具有Q感的动漫形象，多少让人意外和惊喜。而除了运用动画字幕、图形手段，记者运用了跳跃式的现场报道方式，在现场以走动方式进行报道，并将不同地点的出镜报道快速有机地整合为一体，使得本是一个成就展示型的普通报道，变得灵动、活泼起来，给人以真实、亲切的感觉，也让人对报道内容留下了深刻印象。

这种特殊效果的获得，正是记者抓住录播型现场报道的这种可反复、可设计、可编辑、可多样性的特点，通过灵活设计、反复拍摄、巧妙剪辑而实现的。片中提示字幕和动漫形象的运用，是具有网络视频传播特点的表现手段。随着时代发展，传播手段不可能一成不变，如何运用新手段、新方法丰富报道方式，增强传播效果，仍需要不断探索。在新闻短视频成为重要传播方式的今天，录播型现场报道给记者和编导提供了不断尝试的实验空间，让新闻报道变得越来越多样化、越来越好看。

是直播还是录播，往往是由新闻题材和栏目的运行特点所决定的，也都有各自的特点和优势，抓住这些特点，勤于实践，善于总结，运用得当，都能做出好的新闻作品来。

## 第二节　独立型现场报道和综合型现场报道

新闻事件的报道都有一定的叙事方式，按照出镜记者报道事件的叙事方式来划分，可以分为独立型现场报道和综合型现场报道。

### 一、独立型现场报道

这是指整个新闻的报道由记者以出镜的方式利用有声语言来独立完成，全部的信息由出镜记者一个人以现场报道的方式来完成。

2023 年 12 月 18 日 23 时 59 分，甘肃临夏州积石山县发生 6.2 级地震，相邻的青海省海东市民和回族土族自治县中川乡金田村又在震后遭遇砂涌，引发媒体广泛关注。多家媒体派出记者前往现场，开通直播，即时发布。这些报道大多是记者面对镜头在典型环境中介绍当地的实际情况，很多都是记者一个人完成的报道。2023 年 12 月 22 日，中央电视台中文国际频道《中国新闻》节目主持人在直播中开通连线，记者在现场完成了直播报道。报道中，记者先是介绍自己所处的位置是青海省海东市民和回族土族自治县中川乡金田村一座受灾的民房房顶，身后就是救援现场，接着告诉观众还有 3 名群众被困，救援正在进行中，然后让观众回看当天早晨航拍的救援镜头，最后在现场的影像对比图边，记者用手指出图中位置展示村里的受灾范围和毁损情况。

这则报道是记者一个人在现场面对镜头以口述的方式完成了相关信息的介绍，虽然中间穿插了早前镜头，但解说内容完全在现场完成，记者凭借自己的口述完整全面地介绍了现场情况，这就是一个典型的独立型现场报道。

　　独立型现场报道也会运用于录播报道，如早间新闻节目可能会播报昨晚某地的特殊天气状况，这时可以播出昨晚记者在现场录制的独立报道。

　　直播报道也不都是独立型现场报道，因为在直播过程中还可能进行现场采访、现场体验等。独立型现场报道的特点是记者一个人独立完成，记者报道的内容就是新闻的全部内容。这种报道方式操作简便，能够快速传播，所以往往会用于短消息和定点的现场情况介绍。但也正是由于是定点完成的报道，独立型现场报道传达的信息量具有一定局限性，难以实现深度调查和全面展示的目的。

## 二、综合型现场报道

### （一）综合型现场报道的概念

　　综合型现场报道是相对独立型现场报道而言的，它是指记者以出镜报道并结合采访、解说等方式共同来完成新闻报道的报道方式。

　　在新闻报道中，综合型现场报道是常见的一种报道方式。虽然加大直播量、新闻直播化是媒体新闻改革发展的方向，但是并不意味着所有的现场报道都有必要做成直播，因为与直播的独立型现场报道相比，综合型现场报道在信息传递量方面更具有优势，特别是在深度调查方面，优势更为突出。接下来看一则新闻的两种现场报道。2016 年 6 月，欧洲足球锦标赛在法国举行，作为欧洲新锐的冰岛足球队一路过关斩将，奇迹般杀入八强，成为本次比赛颇受大家关注的一支队伍。7 月 4 日，冰岛足球队与东道主法国队进行四分之一决赛。在这场备受关注的比赛之后，中央电视台《朝闻天下》连线正在冰岛首都雷克雅未克采访、探秘冰岛足球奥秘的记者，其进行了这样的报道：

　　（记者）好的，其实就在一个半小时之前在我身后的这个阴山山坡是人山人海。在这个夜晚，我和冰岛 5% 的人口共度了他们最难忘的一个足球夜，虽然是 2∶5 输了这场比赛，但是我想说我在现场没有听到惋惜，没有听到失望，我没有看到他们有任何不满的情绪，而且所有的人在接受我采访的时候，他们仍然充满着骄傲和欣喜，可见一支国家队和一个国家在这个夜晚所迸发出的能量。他们觉得他们的国家队已经表现得足够优异了，他们这个国家队让世界对冰岛人所震惊和骄傲。我想说，其实，这个夜晚，在冰岛这个足球的火山只是暂时停止了喷发，但是冰岛足球还是会继续健康地走下去。本场比赛失利其实也是冰岛足球的板凳深度（板凳深度指团队比赛中替补阵容的强弱，也代指替补团队的实力）不够，因为他们以同样首发的阵容打了 5 场比赛，这样一个失败是预料之中的，因为法国队除了有整体（整体实力较强），还有他们的绝对巨星。但是，冰岛足球未来的潜力是可以预期的。再主要说一下，我刚才得到消息，也就是在同样这个球迷广场，明天晚上冰岛足球队会全体回来，在这里答谢球迷。

在报道过程中，记者以广场为背景，面对镜头独自用口头陈述的方式完成了整个报道。这就是一个演播室连线直播的独立型现场报道。在报道中，记者第一时间发回了冰岛国民对本国队伍比赛失利后的反应，在时效性上占得先机。但是，这则新闻的所有信息都是记者以口述方式独立完成的，对冰岛民众的具体评价和情绪反应是看不到的，而要深入了解这些内容，显然需要其他的节目形式。

就在这则消息播出当天的几小时之后，同一个题材，同一个记者，中央电视台体育频道《体育新闻》播出了专题报道《冰岛骄傲：一支球队 一场比赛 一个国家》。出镜的仍然是这个记者，不过，这次她并不是独立口头陈述来完成整个报道——在节目开始，她首先在冰岛国家电视台的新闻直播间里出镜，告诉大家冰岛的四分之一决赛开始前，这个体育部办公室基本上走空了。接着她采访了体育评论员。评论员告诉她："我们这儿都为比赛暂停了。如果我们赢了法国，我们就有一个新的国庆日了。"紧接着，是记者的第二次出镜报道，这次，她站在了首都雷克雅未克市中心的阴山广场山坡：

（记者在广场球迷聚集区前出镜）离比赛开始还有不到一个小时的时间，大家就可以看到在我身后的雷克雅未克的阴山的山坡上便真的是人山人海了。（镜头转向球迷）大家看到现场已经开始排练他们所特有的加油方式。

接着，画面转向现场球迷集体拍手加油。画外音解说告诉观众：当法兰西大球场冰岛国歌唱响的那一刻，无论是挤满草坡的普通市民，还是和冰岛总统一样亲临现场观赛的球迷，他们在此刻都只有一个名字，那就是球队的第十二人。球队的第十二人坚持将掌声、欢呼声延续至比赛结束。接着记者第三次出镜报道：

（记者在广场现场出镜）2：5，黑马冰岛的奇迹被东道主法国队遏制住了，但是这个夜晚我想说的是，不以成败论冰岛。（镜头转向现场）我和5%的冰岛人口一起见证了这个对冰岛足球历史最具有意义的夜晚。

接下来是记者的现场采访。热情的球迷诉说他们的欣喜与自豪。而画外音解说告诉观众：16年来冰岛在足球方面投入了上百块室内、室外足球场，培养了600名欧足联A级、B级教练，2万名注册球员，为世界贡献了一支欧洲杯八强队伍——冰岛。接着，记者最后一次出镜报道：

（记者在广场现场出镜）当冰岛队将英格兰队逐出八强的时候，英格兰最著名的球星来因特尔曾经表示：我输给了一支火山比职业球员更多的国家的球队——冰岛。是的，本届欧洲杯冰岛火山暂时停止了喷发，但是我们不得不记住这样一个数字：冰岛这个国家有6%的人口是注册的球员。光凭这一点这个足球的活火山就会不断地积聚能量，他们还会不断地喷发下去。央视记者冰岛雷克雅未克报道。

这是一则给观众信息量更多的报道，把两篇相同内容的新闻报道进行比较，可以看到报道形式上的明显差别：在这篇报道中，记者先后4次出镜进行现场报道，每一次出镜报道的地点与背景都不一样，而且她还进行了现场采访，加入了画外音的解说，这些报道方式的综合使用，使得这篇报道远比她在《朝闻天下》进行的独立型现场报道要更有厚度、更有信息量，让观众真切地、全方位地看到了一支球队的一场比赛在冰岛这个国家所带来的巨大反响。而这也正是综合型现场报道的优势：它比独立型现场报道使用了更多的视觉手段和报道形式，更具有表现力，更适用于全面和深度解读新闻内容、传达丰富的新闻信息，更具有完整性和立体感。

**（二）综合型现场报道的特点**

（1）内容丰富，信息量大。综合型现场报道往往是外景加解说的方式结合记者出镜现场报道来完成新闻叙事。外景拍摄加解说的叙事方式，让传达信息的时空范围并不局限于记者现场的所见所闻，还可以表现更多的内容，传达更多的信息，让新闻更有深度和广度。同时，两种叙事方式综合使用，使报道形式更加多样化，叙事节奏更加灵动，进而使新闻本身也更加好看。

（2）结构复杂，表现手段多样化。多种报道方式的结合，段落之间、不同方式之间的转换与衔接，会形成更加复杂的叙事结构。不同的现场场景，相互串联、相互呼应，可以使记者的调查体验更有层次、更有递进感，使报道更加全面且立体化。同时，不同场景的出镜报道在谋篇布局上也具有承上启下、划分段落的结构性功能。有采访，有解说，不同报道方式的交替使用，可以丰富叙事节奏感，使新闻更有情节性和故事感，更具可看性。

# 第三节　口头陈述式、现场体验式、现场采访式

从表现形式上来看，现场报道就是记者以出镜的方式在现场进行报道，但是记者在现场报道中发挥的作用并不完全相同，据此现场报道可以划分为口头陈述式、现场体验式、现场采访式。

## 一、口头陈述式

口头陈述式现场报道是指记者在现场报道的过程中主要以口述的方式来完成信息的传达。

这里的口述是指记者在报道过程中主要依靠口头陈述，不借助采访他人进行说明。借助前面关于冰岛足球的报道，来看一下哪些情况属于口头陈述式现场报道。

### （一）说明目击情况

记者到达现场后对现场情况的描述和说明，一般都属于口头陈述式现场报道。无论是独立型现场报道，如记者在《朝闻天下》中对冰岛队情况的报道，还

是综合型现场报道中对现场情况的说明，如《冰岛骄傲：一支球队 一场比赛 一个国家》中开头部分以及中间对广场现场的情况报道，都属于口头陈述式现场报道。

（二）补充信息

在新闻报道中，记者有时会以独立型现场报道的方式，或在综合型现场报道中在结尾部分，以口述的方式补充交代某些相关信息，如记者在《朝闻天下》冰岛足球报道中对球队回国后准备参加庆祝活动的介绍，就属于信息交代，是口头陈述式现场报道。

在新闻报道实践中，现场报道一般会在以下三种情况中主要发挥补充信息的功能：

一是记者在突发事件发生后才到达现场，马上综合介绍目前的情况。比如，某地发生自然灾害，记者到达现场后可能已无法进入现场，或现场已经改变（如大风后现场被清理）。这时，演播室主持人可能会连线记者，由记者介绍当地目前的情况。

二是在媒体事件中，特别是一些重要会议、论坛、交流活动中，记者会以直播连线或者录播独立型现场报道的方式，介绍相关活动的进展情况、各方评价、社会反响和意义等信息。一般是陈述和评论兼而有之。

三是以民生新闻的视角对观众提出一些建议和注意事项。比如，天气情况不好，提醒大家出行注意安全；介绍新地铁开通了，并告诉观众如何购买月票。这些信息往往和现场有一定关系，但不一定直接来源于现场的直观表现。

（三）现场评论分析

记者在现场对新闻事件以口头表述的方式进行评论分析。这种评论主要是汇总介绍事件发生后截至目前的进展情况，以及下一步可能出现的发展方向。比如，重要会议召开后总结会议取得的成果、介绍相关各方的反应、会议还将讨论哪些内容、分析会产生怎样的影响等。

现场评论分析很多时候会用于体育报道，如巴黎奥运会举办期间，在每天的赛事报道中，记者会在两个地方出镜，一是在报道今天将要举行的赛事预告中，记者会出镜介绍中国队员的准备情况、本次比赛的看点、比赛结果的预测等，这是赛前分析；二是在比赛结束后，记者会出镜对赛况进行评论，进行分析总结后，对选手表达祝贺与希望，这是赛后评论。

评论和分析的主要区别如下：评论主要是对事件本身的意义定性，也就是陈述"是什么"，如在《冰岛骄傲：一支球队 一场比赛 一个国家》的报道中，记者在最后指出冰岛足球这座火山还会喷发下去，实际上是在评论冰岛足球充满希望；而分析则是综合信息后对事件的发展提出预测，也就是陈述"可能会怎样"，如记者的赛前分析，在陈述参赛队员的情况后，也会对队员可能取得的成绩进行预测。

现场评论与分析虽然也是在现场出镜，但记者陈述的内容并不局限于现场，现场可能会成为引出记者报道的导引线，但是更主要的功能是作为记者传达信息的实景载体和背景。记者的主要目的不是单纯地介绍现场情况，而是通过对多个信息的汇总、分析、评论，对事件进行全景式展示，让观众获得关键性信息。所以，评论和分析都力求简洁、明确，能带动情绪。

现场评论与分析可以独立型现场报道的形式出现，也可以综合型现场报道的形式出现。在综合型现场报道中，往往是作为节目的开头或结尾出现。

## 二、现场体验式

记者在现场报道中的另一个功能是现场体验说明并展示体验过程，即记者以体验、感受或参与的方式报道新闻事件。这是现场报道中记者发挥性最强、形式最灵活、传播效果最好的一种方式。

常见的体验式现场报道主要集中在以下题材：春运情况及新的交通线路开通或新交通工具的启用，节假日旅游景点或交通的人流量情况，新产品、新发明的使用，特殊人群的工作生活情况（如偏远地区孩子上学、矿工的井下作业等），特殊气象等实际影响，等等。但是，随着直播量的加大和记者现场报道方式的增多，现场体验说明的报道方式也被运用于越来越多的新闻题材中。2018 年 3 月 23 日，中央电视台新闻频道《新闻直播间》播出了报道《公路抓驴 记者体验警方捕驴行动》，讲述记者有机会参与了巴西东北部的塞阿拉州警方的捕驴行动，报道开头首先介绍作为外来物种，驴子在时代变化下，失去功能后被遗弃在公路边，成为安全隐患，是警察抓捕的对象。然后记者开始出镜报道：

（记者展示衣服）这件衣服呢是当地的交通警察为我准备的一件制服。

（画外音解说）塞阿拉州目前有 13 支捕驴分队，像这样的卡车能一次性装下 50 头驴。

（记者走向卡车）现在呢我们就要加入今天的抓驴行动。

（画外音解说）每支分队需要完成每月 10 万公里的搜寻路程，即使在节假日也不停工。

（塞阿拉州捕驴分队成员）有一名旅客在公路上看见了驴子，于是立刻向我们报警，因为会给过往的车辆造成威胁。

（记者）那我们现在的任务是什么？

（塞阿拉州捕驴分队成员）我们需要把驴子抓起来。

（记者沿着公路行走）我们的捉拿对象出现了。大家看见在路边有 3 头驴子。

（画外音解说 警察抓驴画面）驴子们身处公路两旁 20 米的范围内，符合逮捕的条件，它们似乎也意识到逃脱无望，所以并没有挣扎。

（记者牵着两头驴子上卡车）我手上这两头驴子比我想象中要温顺一点。现在我们把它们牵引到车上。

（画外音解说 记者和警察登记画面）驴在上车前需要被登记入库。

（记者在登记的警察旁指着登记簿）在这个登记表上有非常详细的资料，包括它的性别以及它具体是在哪一个路段在哪个时间被抓获的。从驴子被钉上编号开始呢，它们的信息就被录入了塞阿拉州的整个交通的系统里。

（画外音解说 警察登记整理画面）3 头驴都是母驴，这其实并非巧合。

（塞阿拉州"驴子监狱"负责人）当地人通常先把母驴遗弃，把公驴留下，因为公驴还能当劳力用，也不会生小驴。

（画外音解说 驴子装车画面）卡车已安装了 4 个监控摄像头，防止出现违规虐驴的行为。

（记者在卡车上）这 3 头驴呢会被送到庄园里面去。（记者往车下赶驴）现在要让驴一只只往外走，因为它们觉得有些陌生，所以有些害怕。

之后，记者以采访和画外音解说等方式，讲述了由于无人认领，大多数驴子都将面临"终身监禁"。而公路上驴子造成的交通事故也让人痛心，自从塞阿拉州严格执行捕驴行动以来，由驴造成的交通事故在不断减少。

　　这是一则很有趣味的体验式现场报道，首先，在题材上，它不同于观众以往经常看到的记者体验春运期间的交通拥挤或亲身体验某一行业的工作艰辛，而是记者参与了警方的一次抓捕行动，而且是异国他乡的巴西警方的一次特殊抓捕行动——抓驴。这个题材本身就充满了新鲜感。而随着报道的深入，观众了解了巴西这一特有现象的成因，看到了当地警方为之付出的努力，引发了如何解决这一问题的思考，获得了较为完整的新闻信息。其次，在报道过程中，记者充分发挥了现场报道的优势，在参与整个行动过程中，在不同节点、不同地点，以不同的姿态和方式频繁出镜进行现场报道，并结合画外音解说和采访，使整个报道既有连贯性，也充满跳跃性，在 3 分钟的时间篇幅内搭建起了一个展示事件全景的完整结构，给人留下了深刻印象。

　　而更应该看到的是，记者在体验过程中频繁出镜进行现场报道，实现跳跃式的内容叙述结构，正是体验式现场报道自身优势的体现——因为体验往往需要一个时间过程，在这个过程中，不同的阶段、不同的地点，都为记者的现场报道提供了更多的可能性，而不同地点的不同出镜方式，会让记者的报道呈现多样性的特点。此外，在多数体验过程中，记者都需要采用运动的方式，而采用怎样的方式运动、在运动中加入什么样的动作，都给了记者灵活发挥的空间，而且动作的运用会帮助记者放松状态、克服紧张情绪，增强视觉的灵动性，让报道更好看。这是体验式现场报道"现场报道中记者发挥性最强、形式最灵活、传播效果最好的一种方式"的主要原因。这个特点也使得这种方式更适合进行网络传播，在网络直播的新闻报道中经常会使用这种报道方式。

　　因为这样一个特点，体验式现场报道也是目前视听新闻中运用较多的报道方式之一，在不断提速的高铁上，在世人瞩目的港珠澳大桥上，在新开通的北京大兴机场里，在许许多多的新工程、新发明旁，都能看到出镜记者的体验报道。社会的进步发展、新生事物的不断涌现，为记者的体验提供了广阔的舞台，可以让记者不断探索出更好的体验方式和报道方式。

　　而在全媒体转型期，媒体融合背景下新闻语态和传播生态的改变，让体验式现场报道有了更多的施展空间，如《玥读》就是以记者的名字命名，以记者为形象代表的媒体融合项目。《玥读》以打卡体验为主，围绕重大活动、重要会议、重大成绩等选题，提前策划，以记者实地体验观察的视角，用网言网语讲述大政策下和大众生活相关的内容。所谓网言网语，不仅是在语言表达上借鉴网红直播的亲切感和语言的新鲜感，还学习特效包装和剪辑手法，以全新的新闻语态传达新闻信息。比如，2024年7月，河南卫视频道《河南新闻联播》播出《玥读·实验室》系列报道，面对河南建成全国最多的省实验室的喜人成绩，以记者走访的形式，"走进全省20家省实验室，看河南发展的底气和自信"。在《中原关键金属实验室：这个实验室到底多"关键"？》中，拥有亚洲第一钼矿储量的洛阳栾川景象急速拉入地球全景中，地球全景又急速拉入坐在实验室中记者手里的手机屏上，记者指着屏幕告诉大家：手机屏的第一层膜就是金属钼。再如，在《蓝天实验室：打造空中天路》中，大山里的无人机从空中直接飞入一只手中，紧接着站在蓝天实验室里的记者摊开手，无人机从手里飞出画面，记者告诉大家：今年2月28日，河南省唯一一家研究无人机的蓝天实验室正式挂牌。将新颖的视觉包装与现场出镜结合起来，不仅具有满满的科技感，和实验室的主题相契合，而且充满网络感的视觉效果，让成绩的正面报道也很好看，充分彰显了记者出镜报道的重要作用。

### 三、现场采访式

采访式现场报道是指出镜记者以现场采访相关人员为主要报道内容，通过采访对话来完成信息传达目的的报道方式。之所以在现场采访相关人员，一是可以快速获得第一手信息资料，二是采访对象在关键信息上具有一定权威性或话语权。

现场采访的方式主要是出镜记者和相关人员进行一问一答的对话交流，可以是一对一的采访，也可以是一对多的采访。这种报道方式既可以运用于直播报道，也可以用于录播报道。在直播报道中的一般样式如下：记者首先介绍事件概括性信息，为采访做好铺垫；然后介绍身边的采访对象，提出问题，采访对象回答问题；采访结束后记者简单进行总结分析。

在录播型现场报道中，采访报道可以进行多样化设计。2024年2月初，由于连续降雪降温天气，多地高铁接触网出现了结冰和覆冰，给春运带来了安全压力。各地铁路部门积极采取措施保障动车组列车正常通行，对此记者奔赴现场进行采访报道。2024年2月6日，《正点财经》栏目播出这样一则关于国铁集团郑州局在夜间开行热滑除冰动车组对接触网进行除冰、打冰的报道：

（热滑除冰动车旁，记者和河南国铁郑州局郑州东高铁基础设施段副段长边走边采访）（副段长）热滑车，顾名思义，热就是让我们的接触网始终保持一个温度，滑呢，就是我们动车组在不断滑动运行，避免接触网覆冰。

（记者）不执行这个任务会怎么样？

（副段长）不执行这个任务的话，接触网在恶劣天气下它就会覆冰，覆冰会造成接触网设备损坏，甚至出现动车无法正常开行，给我们春运带来极大安全压力。

（记者现场出镜，在列车上边走边说）这个郑州东的动车组相当于我们动车组列车的4S店，我现在这个位置，其实相当于是站在我们动车组列车的车顶，大家来看一下，（记者弯腰用手捡起车上的小冰粒）车顶上还留着我们今天的冰雪。（记者继续往前走，走到忙碌的工人身旁）那么我们的工程师傅现在正忙着给我们的动车组列车安装除冰弹簧板。

（河南郑州动车段郑州东动车所副所长）它就像一个刀片儿一样，去刮掉我们这接触网上的薄冰层，它的除冰效果一会儿你就能看到了。

这是一个录播采访式现场报道，报道以现场采访开头，在谋篇布局上让人耳目一新，同时显示了现场采访的重要性——正是工程人员简洁明了的介绍，让大家对"热滑除冰动车组"这个专业术语有了清晰的了解，进而引发了观众继续观看的兴趣。记者的提问适时到位，出镜报道形象生动，和现场采访有机地融为一体，让观众对除冰工作有了进一步了解。

运用现场采访，一是出镜记者要注意进行适当的提问，选择合适时机向合适的提问对象进行采访，提问要有明确指向性，便于对方回答；二是注意引导被采访者做有针对性的回答，言语表述简洁明晰；三是要让现场采访和其他内容有机结合，形成完整清晰的叙事链条。

第二部分

# 基本方法

# 第四章　牢记记者职责，尊重新闻规律

现场报道是记者的职责，是记者在采访报道新闻时的一种传播手段，虽然出镜这一特点使它与其他媒体的报道有所不同，但本质上还是新闻采访活动。对此，记者应当遵守的第一个法则是牢记记者职责、尊重新闻规律。

## 一、记者的新闻敏锐性

现场报道的概念有三个要素：记者、现场、出镜。把记者作为第一个要素，是因为现场报道本身就来自记者的报道实践，并逐渐成为一种特有的报道方式。作为一个记者，要做好现场报道，首先要有新闻敏锐性。

### （一）新闻敏锐性的内涵

所谓新闻敏锐性，就是发现新闻、判断新闻价值的能力。新闻虽然会天天发生，但在新闻媒体竞争日趋激烈的今天，网络的迅捷传播使得很难有爆炸性新闻能够被独家抢到。要想让自己的新闻报道受到更多的关注，就需要发现新的新闻素材、捕捉新的新闻信息、看到新的社会现象、感受新的时代精神，做出独特的报道，这就离不开记者的新闻敏锐性。

新闻价值的判断是一个记者终其一生都需要不断更新知识、不断提高专业能力的问题。它需要记者有一定的新闻学理论知识，更需要对新闻保持高度的关注，应当广泛涉猎各种媒体上的新闻报道，去发现和总结它们的不同之处，以及媒体对新闻定义的不同界定，去发现那些备受关注的新闻报道存在共性的选材特点、报道角度以及叙事方法，逐渐提高判断新闻价值的能力。

陈力丹老师在《新闻理论十讲》一书中提出了新闻价值的 10 个要素，概括来讲可以从以下几个角度来判断新闻价值：

（1）是否新鲜——事件发生概率越小（很少发生、意外发生）、冲突越大（包括竞技、论战、法律冲突、外交斡旋、战争等）、反差越大（反常、不同于一般），新闻价值越大。

（2）是否重要——事实或状态的不确定性越大，事件影响力越大、影响面越广、产生影响的速度越快，越具有新闻价值。

（3）是否有接近性——与观众的切身利益、心理距离、情感替代（成功榜样、英雄故事、反面警戒、悲欢离合等）越接近，越具有新闻价值。

（4）是否有趣——越离奇、有趣、吸引人眼球，越具有新闻价值。

具有敏锐的判断力，可以让记者准确把握新闻报道方向，尽快地发现哪些细节、哪些情节、哪些事实能够说明新闻的真相。而对要出镜报道的记者来说，仅仅发现是不够的，因为出镜记者有一个与其他媒体记者大不相同的任务——在镜头面前进行现场报道，对所报道的内容给出解释、判断和背景材料。从某种层面上说，现场报道就是把记者发现的细节与事实通过镜头完全呈现在观众面前。但按什么顺序、使用什么方法呈现，其决定因素往往来自记者的新闻价值判断、新闻从业经验以及现场表现能力等综合因素。"让读者看见，令读者在乎。遵循这两条原则，你将造就出获奖记者。"这是美国学者卡罗尔·里奇（Carole Rich）在《新闻写作与报道训练教程》一书中提出的观点。他虽然针对的是报纸记者，但对全媒体时代的记者仍有指导意义。所谓"看见"，就是让受众准确了解新闻事实；所谓"在乎"，就是让受众被记者的报道打动并关注报道。对出镜现场报道的记者来说，通过镜头展现现场真实情况相对还容易些，而要让自己的报道引起关注，显然还需要很多的磨炼与提高。

新闻敏感性不是先天就有的，是记者平时注意观察、勤于思考、善于总结和累积经验而逐渐培养出来的，需要在平时的学习过程中，注意对新闻敏感性的培养与训练。比如，在大学校园里，垃圾桶都司空见惯，而在笔者从事教学的河北传媒学院里，有一个学生却发现了一个问题：为什么校园里的垃圾桶总是很干净？他进行了观察和调查，并以此为题材，在课堂上做了一个报道练习——《河传的垃圾桶为何这样干净》，并在报道中讲述了原因：原来学校对清洁人员有一个规定，即每到整点必须清理一次垃圾桶，即使垃圾桶里只有很少的垃圾。这样可以保证垃圾不会发酵散发出味道，也保证了外观的干净，这个细节也反映了学校的管理水平——这个同学从垃圾桶上看管理的眼光，从常见现象中观察、发现新闻价值的能力，就是一个记者应有的眼光，就是新闻敏锐性的直观体现，这个能力和平时喜欢观察与思考是分不开的，是可以逐步培养的。

一个成功的新闻记者，一个优秀的现场报道记者，没有固定的养成法则，保持对新闻记者职业的热爱与敬畏，保持不断学习的热情是不断进步的前提。其中，学习不是单指书本知识的学习，还包括能够丰富自己的知识储备与提升业务能力的学习，包括向优秀的媒体同行学习，包括不断实践和磨炼。

### （二）新闻敏锐性的培养

在进行现场报道的学习过程中，可以在练习前先选择一则新闻素材，然后从以下 3 个问题来审查素材，准备练习：

（1）我为什么报道。面对一个新闻素材，这是报道记者应该先想明白的问题，应该清楚地知道：这个新闻中什么让自己最感兴趣，最感兴趣的那个点不仅是新闻点，也是自己需要关注的重点，是进行现场报道的支点。如何找到这个支点？一个简单的方法是用一句话来概括它。这句话不一定是新闻的题目，但一定是作为"新闻眼"的一个具体的点。比如，"我市发生一起交通事故，3 人伤亡"，这是新闻题目，但是在这个题目下，可以发现交通事故中"一名 7 岁儿童因父母违章驾驶而死亡"是"新闻眼"。抓住这个点，记者需要报道的重点就是车辆的具体违章情况、怎样违章、违章造成的实际损害是什么等，这样就找到了应该关注的重点。

（2）我看到了什么。对记者来说，在实际的报道中，确定了自己要报道什么，就要开始搜集和发现报道内容：究竟什么是事实？证明事实的细节有哪些？这些事实导出的结论和观点是什么？对出镜记者来说，有了报道方向，还要尊重事实，而事实来自细节，支撑事实的细节就是现场报道的内容。值得注意的是，这个事实是客观事实，而不是符合记者个人观点的事实。比如，前面提到的交通事故的例子，记者在赶到现场前听说了"一名 7 岁儿童因父母违章驾驶而死亡"的传言，并准备作为自己报道的方向，到现场后就要去发现"父母违章"的事实。如果在调查中发现，父母并没有违章，就不能坚持这一观点，而要实事求是地客观报道自己发现的事实，即使报道效果大打折扣，也不能违背事实，混淆视听。

做练习时，在确定了自己要练习的主题方向后，就要围绕这个主题搜集和设计具体的细节，还是以前面的交通事故为例，确定了交通事故涉及孩子这一方向，在练习过程中就要有这样的情节设计，如在描述现场情景时，可以加入在现场发现遗留的一只鞋子的细节。当然，所有的情节和细节都应该是客观事实。

（3）我怎样报道。有了报道的方向与主题，找到了可以还原新闻真相的事实与细节，记者接下来需要考虑的就是如何让新闻传播获得更好的效果。报道和写文章一样，都需要推敲素材，寻找恰当的语言表达方式，不同的是，报道不必像文章一样"语不惊人死不休"，可以借助语气、表情、动作等多种语言符号，以及可以采用运动方式来增强报道的效果。在练习过程中，记者要主动地合理使用各种语言符号，注意让自己进入真实情形，追求报道方式的更好的传播效果，达到练习的目的。

记者的敏锐性是发现新闻的重要条件，而在发现新闻之后，要完成记者的职责和任务，报道的速度依然是关键。特别是在互联网时代，抢到独家新闻更加困难。但是，互联网的传输功能在为新闻传播打开了更广阔的通道的同时，也为传统媒体新闻传输提供了新的渠道——网媒平台。这些渠道可以成为传统媒体自觉的优先发布渠道。对传统媒体新闻记者来说，做好新闻报道，绝不能让"抢新闻"的意识在网络传播面前有任何退缩，相反，要学会掌握它、利用它。如果，有一天你接到一个紧急任务而身边没有摄像机和卫星转播车，那么带上手机和记者证，赶到现场，你仍然可以凭借网络的便利完成现场报道，然后通过网络先把消息发出去，再把视频带回来赶快做新闻。尽管网络视频的画面质量会有所损失，但对抢到手的新闻来说，这点损失是可以忽略的。目前，这一方法的运用已经不是个例。网络给电视的传播带来了挑战，但是挑战也带来了机遇。对新媒体，新闻记者必须参与进去，深入进去，运用起来，始终保持着新闻责任感和良好的新闻敏锐性。

## 二、新闻报道的准确性

有了新闻敏锐性，有了抢新闻的意识，这还不够。因为记者的任务就是传送事实，出镜记者更是要通过镜头把事实传送出去。做好这一点，记者需要铭记：务必保证新闻报道的准确性。确保报道的真实准确性，是新闻从业者的职业责任，也是在进行现场报道实训中特别需要注意的问题。要做到报道的真实准确，需要注意以下几点：

### （一）数据、数字的报道一定要准确，不能妄加推测和估算

记者到达现场后，对事态的总体情况应该有一个清晰的了解，发生了什么、造成怎样的后果是最需要弄清楚的。其中会涉及很多数据，如死亡人数、受灾面

积、涉及人员等。在面对镜头准备开口前，你一定要十分确信即将说出的数字和数据是经过核对、是有关权威部门提供的。如果不能确定，就要加上数字和数据的出处，即说出是谁提供的，这个提供者还应该与本事件有直接关系，这个数字只代表他的观点。准确的数字，会让报道更加客观、真实与形象。

2015 年 8 月 12 日，天津市滨海新区发生重大爆炸事故，第二天《新闻 1+1》节目直播报道了这一事件：

（主播）我觉得首先要关注你的位置，现在你离爆炸点，也就是核心的这个地方有多远？

（记者）我在今天离爆炸现场最近的时候，直线距离不超过 1 公里，透过天津海关的大楼，我在爬到这个楼上 15 层的时候，我可以非常清晰地看到，就像可能刚才通过无人机所看到的这个画面，今天下午，其实有一度站在这个窗口我也会觉得很刺痛，而且蒸腾起来的这种浓烟，我们在 15 层的这种大楼上其实也可以闻到。

我现在的这个位置，在今天下午有了一次向外的撤离，其实这是因为今天的风向有了一个小小的变化，从面向我们这个海关大楼完全右侧的方向，调整到了海关大楼的左侧，其实可能修正这一点小小的角度，但是对周边的不少的救援抢险，包括我们现场报道的人员来说，可能又有了新的威胁，所以在今天下午，大概 4 点钟的时候，我现在到达的这个位置，距离核心现场是 1.3 公里，但是并不遥远。

（主播）我要打断你一下，因为其实我并不希望此时此刻，你离的距离非常近，1.3 公里也已经足够近了，我也注意到你在准备期间的时候，就没有戴口罩，现在连线也没有去戴，那么是否接到相关的这种信息，比如说空气是安全的，是否有一些有害的这种物质，你们有过这样的一种去采访或者说得到这样一种提醒了吗？

（记者）那我就把我今天下午的这个感受去做一个梳理。在到达核心现场，也就是说最近大概隔 1 公里的这个位置上，因为当时的风向是和我们身边擦肩而过的，所以其实浓烟是从我身旁大概 50 米的地方过去，那么在这个时候是闻不到现场有任何的爆炸或者燃烧之后的味道，但是当我爬到海关大楼上的时候，风向发生了变化，非常清晰地能够闻到，而且直到现在其实会觉得自己的鼻腔或者说自己说话的时候，自己的嗓子会有一点小小的刺激性，因为这毕竟是一个堆放化学品的仓库。而我现在所站的这个区域，其实是和现在的风向成一个平行的状态，风是朝我们现在所说的可能偏向于渤海的这个位置继续在吹，那么我们距离它的这个 1 公里的距离，其实就是一个平行于现在烟所飘的这样一个距离。

在我今天下午 6 点钟的时候，得到过一个消息，就是北京军区防化团在相隔500 米的范围之内，他们没有检测出氰化物，但是这个消息其实停止在了今天晚上的 6 点，我们也希望随时地更新这样一个空气检测的信息。他们派出了很多的流动观测车，变成了一个环状去围绕现在仍然在燃烧的区域，但是现在现场仍然在开会，所以没有能够拿到最新的一个消息，但是距离这个平行的风向，我是闻不到任何的气味的。


在这部分报道中，记者语言沉稳准确，叙事条理清晰，陈述全面客观，展示了一个现场报道记者应有的优秀素质。从报道中也可以看到，记者引用了很多数字，这些数字用得清晰准确，不拖泥带水，让观众对现场情况有了更加清晰的认知，对记者所处的险境与面临的困难也有了切身感受，这就是准确运用数字带来的效果。

对数据，除了要注意它的来源，也要警惕数字后面的专业界定和使用范围是否存在问题。比如，有权威人士告诉你，经他们调查，存在家庭暴力的家庭占了45%，你就该质疑，这个数字是怎么来的？如果你发现，这个调查中把"大声呵斥对方""争吵后离家出走"这样的行为也列入家庭暴力的范围，那么这个"45%"的数字还可信吗？所以，数据的准确运用既包括数字本身的准确无误，也包括这个数字产生的方式和过程也是正确无误的。在报道过程中，只有经过这样考量后的数字才是可以放心使用的，记者必须善于明辨。

做到这一点，在进行训练和学习时要注意培养一个习惯：如果不是对原因的分析和对未来发展和影响的预测，在语言表达时要尽量避免使用"可能""大约""大概""差不多"等不确定的词语。当然，不可能完全避免对现场的某些情况进行预测，当这种情况发生时，也要把预测的模糊度降至最低。比如，你回头一看，广场上集会的人很多，你是回头面对镜头说"我身后有大约 3 万人"，还是说"在我身后这个可以容纳 3 万人的广场上已经聚集了很多人"？对此，记者应偏向于后者，因为对人口聚集的密度，观众可以通过镜头看到，告诉观众这样一个密度出现在多大范围内，会使观众有一个总人数的判断，从而避免了记者预估目测误差过大的尴尬，增强了报道的客观性。

### （二）不要急于得出结论、给出判断

《美联社新闻报道手册》强调："如果没有精确性，就不能称之为新闻，只能算是虚构。"记者对精确性的追求，应当像医生对患者血型准确度的追求一样。做到这一点，记者需要时刻牢记新闻报道的客观性原则，即在态度上不偏不倚，尊重事实，如实反映事实的本来面目，具体到报道过程中，就是要做到确保报道中的时间，地点，人物的形象、言论、行动，事件的原因、经过、结果等新闻内容的真实准确，对不确定的信息，宁可告诉观众目前这些情况都还不清楚，也不能妄加猜测、主观臆断，应该用可信的数据和细节让观众自己得出结论。

"根据事实来描述事实"，这句话强调了新闻报道的客观性，而对出镜记者的现场报道来说，则是保持报道客观准确性的重要法则之一。在现场报道中，记者一定要根据事实来描述事实，对事实的传达一定要客观、真实、准确，不能夸大，也不能忽略重要事实，要避免人为地下结论。

在实训练习中，很多同学习惯用两个词："可见"和"众所周知"。比如，介绍一个路段交通拥堵时会说"这里交通十分拥堵，可见管理是不到位的"，或者"众所周知，道路要畅通，管理疏导是关键，这里交通拥堵，说明管理是缺失的"。这里就犯了一个"妄下结论"的错误——交通拥堵的原因有很多，如修路、车祸、积水等，并不都是因为管理不到位。管理不到位的表现是管理措施跟不上，要想说明这一点就要观察应有的管理措施是否落实到位，用措施上的问题来得出结论，而不能只凭拥堵这一现象来简单地批评管理问题。

"根据事实来描述事实"，这句话通俗的注释是"用事实说话"。李良荣老师在《新闻学概论》一书中说："新闻既然是新近发生的事实的报道，那么它就应该尽可能多地向人们提供可以查证的事实，也不妨做些分析，但尽可能避免下判断，更不要以判断来代替事实。"这个"事实"有两个特点：一是它是已经查证的事实，是人们看得见、摸得着、感受得到且有根有据的事实，常常表现为具体的数字与细节；二是这个事实与结论之间一定要有直接的因果关系，对结果的产生有显而易见的证明力。在这种情况下，把事实描述清楚了，不用说出结论，观众也能得到判断。如果事实没有说清，结论自然站不住脚。

# 第五章 典型环境的选择与表现

## 第一节 典型环境的选择

### 一、典型环境的内涵

记者出镜的现场报道是在一定的环境中完成的，这些环境一般都是新闻现场，或是与新闻的发生相关联的现场，它们的范围有时可能会很大，如大型灾害发生地区、战场、火箭发射场、大型庆典仪式等，有时可能很小，如交通事故的发生地等。但无论大小，它们都是新闻信息的承载地，是记者发现事实的主阵地，是记者出镜报道的背景地。如何表现这些现场，选择什么样的位置出镜，将什么样的环境作为出镜的背景，是出镜记者在现场必须快速决断、做出选择的问题。

现场是事件发生的承载地，当然也是还原新闻事件的最佳场所，所以事发现场是出镜记者进行现场报道的首选地。不过由于各种原因，记者不可能总是能顺利进入事发现场，如火灾、爆炸、犯罪现场等，这时出镜记者就要选择事发现场附近的地点进行出镜报道。这个地点不是第一事发现场但又与事发现场有关联性，被称为关联现场。不管是事发现场还是关联现场，出镜记者在报道时都面临同样的选择：在什么位置出镜进行现场报道？

基本法则是选择典型环境进行现场报道。所谓典型环境，是指能够反映事件主要性质、特点、程度、影响等方面的场景。这只是从概念上去界定，在实际报道中，典型环境的确定往往是个复杂的问题。比如，一座大楼起火，起火的楼层特别是起火点当然是典型的现场环境，但记者是不可能到达那个地点的，那么在大楼外面找到能够观察火情全景的地点就是确立典型环境的较好选择。但选择的过程也不那么简单——如果是高层起火，距离起火大楼太近会不会影响全景的拍摄？如果太远能不能拍摄到细节？这个复杂的过程对记者的采访经验和能力是个考验，需要记者有很好的应对和判断能力。

## 二、符合镜头与画面要求

声音与画面是视频媒体的基本语言要素，尤其是画面，是视频媒体与其他传统媒体相比独有的语言符号。一个优秀的出镜记者，不仅要有良好的新闻意识和采访能力，还要有良好的镜头画面意识，能够掌握一定的镜头运用规则，能够了解镜头表现力运用的基本知识，在现场能够观察到从什么位置什么角度拍摄可以更好地反映事件的全貌和必要的细节。因为对观众来说，镜头就是他们的眼睛，在不能目睹现场的情况下，镜头拍下什么他们就只能看到什么。实际上，观众最想看到什么，就是记者应该把镜头对准的地方。而什么是观众最想看的，是一个记者所确立的新闻观和经验积累的问题。"纸上得来终觉浅，绝知此事要躬行"，做好新闻从来就没有秘籍，在实践中去发现、磨炼、思考是最好的途径。

当然，这不是说记者应该像一个摄像师一样有良好的拍摄技术，而是要知道自己想拍什么、能拍什么。同时，好的出镜记者都离不开一个好的摄像师，彼此应保持良好的沟通方式，形成默契合作的模式，在现场能够快速达成一致意见，共同完成采访任务。

### （一）注意拍摄光源

镜头拍摄要尽可能避免逆光拍摄。逆光拍摄对特殊的表现效果才具有实用意义，在新闻采访中是尽可能要回避的。但是，有时光源可能就是从背面而来的，怎么办？比如，报道台风情况需要背对大海，而光一般都在海的南方，会形成逆光。如果强行逆光拍摄，要么人物背后的海面一片白光，失去细节；要么人脸偏黑，甚至五官不清。对此可以选择侧面拍摄，变逆光为侧逆光。如果能够利用身边的一些反光物体（如白板、白衬衣）给记者面部暗处做一些补光处理，效果也会相对好一些。

### （二）避免镜头穿帮

穿帮的本义是露出破绽。镜头穿帮是指拍摄到了不该进入画面的物体而出现错误，或画面产生了歧义效果。比如，记者的身后有一根旗杆，如果记者站在旗杆的正前方面对镜头拍摄，那么画面出现的效果就是记者头上长出了一根旗杆。避免穿帮，要求记者在现场观察，找到出镜位置后多看一眼远方，看身后的景物有无穿帮的可能，同时避免选用线条和斑点过多、过于杂乱以及宣传画等容易造成穿帮的景物作为背景。

### （三）记者在画面中的位置

记者出镜一般都居于画面的一侧，同时记者的出镜景别以中景为主。这样做的目的是有足够的现场画面能够一起进入观众视野，同时中景在确保记者的面部表情会清晰呈现的同时，也可以兼顾记者的手部和身体动作。

这就要求记者养成如下习惯：永远不要有占据画面中心位置的冲动，主动让位给现场画面；知道现场画面在自己的身体哪一侧时，哪一侧的肩部要向后侧倾斜大约15度角，保持身体向现场方向侧倾的姿态。这样有利于自己随时观察现场的变化，在画面上也形成以现场为主的视觉效果。

实践中也有大量的出镜记者位居画面中间的报道，这可能有两种情况：一是记者的报道不以介绍陈述现场情况为主，而是以评论或口述信息为主，身后的背景画面不是表现主体；二是现场较为开阔，如草原、海河、街道等，没有明确的需要表现的主体。

现场报道是记者在现场进行报道，现场环境的交代十分重要，在画面中一定要给现场环境留下足够的表现空间。

# 第二节　拍摄位置的选择

合理地选择拍摄位置是记者观察能力和画面镜头意识的综合体现。选择位置的基本法则是选择能够最大限度地展示现场的位置，即能够更全面地展现现场全景和真实面貌的位置，这里往往是拍摄的最佳位置。这样的位置除了要考虑光源、成像等因素，更看重它对新闻叙事的重要性，考虑能否更好地完成报道。在实际采访过程中，如何选择拍摄位置往往是个复杂的问题，但有以下指标可供参考：

## 一、高点位置

这是指能够从高处俯瞰现场的位置。这个位置的优点是能够居高临下地观察现场全貌，对现场能进行整体展示，往往适合于大面积的事件现场，如森林火灾、大面积爆炸现场、洪水泛滥、大型集会等。能够通过直升机、无人机等飞行器实现制高点拍摄是最好的选择，但如果没有这些条件，则可以通过周边的山坡、楼房顶层、立交桥等位置来进行拍摄。

2019 年国庆节，北京天安门广场举行大阅兵。天安门自然是关注的焦点。此时此刻，广场上的情形是什么样的？《朝闻天下》推出了一系列直播报道，让记者现场报道自己看到的广场和周围的情景。在其中一篇报道中，主播在播完编前语后和现场记者进行了这样的现场连线：

（新闻主播）好，接下来我们就来连线记者，现在广场的状态怎么样？时间交给你。

（记者）好的，各位观众，我们继续在中国国家博物馆的顶层高点为大家做现场直播报道，通过我们的全景镜头继续带您感受此时此刻的天安门广场。我们都知道，在 10 月 1 号这一天，天安门广场的太阳升起的时间是 6：10，所以经过一夜的等候，此时此刻的天安门广场应该是在晨光当中了。您顺着我们的镜头再向我们身后看去，（镜头摇向记者身后的天安门城楼）此时此刻的天安门城楼在晨光当中显得非常宁静和柔和，它周身的金色和红色都变成了让大家感受到非常美好的一种色彩，几个小时之后，庆祝中华人民共和国成立 70 周年大会将在这里开始。

选择在中国国家博物馆顶层出镜报道，是因为这里是距离天安门较近的高层位置之一，又处于顺光的方向，天安门前的情景可以"尽收眼底"，这是记者观察现场的一个最佳位置。站在这里，不仅便于记者观察，而且在报道过程中，身后的景物由于俯瞰距离的原因，在视觉景象上被缩小，便于记者较为容易地依次介绍现场各区域的位置关系和整体布局，让观众对现场全景有一个清晰的认识，这是高点位置的一个突出特点和优势。

正是有着这样的优势，在一些场面开阔的现场报道中，高点位置就显得尤为重要。在 2023 年 10 月巴以冲突的报道中，中央电视台记者一次次站在高点位置进行报道，就是为了能让镜头清晰地拍到身后的现场。而实际上，这样的位置选择也充满了危险，中央电视台记者就曾多次被阻止进入高点位置，以防不测，这从另一侧面说明了高点位置的重要性。

不过由于俯瞰的原因，高点位置也有一定的局限性。比如，从整体布局上来看，站在高点位置能够清楚地看到现场的全貌和各部分的位置关系，但具体到个别场景的细节，会因为距离过远而无法看到。那么，这个高点位置到底该多高呢？这主要取决于周围能够到达的高度，以及摄像机能够拍摄到的距离。一般来说，往往是记者和摄像师根据现场情况进行协商判断才能做出决定。对记者来说，要记住的就是在什么情况下应该选择高点位置，同时清楚地知道高点位置的优点与缺点，在报道中合理地把握、运用。

## 二、远景位置

远景位置是指能够拍摄到现场全景的拍摄位置。这个位置的优点是能够拍摄到现场全貌，看到现场的总体情况，能够看到现场多个场景之间的位置关系，便于观众了解事件影响的现场全貌、波及范围和影响程度，往往适用于大面积、记者无法靠近或在近距离内无法展示全貌的事件现场，如泥石流滑坡、洪水泛滥、森林火灾或大面积火灾、火山爆发以及其他面积较大的事件现场。

在没有航拍飞行器条件甚至没有制高点可利用的情况下，在面积较大的事件现场，远景拍摄往往是更好的选择。以下情况可以考虑这样的选景位置：

### （一）现场比较复杂，涉及多个拍摄物体

所谓复杂，是指涉及的范围比较大，而且情况多样化，涉及多个物体，如泥

石流滑坡，会涉及山坡本身的面积，也会涉及坡上的植被、泥石流冲击的地域造成的毁损范围等。在这样一个现场，如果记者的位置过于接近事故中心位置，虽然能看到很多细节，但是从整体上看到全貌、了解不同区域的位置关系就不容易了，因此报道位置要首先考虑远景位置，把整体情况交代清楚，再深入具体场景进行特殊细节的描述和报道。

2020 年 8 月 4 日，黎巴嫩首都贝鲁特港口区发生重大爆炸事件，引发国际广泛关注，中央电视台也派出多路记者在当地开展实地采访报道。8 月 10 日播出的一则视频报道中有这样的记者出镜：

（记者）我们现在是位于贝鲁特的港口区，大家可以看到我的右手边就是爆炸外围的仓库区，大家可以看到这些吊车在爆炸前就是存在于这个区域的，那么现在我们也有理由相信，这次爆炸已经让这些重型机械大部分都已经不能正常运作了。而我们让镜头再向右边推过去，大家可以看到远处其实是有一些扬尘的，镜头再推进一点，我们能看到有一些挖掘机正在现场工作。这也说明外围的清理工作大部分已经完成，现在整个的清理工作已经是越来越靠近爆炸的中心。大家可以看到这个白色的建筑就是爆炸时被摧毁的粮仓，在白色建筑物的旁边，我们可以看到一个水坑，这个水坑其实是在爆炸后留下的大坑，是海水倒灌所形成的。据当地的媒体报道，这个水坑的深度已经达到 43 米，我们可以想见这次爆炸的威力。

新闻事件发生后，尽可能地进入现场中心位置是记者的基本诉求，因为在这样一个核心位置能够得到更多的现场信息，捕捉到更加详尽的细节。但对出镜记者来说，还需要考量所在位置的出镜效果：这个位置从镜头的角度来说能够反映现场多大范围的景象？能否让自己可以清楚地说明现场环境？能否展示不同场景的位置关系？而从这些角度去考量，有时，在一些特殊现场里，记者的出镜位置反而需要与中心位置拉开一些距离，利用全景镜头的特性，在画面里将场景缩小，并在记者身后有序呈现。

比如这则报道，事件发生后进入爆炸现场近距离展示现场场景当然是一种理想的报道效果。但在实际中，记者往往难以在第一时间进入现场，因此选择远景位置有时也是一种不得已的现实选择。选择在远景位置进行报道，就要充分利用远景的景别优势，在交代多种场景的位置关系上做文章。应该看到，如此大面积的爆炸，深入中心位置固然可以用细节描述展现爆炸的破坏程度，但是爆炸的影响范围和大面积的破坏力就不好具体展现了。在这则报道里，记者只能站在爆炸现场的对岸位置进行报道，而记者也巧妙地立足这一位置，对情况复杂的现场进行了划分：离自己最近的外围的吊车、再远处的扬尘、摧毁的粮仓以及中心位置的水坑。在远景镜头中，本来复杂的场景很容易被划分出层次，并且可以一层层有序推进，将更大范围内的爆炸场景随着记者的叙述和镜头的跟进，逐一呈现在观众面前，非常有条理地展现了爆炸的影响范围和破坏力。记者这种扬长避短发挥远景位置视觉优势的报道方式，反而拉近了现场和观众的距离。

**（二）场馆、会场、典礼仪式、大型建筑物以及大型自然灾害的现场介绍**

上述场景是记者在采访中较为多见的情况，报道中往往是高点位置和远景位置结合使用会更加理想。2024 年 8 月 9 日，午间《中国新闻》播出《奥运场馆活化利用："冰丝带"让更多人感受冰上速度》，介绍北京冬奥会场馆"冰丝带"开始向公众开放，开启后冬奥时代新用途。节目中记者做这样的开场报道：

（镜头从"冰丝带"场馆内部以全景镜头开始慢慢向画面右侧摇，在场馆右侧高层观众台上，记者边说边向前走，记者背后是场馆冰面全景，很多人在冰面上运动）"冰丝带"场馆的冰面有 1.2 万平方米，这里也是全亚洲最大的全冰面设计，而在 2022 年北京冬奥会期间，这里是 14 个速度滑冰项目的举办场地。而如今，炎炎夏日，整个冰场的一部分已经向公众开放，成为公众体验冰上项目魅力的一个乐园。

这个现场报道是记者站在高层看台上完成的，但是摄像收录的画面是场馆内部的全景景别。在这样的景别里，场馆的冰面几乎一览无余，冰面上活动的人群也有了全貌的展示，而场馆天花板也被收入画面。天花板上的灯带将洁白的屋顶划成漂亮的流线体，"冰丝带"的感觉跃然眼前。之所以能有这样的视觉效果，和记者所选择的位置有关。记者选择高层看台作为出镜位置，实际上是高点位置和远景位置的结合。在这个位置上，由于距离的拉开与升高，既可以俯瞰下面的冰面，又可以看到馆顶动人的曲线，冰面的人群活动也在画面中，最大限度地呈现了场馆全貌，画面与陈述内容很好地合为一体。

所谓的远景位置，并不是简单地站远一些、把镜头拉开那么简单。在清楚地知道自己要表现什么的同时，出镜记者需要根据现场快速做出判断：这个位置能否展现现场全貌同时又能看到部分细节？是否和自己要介绍的内容在画面上是一致的？有没有自己准备要重点展示的内容？在综合分析后，才能确定自己应该到达的位置。

### （三）具有典型性的远景位置

无论是高点位置，还是远景位置，共同的特点都是有利于从画面上反映现场的全貌。但是这样的位置范围也很大，记者需要在这样的范围里确定一个最佳位置。这样的位置该具有什么样的特点？又该如何选择呢？

最佳位置，是指记者在报道过程中能够传达最多信息量、最有现场典型性的位置。一般来说，在选择时可以注意以下几个问题：

一是注意平衡好远和近的关系，在能够展现现场全貌的同时，尽可能逼近现场中心位置，尽可能展示更多的细节。这种对现场中心位置的逼近可以通过一些参照物来体现，如突发事件往往会有封锁线，如果记者被挡在了外面，这些封锁线、忙碌的警察或救援人员和救援车辆就是很好的参照物。

二是有标识物的位置。一些标志性的建筑物、雕塑、地名标牌等都可能给记者的报道增加更多的信息量。

三是彰显"我在现场"的视觉效果的位置。面对镜头，记者在报道事实的同时，也在展示着自己的职业能力和职业素养，那些能够充分展示记者深入现场、积极探索真相的镜头往往会赢得观众的信任，增加报道和媒体本身的关注度。因此，能否找到反映这一特点的位置也是记者需要考虑的一个重要因素。

按照上述 3 个标准去选择，不难发现，有些位置是有一定危险性的，这时要注意在选择最能反映灾害情况的环境且尽可能接近现场的同时，也要充分保障人身安全，在有安全保障的前提下，用自己的现场感受来准确报道现场的真实情况。

例如，2016 年台风"鲇鱼"登陆我国南方地区时，很多记者就是以巨大的勇气站在了现场的风口浪尖。在福建泉州，中心最大风力达到了 12 级，记者仍在现场进行了出镜报道，如表 5-1 所示。

表5-1　记者对台风"鲇鱼"登陆的部分现场报道

| 声音 | 画面 |
| --- | --- |
| （记者出镜）我现在所在的位置就是这次台风"鲇鱼"登陆的福建泉州市惠安的一个沿海。大家可以看到，现在这个风浪非常大。此时此刻，其实正好是满潮的时候。加上台风登陆之后，威力才刚刚开始显现。我们来看一下现在整个浪潮的一个信息。镜头稍远，大家可以看到，你看，可以说是滔天巨浪，掀起的浪大概有4层楼10米这样一个高度。 | 记者站在海水翻涌的海边堤坝前，一个大浪袭来，浪尖打在记者身后，部分溅到记者身上，记者稍稍躲避，侧身继续报道。 |

　　飓风暴雨、海浪汹涌，这些都是台风威力的表现，通过直升机或高点位置拍摄，也能展示这些景象，但是现场报道的魅力就在于，当记者用自己的身体作为一把标尺立在现场时，现场的一切都更加真实形象了。而记者职业的魅力也在于，记者必须通过亲身体验，才能更准确地获得事件的真实情况，于是记者站在了激浪拍打的海岸边。这展现的不仅是记者的敬业，也不仅是冒险，还包含着智慧。

　　首先，这里是一个远景位置，在这个位置，既能看到远处大海上的情形，也能随时观察到海浪击打堤坝时掀起的巨大的海浪，捕捉到反映台风巨大威力的画面。同时，记者出现在现场，不仅可以很好地展示海边的风浪情况，也可以让观众形象地感知人和周边环境的关系与比例，从而获得更加准确的信息。事实上，记者在现场就捕捉到了有4层楼高的海浪的生动画面。

　　其次，这里是记者既能远景观察，又可以尽可能逼近中心现场的最佳位置。在记者的身后，可以看到一道护栏上有警示危险、禁止通行的警示牌，这个带有明显标志的护栏告诉观众，这是记者可以到达的离大海最近的位置，这是一种"现场意识"的体现——背后是汹涌澎湃的海浪，身边是警示危险的护栏，不时会有海浪打到记者身上，还有什么位置能比这样的场景更能展示现场的情形并彰显记者的敬业与无畏精神？当"我在现场"的新闻理念转化成具体的行动和形象的镜头画面，这样的新闻是不是更加鲜活、更有视觉冲击力、更有收视吸引力？在新媒体时代，媒体如何迎接挑战、提高竞争力是个不断被提及的话题。其实，不管传播途径如何发展、传播环境如何变化，媒体的竞争最终还是内容的竞争，要在内容竞争上先行一步，记者这种充满智慧的职业素养、勇于奉献的敬业精神是必不可少的。

### 三、野外特殊环境的位置选择

现场报道最佳位置的确定，可以让报道取得更好的效果。无论是高点位置还是远景位置，都会涉及大范围的视野空间，甚至很多都是在野外进行的，位置的选择往往有很多困难，那么有没有具体的方法来帮助记者提高效率、做出快速选择呢？接下来看一段记者的现场报道，如表5-2所示。

表5-2　记者对菲律宾马荣火山的现场报道

| 声音 | 画面 |
| --- | --- |
| （记者现场报道同期声）大家现在看到的呢就是马荣火山的火山口，现在这个状态呢，火山口正在喷发出岩浆以及火山灰，随着我们的镜头往下移动，大家可以看到山的中部有白色的云雾状的物质，但事实上它并不是云雾，是由于火山喷涌出的熔岩混合了空气当中的水雾以及发出的烟尘这样一种物质，所以从现在这个画面大家可以看出马荣火山仍然处于高度的活跃状态，而根据菲律宾火山研究所发布的数据显示，在29号的晚上呢这座火山有过长达一个半小时的熔岩喷涌的这样一个情况发生，而且火山地震的发生也高达119次。从这些数据可以看出，马荣火山仍然处于高度的活跃期。 | 镜头由火山口逐渐往外拉，拉至全境，记者背对镜头面向火山进行现场报道。<br>记者转过身，面对镜头进行报道。 |
| （记者画外音解说）在拍摄结束时，我们发现山体的一侧有大量熔岩发出的烟尘，于是决定去那边看一看情况，在抵达火山南侧的卡格萨瓦镇时，火山突然猛烈喷发。 | 火山喷发镜头。<br>记者现场报道镜头。<br>火山灰滚落镜头。 |
| （记者现场报道）现在是菲律宾当地时间30号的中午12点，大家可以看到我身后的马荣火山现在正在进行喷发，从这个山体的这一侧我们可以看到非常多的火山灰滚落而下，这应该是马荣火山刚刚喷发出的熔浆导致的这样一种现象。 | 记者在下山路途中出镜报道。 |
| （记者画外音解说）大量的火山灰从山体南侧和东南侧滚落而下，火山发出隆隆的轰鸣声，听起来像是内部在发生小型的爆炸，火山灰随即散落到空气中，整个火山灰团越变越大，并随风飘向马荣火山的西南侧。 | 记者转身朝向身后的火山，镜头推向火山山体，大量火山灰滚滚而下结为云层弥漫天空。 |

| 声音 | 画面 |
|---|---|
| （记者现场报道）现在呢距离刚才的喷发过去了大概 25 分钟的时间，大家可以看到我身后的天空当中呢，开始弥漫起灰色的云层，这就是从火山口喷出的火山灰，随着风向的变动，现在这个火山灰正在向我所在的地方袭来。 | 记者在山底一个小镇出镜报道，身后是灰色的滚滚浓烟，以及观望的人群。 |

在这则报道中，记者 3 次出镜进行现场报道，捕捉到了火山喷发后烟尘翻滚的镜头画面，获得了很好的报道效果。在火山喷发时间并不确定的情况下能够捕捉到这样的画面是非常不容易的，但是这种拍摄效果，其实得益于记者良好的采访意识。由于恰当的报道位置的选择，记者始终让自己没有远离能够观察到现场变化的理想位置，确保了报道效果。对此，有以下几点启示：

（1）善于借力。注意到记者第一次出镜时是在什么位置了吗？这是一个观测点。所谓观测点，是相关管理部门设置的专门用于观察火山活动情况，能够最大限度进行观察的位置。这个位置的"官方"色彩确保了它的科学性和合理性，确保记者能够清晰地看到火山情况，也能随时观察到火山变化，是现场报道的一个最佳位置。最佳位置的获得可以借助相关部门、专业人员、熟悉情况的当地人员。他们的熟悉度和专业性，往往会帮助记者及时到达最佳位置，获得好的画面效果。

（2）善于判断。记者出镜的第二个位置，是当地的一个小镇。画外音解说告诉了观众："在拍摄结束时，我们发现山体的一侧有大量熔岩发出的烟尘，于是决定去那边看一看情况，在抵达火山南侧的卡格萨瓦镇时，火山突然猛烈喷发。"熔岩的烟尘意味着喷发，喷发意味着新闻。决定记者行动路线的，应该是事态发展的方向。事态会怎样发展，记者可以根据现场情况，通过向专业人员请教、向当地人员咨询等方式，帮助自己做出正确判断。

（3）善于表现。这不仅表现在记者在语言组织、语速和情感运用上都保持一种紧张但不慌乱、重大但不危急的报道状态，还体现在对位置的判断与选择上始终都力争自己站在最佳位置上，如第二次和第三次出镜都是在山下的小镇。虽然处在安全地带，但是记者身后已没有什么游人，说明记者已经努力向远处的现场靠近，这种状态很好地体现了记者坚持"我在现场"的职业素养。

最佳位置虽然会随着报道内容发生变化，但是在如何判断和选择上是有规律可循的，这些规律加上记者在实践中积累的经验，会帮助记者做出更好的报道。

## 第三节　出镜场景的确定

　　记者在出镜报道前确定了拍摄的具体位置，即基本确定了表现典型环境的大致范围，这只是完成了第一步工作，下一步应该考虑的是，在这个位置上，该选择哪些场景作为出镜背景进行报道，用什么样的环境来表现事件现场？这个能够突出表现现场情况的环境就是典型场景的具体化表现，它是记者出镜的定点位置，即最后站立的位置，也是记者在这个场景中面对镜头向观众呈现事实、还原真相的具体背景，是观众直观看到现场真实面貌的具体场景。拍摄位置和典型环境的关系就像远景与中景、近景与特写的关系，典型环境是拍摄位置里镜头最终聚焦的场景，这样的场景主要有以下几种：

### 一、标识背景和氛围背景

　　标识背景是指"在背景中有一个明显标识功能的陪体出现"[1]。这种标识物对出镜地点具有明显的标识和说明作用，如地标性建筑、企业门口的牌匾等。使用标识物具有简洁明了、重点突出的作用，但前提是必须与事件发生具有关联性。

　　氛围背景是指"以现场的环境和气氛作为背景的内容"[2]，远景呈现事件现场全貌。一般对大型会议和庆典报道或者影响范围比较广的灾难性事件（如爆炸、火灾、地震、海啸等）都会将这种位置作为背景。

### 二、程度最严重的现场

　　受影响程度最严重的场景当然最能说明事件程度，如爆炸事件的爆炸点、火灾现场火势最大的区域、洪涝灾害水最深的地方等。因为最能反映和说明事件的

① 崔林：《电视新闻直播报道：现场的叙事》，中国传媒大学出版社 2012 年版，第 168 页。
② 崔林：《电视新闻直播报道：现场的叙事》，中国传媒大学出版社 2012 年版，第 170 页。

发展程度，这个位置往往会成为记者希望找到的最佳位置。

2016 年 7 月 9 日，河南新乡市突降暴雨，形成城市内涝。记者在雨中赶往现场，站在近齐腰深的水中录制了现场报道：

（记者站在近齐腰深的水中，没有使用任何雨具对镜头报道）观众朋友们我想今天早晨你和家人在起床的时候一定被眼前的景象吓了一跳，从今天凌晨 3 点起连续 3 个小时下起了降水量超过 250 毫米的大雨，我现在的位置是在新飞大道和道清路交叉口的位置，这个地方大家看到它本来是有栏杆的，但是现在所有的栏杆都被水淹没，同时我所在的位置水深呢已经是接近了 1 米，再往前走水深已经超过 1.5 米，在这呢我们新乡电视台特别提醒大家尽量减少外出。

这则报道当天就被上传到网络，并被各大网络媒体转载。同时，网民们纷纷点赞，并留言"这样敬业的女记者也是拼了"。的确，一个女记者冒着大雨站在近齐腰深的水中大声进行现场报道，这样的敬业精神值得点赞，也看到了记者的专业素质。

这主要体现在出镜位置的选择上。报道大雨淹没街道，现场当然在街道。记者勇敢地站在水中，在不使用任何雨具的情况下冒雨进行了报道。虽然这种行为给现场收音带来了一定的困难，也给如何在现场报道中做好技术保障提供了研究课题，可这种行为毕竟反映了记者"抢新闻"的良好新闻意识，站在水中用自己的身体作为坐标形象地展示水情具体情况，也反映了记者良好的报道技能。

但是，站在街道上，站在雨中就是选对了最佳位置了吗？记者要报道的是大雨袭击全市，这条街道怎么能代表全市的情况呢？

这是一个非常专业的问题：有些貌似正确的现场，其实是经不住推敲的。如果记者只是走出单位，在门前的街道上一站，水也漫到了齐腰深，这个位置从出镜效果上似乎是最佳场景，但是很难保障这条街道就能代表全市的情况，因为街道排水能力差、垃圾堵塞排水口都可能导致街道出现"水漫金山"的情形。所以，不是每一条街道都能成为全市雨势情况的代表，也不是现场的情形最严重就能准确反映全市情况。只有在全市最有代表性的街道才可能反映出全市的整体情况。

这样一条街道在哪里呢？

后来经了解，新乡台记者出镜位置的选择其实也是用心良苦的：记者在报道中交代出镜位置是"新飞大道和道清路交叉口"，而新飞大道是当时新乡市刚刚整修运行的一条重要交通路段，无论是路的宽度，还是交通设施、排水设施，在当时都是本市比较好的街道之一，这样一条在市民心中既熟悉又重要的道路，在记者的报道中已经是这种景象，市内其他道路的情况对当地市民来说就是不言而喻的了。

选择程度最严重的位置的同时，还要考虑这个位置是否具有典型性、这种程度是否具有代表性和普遍性，做到这一点，报道在真实性和客观性上才能得到更好的保障。

### 三、关联现场

并不是每一个新闻现场都对记者敞开大门，管理部门的介入、法律的管制、有关人员的阻挡、事件本身的特殊性和危险性，都会让记者被拦在最想进入的事件现场之外。被拦是难以避免的，但记者不能因此而放弃。提问是记者的天职，探寻真相是记者的天职，完成这份天职，需要有百折不挠的勇气，也需要有迂回战斗的智慧。

对有出镜报道任务的电视记者来说，因为无法进行隐蔽性采访或单纯进行文字与声音采访，迂回战斗的难度会更大。而选择最有可能进行现场报道的最佳位置的策略是，选择能够反映事件影响程度的关联现场来完成现场报道。这样的现场有以下两个选择方向：

#### （一）距离现场中心最近的位置

这样的位置因为离现场最近，容易找到与现场的关联因素，可以作为关联现场来使用。但有时可能无法判断自己所处的位置是否离现场中心最近，则可以在自己能够到达的位置，捕捉一切有效信息，完成现场报道。比如，当某地发生化工厂爆炸事件后，记者在赶往现场时，却遭遇道路封锁，被拦截在进入化工厂所在县城的城外道路上，于是记者立刻开机，陈述自己所在的位置、被封锁道路的情况，自己看到的火光、闻到的气味以及听到的消息等，这同样可以在一定程度上反映事件的严重性，快速进行传播。

在不能到达现场时积极应对，细致观察，想方设法抓住一切有效信息，变不利情况为有效新闻，是变幻莫测的现场情况对记者提出的基本要求。而如何应对也对记者的经验与能力提出了挑战。2016 年 7 月 6 日，《新闻30分》播出武汉汛情报道。在报道中，主持人向大家介绍记者从灾区返回武汉城区的途中受阻了，并进行了连线。在连线过程中，记者进行了这样的报道：

（记者）好的，我们在结束了今天早上的采访之后呢，准备返回武汉城区，但是在路途当中其实受阻是非常严重的。给大家举一个小的例子，在半个小时之前，我们在行车过程中一直在收听当地的交通广播，希望选择一条更能接近主城区的路线，我们希望到达相对积水可能更为严重、对交通影响更大的地区，但是就在我们告别了高速公路刚刚出高速公路，从青郑高速公路进入武昌之后，我们就遇到了一个交通拥堵点，而当地的交通广播在半个小时前说，现在武汉城区受到强降雨带来的路面积水或者隧道无法通行的影响有 187 条道路，现在的通行都是严重受阻的……来看一看我现在被拥堵的这个地方，我的前方呢是一个当地被叫作"白沙洲"的农贸市场，这也是整个中国中部地区一个非常重要的农产品批发市场，所以会有很多大车从这个地方下高速向前行驶，但是我们看到现在这个车几乎就处于一种完全停滞的状态当中，我们要告诉大家，距离我现在直播地点前方一公里以外的一个十字路口的位置上，水达到了齐腰深。所以有一个细节就是，在道路的中间位置上，可以看到很多的大车还在观望、等待，希望能够通过这样一个涉水路段，但是不少的小车干脆就停在了我们看到的这个人行道上，在下来打探之后，很多的司机甚至会选择在我们现在的这条道路上原地掉头，再次上高速，通过其他的高速公路进行绕行后再进入武汉。其实通过这些小的例子就告诉我们，现在的强降雨对武汉的影响非常严重。

被堵在路上是记者常常会遇到的情况，而这位记者面临的问题是直播报道马上要开始了，他还没有到达预定位置。怎么办？推迟直播吗？这位记者选择了继续直播，并拿出了一则这样的报道。

在报道中，虽然交通受阻未能到达自己希望到达的地点，但是，记者通过观察发现，在自己被堵的路段众多车辆的情形也可以说明问题，他敏锐地意识到"拥堵就是一种汛情表现"，路上阻滞的车流就是出镜的最好场景，于是果断下车，整理自己获得的有效信息，观察现场拥堵的细节表现，沉着地进行有序陈述，通过对拥堵车辆的展示和"路难行"表现出的一些具体情况的叙述，完成了直播任务，让观众在没有看到水情的情况下同样感受到了汛情带来的严重影响。

记者这种"不放弃"而积极应对的态度值得肯定，而通过观察合理选择出镜位置、发现细节进行真实描述的方法，更值得学习和借鉴。既然选择了用拥堵现象来反映汛情影响这个角度，排成长队的车队自然就成了记者背后最佳的背景。在介绍拥堵的过程中不能单纯地反映堵的状况，于是记者交代了这段路的特殊性——附近有一个重要的农产品市场，所以身后的车队中大型车辆居多。它暗含的信息是一般批发市场周围的主要道路都是重点路段，交通通畅会得到基本保障，但就在这样一个路段，还是发生了拥堵——这个位置的特殊性就是典型性，是可以反映受汛情影响的情形的。

它带来的启示是选择关联现场作为报道地点，首先，要注意地点与事件的关联性，这种关联性越直接越好。远处的火光、空气中的味道、身边的交通情况等都是找到关联性的线索。其次，找到关联性后，选择能够体现这种关联性的场景作为出镜位置。最后，尽可能地获得与自己所处位置有关的信息，从中发现更多的信息。

**（二）事件影响力波及最明显，也就是影响程度最大或具有典型性的地方**

很多自然灾害由于其特殊性和危险性而使记者无法进入现场中心，这时记者可以选择自己能够到达的受到灾害影响的地区进行报道，在受影响地区找到反映这种影响力的典型场景和具体细节，合理设计，选好背景，进行出镜报道。再来看 2018 年 1 月 30 日菲律宾马荣火山喷发的报道。记者在观测点出镜报道火山的喷发情况后，已经无法靠近火山，但并没有停止采访报道的脚步，而是赶往了距离火山最近的一个小镇进行采访报道。报道中，记者首先进行了这样一个出镜报道，如表 5-3 所示。

表 5-3　记者在小镇对马荣火山进行的出镜报道

| 声音 | 画面 |
| --- | --- |
| （记者现场出镜）我们现在呢来到了卡马利格镇上，刚才马荣火山喷出的火山灰正好降落在这个地方，我们在这里看到镇子上的能见度已经显著地降低了，而且街上的人们开始都戴上了口罩。在这里我们能够感觉到这个火山灰的存在，因为它落在眼睛里有非常刺痛的感觉，而且大家可以看到我手上的这个手机，我拿到手里大概也只有两分钟的时间，但是现在呢这个手机上已经整个都蒙上了火山灰，而且这个火山灰还在持续不断地降落。 | 记者站在小镇的街道上进行出镜报道。<br><br>记者伸手展示手机显示屏上的灰尘。<br>镜头推向手机显示屏，上面蒙上了灰尘。 |

之后，记者通过画外音解说和采访告诉观众，卡马利格镇上几乎所有的人都戴上了口罩，火山灰在最初的半小时内，几乎像下雨一样地落下，这次特别不一样，每隔四五个小时就喷发一次。政府部门也派出了消防车来清理街区的火山灰。受到火山灰严重影响的还有农田，都被覆盖了火山灰。最后记者再次做出镜报道，如表 5-4 所示。

表 5-4　记者对马荣火山喷出的火山灰覆盖农田的出镜报道

| 声音 | 画面 |
| --- | --- |
| （记者现场出镜）我现在所在的这片农田，它其实就位于马荣火山的脚下，那么今天由于火山喷发，喷出的火山灰就落到了我所在的这片农田当中。火山灰对植物来说是有害的，因为它们会阻挡植物的光合作用。大家可以看，我身边这是一棵木瓜树，但是这个木瓜树的树叶上我们可以看到已经覆盖了一层厚厚的火山灰，现在呢也没有什么特别好的办法，只能是等待下一场降雨的时候才能把这些火山灰冲刷掉。 | 记者在农田里进行出镜报道，身后是木瓜树，树叶落满火山灰。<br><br>记者侧身拉住一片木瓜树叶，展示树叶上覆盖的火山灰。镜头推向树叶，上面覆盖厚厚的火山灰，记者伸出手捻一下树叶，露出了树叶本来的绿色。 |

怎样全面反映自然灾害带来的影响？这篇报道是个较好的示范。

一是拍摄地点的正确选择。新闻对自然现象、自然灾害关注的最终落脚点一定是对人的影响，所以记者在报道完喷发情况后，自然会把目光投向火山对当地居民的影响，而坐落在火山脚下的小镇无疑是最具典型性的报道对象。因此，记者选择小镇作为采访对象是正确的。因为距离火山较近，小镇上的情况会直接反映出火山影响的程度，也就是对当地民众的影响程度，这种影响是新闻关注的重要目标，是观众最关心的内容。

二是注重典型场景的发现和表现。在这个小镇里，记者没有泛泛地介绍在街上目睹的情况，而是在寻找那些能够反映火山灰影响力的典型细节——手机屏上的灰尘、汽车玻璃上的灰尘、戴着口罩的居民、政府投入的消防队伍、农田里的木瓜树，都是记者寻找的结果，而这些细节在张弛有度的报道中或以记者出镜报道的方式，或以记者采访的方式，或以画面配画外音解说的方式被突出和强化，用细节让观众感受到了火山喷发带来的一系列影响。应当特别注意的是，记者出镜的位置都有典型性，对报道的内容有很好的表现力。比如，记者第一个出镜地点是在镇上的街道，从记者背后的画面可以看到戴着口罩的当地民众，而记者用手机上的灰尘解释了人们为什么戴口罩，内容与背景相互呼应。

在这里可以做一个小练习：记者用自己的手机展示了火山灰掉落的密集程度，这个道具的使用，既形象地展示了灰尘多这一现象，又使报道具有了灵活生动的特点。那假设一下，如果当天记者没有携带手机，有没有办法展示灰尘多这一现象？很多人都注意到了汽车玻璃上的灰尘这个细节，可以用这个道具来进行报道。但是需要注意的是，在报道过程中不能只是用"我们看到这辆车上已经落满了灰尘"这样一句话来简单描述，因为这个灰尘也可能是停车太久积攒的灰尘。所以，还应该加上动作，用手捻一下灰尘，对灰尘的性状进行描述（如火山灰都是白色的细腻粉末），告诉观众这是火山灰，以确保报道内容的准确性。这就是细节的重要性。记者在报道木瓜树上的灰尘时，用手捻下树叶，露出叶子的绿色，也是为了更形象、准确地展示灰尘有多厚。

在采访报道中，保持清晰的新闻意识、清醒的位置选择、清楚的细节交代，报道自然会别开生面。

此外，还要注意辨别发生地与受影响地的区别。在报道某一现象产生的影响程度时，有时，这一现象的实际发生地看似是事件发生的中心位置，其实这是一种判断上的误区。

在教学过程中，有过这样一次讨论：如果想通过现场报道来反映一个建筑工地的噪声已经严重影响附近的学校上课，那么，记者该选择哪里作为自己的第一出镜位置？是在工地，还是在学校？也就是说，哪里是真正的事件发生的中心位置和典型环境？

这个问题的讨论来自一名学生在课堂的实训练习。在练习中，他把自己出镜的地点放在工地上，还模拟展示了一个噪声测试仪，测出工地噪声的确超出了正常环境的声音标准。在课堂上，笔者对他能够使用测试仪这样一个道具给予了肯定，该选择哪里作为典型环境来出镜却引起了争议。最终的意见是如果要反映噪声的影响程度，当然是在学校出镜最好，因为在工地使用测试仪得出的数据，只能说明工地的噪声情况，它是否影响学校，影响什么程度，就不得而知了。从报道逻辑来看，从深受影响的学校，追查到噪声发生地，再深挖工地违章的内情，是一个更顺畅的逻辑顺序。而且更应该清醒地意识到：反映噪声的影响是报道的主题，对这个主题来说，最能反映影响程度的地方是学校，这里才是真正意义上的中心位置，而不是噪声发生地。如果要具体到出镜的典型环境的选择，则应该是学校里离噪声发生地最远的地方，或者是学校里密闭性最好的一个教室。如果这里的噪声都超标，那么噪声对学校的影响就显而易见了。

同样的问题还发生在另一个学生的课堂练习中，她要反映广场舞的扰民问题，于是把出镜位置放在了广场边，以在广场舞中翩翩起舞的大妈们为背景，现场测试广场舞舞曲的音量。如果想反映噪声扰民，就应该选择受到影响的附近居民楼为出镜地点，因为在那里才能感受到所谓扰民已经"扰"到了什么程度。而且，在出镜的地点选择上，较远的位置会优于较近的位置，因为在较远的位置出镜去感受扰民情况，可以表达这样一个逻辑：在这么远的位置都能感受到扰民，那离得近的地方就可想而知了。

从上面两个例子可以看出，所谓受影响最严重的地方，应该是事件影响到达的地方，也是最能反映影响程度的地方。事件发源地虽是事件发生的关键地，但并不是受影响最严重的地方，从受影响地向发源地倒推溯源，才是从问题找到答案的正确逻辑。

# 第六章　出镜方式

方式是指言行所采用的方法和样式。在现场报道中，记者在出镜时可以有很多方式：有的记者在镜头前稳稳站住，沉着陈述；有的记者在报道中脚步匆匆，奔走在各个场景中。出镜不止一种方式，报道不应一个腔调。多样化的报道方式，会让新闻的视觉效果和报道效果变得丰富多彩。

从现场报道时出镜记者的身体姿态特点来划分，报道方式分为静态报道和动态报道。

## 第一节　静态报道

### 一、静态报道的概念

静态报道是指出镜记者以身姿处于静态，身体所在位置保持固定不变的方式进行出镜的现场报道方式。简言之，记者在镜头前身体保持位置不动，就是静态报道方式。

静态报道是常见的，也是基础的现场报道方式。采用静态报道方式进行现场报道主要基于以下两种情况：

（1）现场报道的内容以口头陈述为主，不需要对现场情况进行特别介绍。比如，在典礼、会议、运动会等场合，记者身后的场景已经能够说明现场的整体情况。再如，记者出镜的目的主要是口头陈述自己获得的信息，或进行评论与分析，或只是单纯为节目做结尾。

（2）现场环境相对简单，没有需要说明的细节或具体场景，记者不需要移动位置就能说明现场情况。在这种情况下，记者往往用"我身后（身边）就是某场景"的陈述，或者记者通过侧身用手示意就可以交代清楚背景。

## 二、静态报道的特点

静态报道一般要求记者以具有典型意义的新闻背景作为自己的出镜背景，在恰当的位置介绍自己所在的现场发生的新闻事件。它的主要特点如下：

### （一）身姿固定，真实可信

静态报道以记者的中景站姿为主要取景方式。中景镜头在影视拍摄中被称为"看戏的镜头"或"交流的镜头"，因为中景镜头可以让观众清楚地看到画面中的人物位置关系以及人物与场景的关系，也能看清人物的肢体动作和面部表情，同时能够随时根据人物的运动转化为全景或近景，拍摄到情节的发展过程。

新闻现场的静态报道多采用中景镜头，也是因为中景镜头的这个特点：它可以清楚地展示记者在现场所处的位置，让观众随时观察到现场的变化，也能让观众清楚地看到记者的肢体动作与表情。当记者在能够观察到全面情况的前提下以静态身姿出现在现场，能够给人以真实可信的感觉。也正因如此，在时政报道特别是一些会议、典礼仪式、开幕式等大型场合中，记者都会使用静态报道。

### （二）操作简单，传达迅速

出镜记者面对镜头进行语言陈述，可以直接将自己获得的信息传达出去，这是信息传播直接且简单的方式。同时，在制作上，静态报道对出镜记者和摄像记者来说都是一种较简便、成本较低的报道方式。

也正是因为这个特点，静态报道也表现出一定的局限性：因为记者位置不动，整个画面生动性不足，呈现的信息量也会受限，在突发事件报道中，这种方式很难适应大范围、全方位、大信息量的报道要求，特别是画面呈现的局限性很大。虽然目前在新闻报道中记者以固定位置报道时，会采用外切其他机位拍摄的画面来丰富信息量，但画面与记者语言陈述容易出现"两层皮"的问题，同时缺乏记者的现场参与感。

### 三、静态报道的出镜背景

在静态报道中，记者的身后总会有背景，这些背景应该是能够反映事件某些特质的典型环境。

一般来说，如果是评论、分析等以口头陈述为主的静态报道，对背景的要求相对宽松些，但还是应该注意选用具有与事件相关的标识性环境作为背景，如相关会议或活动的场馆外、所在城市的标志性建筑和城市雕塑等。有记者在夜间做的现场报道，只是找一个平台站上去，把分不清是哪里的夜色或街道远景作为背景，不仅传达不出任何有效信息，而且单一的背景反而衬托出记者的诸多缺点。所以即使是一段口头陈述，也不要在选择背景上过于随意，因为随意会在细微处出现纰漏。尤其是对出镜来说，再简单的事也不能随意对待。

如果是选择一些大型现场作为背景，应保持一定的距离，采用远景位置，让观众从记者的身后看到现场的总体情况，如对会议、典礼的报道，在场外选择能较远地看到门口人流情况的位置，在场内选择主席台对面较远能拍摄到会标或背景板全景的位置。如果背景是人头攒动的集会或活动，记者应该采用高点位置，找到高一些的地方，和背后的人群形成俯拍的镜头关系。把从高处俯瞰到的现场作为记者出镜的背景，让观众看到事件中心区域的全貌，如做火灾的现场报道，应该让观众看到燃烧物和火苗高度或受损程度，以及爆炸现场被炸后受损比较严重部分的全貌等。

静态报道的背景选择要避免将大型牌匾、大面积墙壁、大幅静态字画作为背景，即使这些物体具有一定典型性或本身就是报道说明的对象，也要保持一定距离，不要作为整体背景。比如在一起枪击案中，记者发现了墙壁上有遗留的弹孔，可以侧身站在墙壁弹孔前，让自己的身后一半是墙壁，另一半是墙前的景物，在交代完自己的位置后，用运动镜头推向弹孔的特写。大面积使用静态物体作为背景，既减少了信息传达量，又造成了画面拥堵感，对记者的形象也往往产生负面效果。相比较而言，静态报道使用动态化背景，既可以增加信息量，又可以增强画面层次感和跃动感，会有更好的效果。比如，一位记者在报道一场游泳比赛时，选择泳池的一角并拉开一定距离作为自己的出镜背景，在记者报道过程中，在泳池中做赛前训练的游泳名将从记者背后走过，让观众对这场比赛的规格与选手等有了直观感受，这就是运动背景带来的信息量的扩大化。

## 四、静态报道的创新运用

静态报道往往给人以正规、稳重的感觉，可以传达出一定的权威感和正式感，但如果在一些软性新闻、成果展示等非时政报道中频繁使用静态报道，就会给人以僵硬、呆板的感觉，这时就需要创新地运用静态报道。

因为静态报道的特征已经决定了记者的身姿与位置只能处于静态，因此静态报道的创新运用主要体现在镜头的使用上——用镜头的变化让静态报道动态化。目前，摄影设备的不断推陈出新以及无人机等设备的使用，都为这种创新提供了条件。2018 年 2 月 26 日，巴布亚新几内亚发生 7.5 级地震及多次余震。中国工程队参与了当地抗震救灾工作，并成功打通了一条重要通道。总台记者在报道这一事件时，启用了无人机进行拍摄。在现场，镜头从记者脚下塌陷的路面底部开始慢慢往上摇，再掠过在原地静态报道的记者的上空，移向记者身后正在紧张施工的现场。记者进行了这样的口头陈述：

（记者）这条道路就是连接南北灾区两大重镇的生命补给线，然而当我们来到这里时看到的却是多处的塌方，以及像这样完全陷裂的路面。这条道路是否能够尽快开通，决定着我身后被困的 4000 多名村民的生计是否能够维系。现在村民们把打通这条生命线的最后希望，寄托到了中国工程队的身上。

镜头自下向上摇起，并推向记者身后的施工现场，很好地展示了路面的实际情况，使环境交代进行得自然而又清晰，是静态报道中画面动态化的一次成功运用。

除了镜头上下移动，静态报道动态化的方法还有镜头的左右移动，镜头不同景别的切换、焦距的变化等。运动镜头在摄像中被称为"造型语言"，它能创造出视觉空间立体感的视觉效果，表达一定的情绪。因此，在新闻报道中对运动镜头的运用要慎重而恰当，要结合报道内容合理使用，保证主题与情绪的统一。

# 第二节　动态报道

## 一、动态报道的概念

与静态报道相对应，动态报道就是指记者以走动的方式出镜，通过位置的移动更加全面地展示现场的空间以及某些特殊细节所进行的现场报道。与静态报道相比，动态报道的优势是随着记者位置的移动，现场空间的展示更加全面，观众获得的信息量更大，报道更有现场感。

2018 年 2 月春节期间，由于持续大雾天气，海南航班轮渡停运，导致大批游客及车辆滞留当地。这一事件备受关注，中央电视台记者以跟随滞留游客亲身体验的方式跟踪报道了游客疏导过程，并多次进行连线直播报道。《朝闻天下》以连线直播的方式播出了记者的报道，其中在 2 月 24 日的报道中，记者进行了这样的出镜报道，如表 6-1 所示。

表 6-1　记者出镜报道

| 声音 | 画面 |
|---|---|
| （记者）好的主持人，大家从我身后这个背景就可以看到，是的，我们终于登上了这个轮渡了。大家看一下我们轮渡的下面，现在应该是我们轮渡最后一批的车辆正在等待上船，一般船平均差不多能装下 130 辆车，对这些车来说，它们也是万里长征的最后一步了。而在我们底下会进行一个人车分流，车辆开到下面，而人的话就会到我现在一起休息的这一层……现在我们拿到一个数据，3 个主要港口的滞留车辆，是从高潮开始往下回落了。从昨天晚上最多的 13000 辆，到现在今天早上 7 点的最新数据已经降到了 9000 辆以下，可以说非常难得。而且今天的气象条件，整体是比较有利于港口船只通行的。来我们看一下我们的休息室里面。我们要说，简单的一扇门跨过来，可以说就从以前的一个被滞留的状态变成了一个正常的生活状态，可以说每个人的心里面都是比较高兴的。这边有一对来自四川的家庭。嗨，你好！小姑娘打个招呼，几岁了？ | 记者站在轮渡走廊的扶手栏杆前。<br><br>右手示意身后轮渡下面，并转身。镜头推向下方的车辆排队上船。<br><br><br><br><br><br>轮渡下面，人车分流后车辆上船的画面，秩序井然。<br><br><br>镜头转向记者，记者站在休息室门口，面对镜头，退着走进入休息室，边走边说。记者转向右侧旅客席。 |

| 声音 | 画面 |
|---|---|
| （小女孩）8 岁。<br>（记者）8 岁呀。昨天晚上很辛苦吧？昨天晚上睡着了吗？<br>（小女孩）睡着了。<br>（记者）你现在感觉怎么样呀？难不难受呀？<br>（小女孩）不难受。<br>（记者）你呢？觉得怎么样？小姑娘很害羞呀，不过能看得出来，状态还不错。 | 记者走向坐着的一个家庭，探身采访小女孩。 |
| 而这位的话，我身边的这位，是我们昨天晚上到现在 6 档连线的一个主角王师傅。王师傅问一下，你现在的整体感觉怎么样？<br>（王师傅）现在感觉 10000 米到了最后的终点站了。<br>（记者）昨天排了 9 个半小时，现在整体感觉怎么样？<br>（王师傅）昨天准确来说是排了 15 个小时，我算了一下。<br>（记者）哦，你之前还等待过，你感觉怎么样？<br>（王师傅）感觉有点累。<br>（记者）有一点累，看你脸色不大好。<br>（王师傅）因为晚上孩子要吃奶粉，然后我是从昨天到现在，没合眼。中途孩子吃了两次奶粉，因为孩子还小，这样的。<br>（记者）非常辛苦啊，也祝你接下来的旅程一切顺利。<br>好的，那么其实再经过 1 个半小时的旅程的话，我们现在这个所坐的这个渡轮的话，就将横渡琼州海峡，把所有人送到广东的目的地，再发往全国。 | 记者将话筒递给躺在爸爸怀里更小的女孩，小女孩转过头没有回答。<br><br>记者继续往前走向身后站立在走廊上的王师傅，进行采访。<br><br>记者转过身，面向镜头慢慢向前走。<br>记者站定陈述。镜头转向旅客席。 |

这则体验式直播报道，整个过程由一个记者和一台摄像机一气呵成，一镜到底，但又非常完整。记者的出镜报道由几个场景组成：

第一个场景，轮渡走廊船舷边，记者面对镜头，以静态身姿向大家介绍滞留人群的登船情况，记者虽然没有变动位置，但镜头以运动的方式拍摄船下的情况，这种动静结合让画面的信息量达到了最大化。

第二个场景，是记者以运动的方式进舱，边走边介绍所处位置。

第三个场景，记者采访孩子。

第四个场景，记者采访王师傅。

第五个场景，记者边走边进行最后的信息交代。

这五个场景，记者以运动的方式串联到一起。在这个过程中，虽然只有一台摄像机，但是这台摄像机尽量让自己的拍摄范围最大化，从船上到船下、从舱外到舱内、从记者到旅客、从全景到近景，镜头一直跟踪着记者的步伐和示意，保持在运动之中。而记者则如同"导游"一样，带领和指引着观众观看自己所处环境的方方面面，且为了让观众看到现场更多的信息，一直处在移动之中。这种记者在位置移动的过程中完成的现场报道，就是动态报道。这几个场景的变化是在镜头不停机的情况下一次性完成的，是真正意义的"一镜到底"，在摄影学上被称作长镜头，视为一个镜头。这种在一个镜头下记者处于动态方式的现场报道，就是典型的动态报道。

## 二、动态报道的特点

动态报道的总体特点就是"动"：出镜记者的位置是移动的，跟随记者的镜头也是运动的。记者的运动加上镜头的运动，除了在视觉效果上更有跃动性，也使动态报道具有了静态报道不可比拟的特点。

### （一）空间的拓展

出镜记者在现场位置的移动，发挥了导引作用，带领观众更大范围地认识和观察新闻现场的空间。

一是对新闻空间有了更加全面的了解。出镜记者以自己的身体为导引和坐标，拓展了新闻现场的表现空间，也让观众随着记者的移动，对现场的范围和位置关系有了更加全面的认识，对现场的空间情况有了一个清晰的了解，增强了报道的现场感和真实感。

二是便于细节的展示。在动态报道中，出镜记者可以通过由动到静的姿态变化，强化对某些细节的关注，突出一些细节介绍，从而增强新闻的故事性和吸引力。

### （二）信息量的加大

出镜记者通过位置的移动更大范围地展示现场空间的同时，不同现场空间的现场画面信息也会通过镜头传达给观众，让观众捕获更多的信息。在刚才的报道中，虽然记者在船上介绍疏导情况时并没有提到人们的反应和秩序问题，但是通过对船下车辆上船情况的展示以及游客下车的镜头，可以让观众看到现场的有条不紊和忙而不乱；记者从舱外走到舱内，可以让观众看到走廊里游客的安静，感受到游客情绪的稳定。这些记者在报道中没有陈述的信息，因为空间的镜头展示，让观众对有关部门的组织工作有了更加全面的认识。

### （三）可信度的提高

出镜记者在移动中进行报道，随着空间的拓展、信息量的加强，在观众眼里记者已经不单纯是一个陈述者，同时更是一个事件的见证者、亲历者和参与者。在海南交通疏导的报道中，记者在几天里和旅客同住同行，亲自感受整个疏导过程，并不断进行直播报道，且在直播时采用了很多动态报道方式，力图全景式展现这次大疏导过程中的真实场面。这种动态的体验，动态的报道，增强了观众对记者的信任度，提高了报道的真实感，不仅能增强新闻本身的可视性，对媒体自身的公信力和新闻竞争力也具有积极意义。因此，能否做好动态报道，能否胜任一次突如其来的体验式直播报道，常常会成为衡量记者的水准和媒体的新闻报道能力的重要标准。

## 三、动态报道的运用

动态报道在现场报道中的具体运用也要注意一些问题。2017 年 10 月 16 日的《朝闻天下》播出了新闻《"卡努"今晨登陆 当地影响较小》，如表 6-2 所示。

表 6-2　《"卡努"今晨登陆 当地影响较小》的现场报道

| 声音 | 画面 |
| --- | --- |
| （记者）台风登陆距离现在已经过去了三个多四个小时，那么从我们之前发回的报道大家可以看到，到现在这个风和雨基本上是已经停止这么一个状态，那么在我身后的画面大家已经看到，这是一个当地的海港码头，通过画面可以看到，这些树呀经过一夜的台风吹袭，和原来其实并没有太大的变化。 | 记者在码头出镜报道。身后有岸堤和树木。记者保持静止状态。<br><br>记者闪身走出画面右侧，镜头推向他身后的码头及路边的树木。 |
| 包括像我旁边的这样一个铁架子，这个铁架子我们这样摇起来还是比较松动的，像这样一个铁架子经过一夜的台风，它也并没有出现位移的情况。 | 镜头拉回来摇向画面右边的记者，记者围绕铁架子其中的一根支架转一圈后，边摇晃它边报道。 |

续 表

| 声音 | 画面 |
|---|---|
| 　　在我们旁边，这里停放着几辆这样的摩托车，像这样的摩托车呢一般经过台风过境之后会出现东倒西歪的情况，但是现在还是完好无损地停在这里。那么也可以说，我们昨天晚上经过一晚上的台风吹袭，并没有出现太大的风和雨的情况。那么其实今天一大早这个台风过后，当地的一些部门，包括像边防官兵就会到我们的堤岸去进行一个检查。 | 　　记者向前走了两步，指向画面右方的摩托车，走过去用手抚摸车座。<br><br><br><br>　　记者面对镜头做现场报道。 |

　　这是一个比较成功的直播型现场报道，因为报道台风造成的影响并不难，只要有遭到破坏的现场场景，就可以完成报道。但是，"当地影响较小"，就意味着没有了遭到严重破坏的场景，也就意味着没有了比较显性的现场场景，这种情况该如何报道呢？

　　在这篇报道中，记者运用动态报道的方式，介绍了台风登陆后当地的实际情况，通过树木、铁架子、摩托车等一些记者发现的细节具体展示，将"当地影响较小"这样一个结果生动而具体地呈现出来。对此，在动态报道时记者应注意以下问题：

### （一）运动的范围

　　动态报道虽然让记者有了更多的报道空间，但是对记者来说，在一个连续镜头里移动的范围到底需要多大，是个需要考虑的问题。过大的移动空间不仅给记者对不同空间的展示带来难度，而且会给拍摄带来挑战，更会因为记者走路过长而拖慢报道节奏，造成重点报道对象不集中、不突出而导致有效信息的流失。在这篇"卡努"台风的报道中，记者在移出画面后，走到铁架子旁边，再走到摩托车旁，几个典型场景之间的距离也就在四五米之间，它有效地保证了记者能快速到达目标位置，保持报道的连续性，让报道内容紧凑而又层次分明，这个范围是比较合适的。

　　一般来说，动态报道中记者移动的范围应该以现场为准，但也应该以报道内容和拍摄条件为准。运动的距离和记者口中说话的内容与节奏相吻合为宜，即"话到脚停"——话说到哪里，脚就停到哪里。这个过程往往需要记者事先实地演示，掌握好语速和脚步移动速度，才能达到更好的效果。2018 年 9 月，在朝鲜迎接国庆 70 周年的前一天，《朝闻天下》播出了《探访平壤教员大学 感受科教发展》的报道。在介绍了大学的特点之一是教育学生创造性地制作教具后，记者有一个这样的现场报道，如表 6-3 所示。

表 6-3　《探访平壤教员大学 感受科教发展》中记者的现场报道

| 声音 | 画面 |
|---|---|
| （记者）学校的校长告诉我们，在这里上学的学生们，除了他们专业的知识，还需要掌握多媒体编辑软件的使用方法、编程，甚至是这种大型机械的使用方法。 | 记者站在一台机床的一端后面从右向左移动进行报道。<br><br>说到"这种"时，记者俯身摸面前的机床。 |
| 由此他们才可以在未来的工作当中，根据他们面对的学生和学校的实际条件，来设计出个性化的教学道具。 | 记者继续移动，前面是一排展架，放着各种教具。说到"个性化"时，记者拿起一个教具面对镜头展示。 |

在这个简短的现场报道中，记者重点展示了两个典型场景，即机床和展架，并以慢慢踱步的运动方式将两个场景串联起来。在运动的过程中，无论是停下来俯身抚摸机床，还是拿起面前的教具，都和自己陈述的内容在节奏上配合得恰到好处，真正做到了"话到脚停"，实现了很好的报道效果。其实，这种恰到好处是记者事先踩点进行练习的结果，而减少练习成本的秘诀在于：运动的距离应该是记者可以轻易控制的距离，不宜过大。试想一下，如果活动范围过大，还能很好地做到"话到脚停"吗？

在动态报道中，有时记者需要移动展示的空间会涉及两个以上，这时可以采用动静结合以及镜头的移动来进行展示。不同的场景应该有不同的内容和报道目的，做到层次分明、条理清楚、节奏明快、内容丰富。记者无法长距离运动而又需要介绍更大范围的情况时，可以依靠镜头的推拉和景别的改变来完成。

（二）运动的方向

记者的位置移动总是有一定方向的，在报道过程中应该注意移动的方向要保持一致。所谓一致性，是指沿着一个方向顺序运动，不产生方向的位移。方向的一致性，便于报道中摄影师的跟拍，但更重要的是，可以保障观众对现场空间有更清晰的了解。如果出镜记者在现场报道中的移动方向忽左忽右，往往会造成观众空间感的混乱。

运动方向应注意的是镜头的跳轴问题。在拍摄运动物体时，运动物体和运动方向之间形成一条虚拟的直线，称为轴线。摄像机机位只能处于轴线的一侧，如果越过轴线拍摄，就会造成画面逻辑的混乱，就是所说的跳轴或越轴。

在一些需要重点交代空间的报道中，尤其应该注意跳轴问题。比如，2018年进博会召开后，引来媒体的普遍关注。一名记者在介绍中国馆时，一会儿从左走到右，一会儿从前走到后，一会儿又从右走到左，整个行走路线十分混乱，不仅让观众无法判断中国馆的具体布局特点，而且让人感到所介绍的设置也是东一榔头西一棒槌，缺乏重点，没有条理。造成这种结果的主要原因是记者没有轴线意识，没有沿着一个方向运动并顺序介绍。在介绍场馆类这种特别强调空间感的报道中，牢记轴线意识、把握方向一致、顺序进行报道是保证介绍内容清晰明了的重要基础。

### （三）典型环境的串联和表现

动态报道中出镜记者往往会跨越不同的现场环境，这些环境越具有典型性，越有细节的具体呈现，记者的移动报道就会越形象，越具有信息量。记者在台风"卡努"影响情况的报道中，在选择当地一个码头作为报道现场后，发现码头的树没有倒、铁架子没有倒、摩托车也没有倒，于是把这三个地方作为典型场景，用动态报道的方式把三个场景串联起来，用细节和自己的观察让观众形象地看到了台风登陆后没有受到太大影响的具体情况，让报道变得生动起来。在报道中，记者对三个场景的介绍，采用了有序罗列的方法，简单明了，清晰明快。

罗列，并不是动态报道对典型场景唯一的串联方法，有时运用对比的方法也会产生很好的效果。接下来看一下《远方的家》中的一个动态报道，如表6-4所示。

表6-4　《远方的家》中的一个动态报道

| 声音 | 画面 |
|---|---|
| （记者）《远方的家》摄制组这一站来到的是上海，我们脚下走过的这座桥叫作外白渡桥，已经有100多年的历史了，它是中国最早的全钢结构的铆接大桥，到现在还在通车使用。<br>桥下呢就是苏州河与黄浦江的交汇处，两河交汇之后继续流向长江，流入大海。<br>沿着河流的方向，我们开始上海的行程。 | 记者站在外白渡桥的人行道上，面对镜头向前行走进行动态报道。<br>外白渡桥的全景镜头。<br>记者继续面向镜头往前走。<br><br>记者停下转身面向画面右侧的大江，镜头推向江水，远处是东方明珠建筑群。<br>镜头拉回至记者。 |

在报道中，记者始终在外白渡桥上走动，并没有走到第二个场景中。但是如果细心地分析镜头拍摄的画面，会发现记者的特殊用意：外白渡桥是上海的一个地标式建筑，是上海近代史的一个代表性建筑。而就在这座桥上，记者虽然只是沿着一个方向向前走动，但在走动之中，突然停下来，随着江水的流动眺望画面右方和外白渡桥相对的远方，远方是东方明珠建筑群。就在记者的眺望中，两个时代的上海的代表性建筑完成了一次默默的对视。这种对视，恰恰暗示了本期节目的主题：这期以"一带一路"为主题的节目，就是要展现"一带一路"对外连接的重要枢纽城市上海的发展变迁。江水从外白渡桥流向东方明珠，这新与旧的对视，不正是历史与现实的一次碰撞，是发展与变迁的最好展示吗？记者在走动之中充分运用镜头画面的传播功能，对两个时代的代表性建筑进行了对比，产生了奇妙的传播效果。

# 第七章  记者的表达方法和形象设计

## 第一节  现场报道的语言运用要求

真实是新闻的生命线。就新闻报道而言，语言运用的基本要求是准确、客观、中立，现场报道也是如此，在语言运用上有一些基本要求。

### 一、语言的规范性

现场报道语言要准确真实，这不仅是新闻报道的基本要求，也是一种政治和法律要求。因为记者在报道中使用的语言，既是对事实的描述，也是对事实的某种判断和选择。记者对事实的解读与解释，一定包含着自己的新闻价值观，也一定关联着自己的政治观、法律观和道德观。对新闻工作者来说，在报道中一定要坚守政治底线，不能违反国家利益和主流价值观是报道的基本准则，做到这一点，必须注意语言的规范性。

#### （一）准确规范运用专用词语

准确规范地使用专用词语是一项基本要求。比如，在全国两会报道中，用词用语必须符合我国的政治体制和法律规定，一字用错就可能产生严重的政治后果。例如，全国人大代表是"审议政府工作报告"，而全国政协委员是"讨论政府工作报告"，代表、委员同时进行这一活动，可并称为"代表、委员审议讨论政府工作报告"。这有明确的规定，注意不能错用。

再如，对党委组织部门和政府行政机关的名称，也要严格按照规定使用正式名称和规定的简称，既不能错用，也不能随意简化用简称。

此外，在引用领导讲话时，要准确引用原话，既不能随意添枝加叶，也不能任意删减。

这些细节和要求，是一种新闻责任，时时都在考验着记者的政治素质和综合水平，切不可掉以轻心。要注意对专用词语运用的规范性，最好的办法，就是事先进行查证，确保准确无误。在报道中，只要遇到自己把握不准的专用词语，必须经过求证后再使用，如果情况紧急，没有条件查证，则宁可不用，也不能错用。

### （二）报道中的禁用词

对记者的现场报道来说，真实准确是第一位的。在一些特殊报道中会涉及社会与公众情绪，如残障人士以及一些法律案件，往往会引发记者自身的感情评价，但是作为一个新闻事实的客观传播者，记者必须克制个人情感表达，注意用词的准确性和规范性，不要擅自添加带有主观感情色彩的词语。比如，一些事件发生后公众出现了对当事人表示同情的普遍情绪，希望法院尽快查清真相。但是，在案件最终审判结果出现之前，案件还没有进行法律定性，在新闻报道中记者就不能使用"冤案"一词，而应该使用"案件"一词，否则就是媒体定性和媒体审判。

新华社发布的《新华社新闻报道中的禁用词和慎用词》，成为我国主流媒体进行新闻报道的重要参考文件，使一些以前较为模糊的用词得到进一步明确，如对文艺界人士，不使用"影帝""影后""巨星""天王"等词语，一般可使用"著名演员""著名艺术家"等词语。记者在从业过程中要有这方面的专门学习，了解具体规定，领会具体要求，确保报道语言的规范，才能不犯错误、少出差错。

## 二、语言的准确性

语言的规范是保证信息真实传递的前提，规范只是对一些特殊情况进行明确的规定。除了要遵守这些规定，记者还要注意以下几个确保语言表述真实性的问题：

### （一）消息来源准确无误

在现场报道过程中，记者往往会说明消息来源和引用一些资料与例证。这时一定要注意消息来源和引用资料的准确无误，对不能确定的、没有把握的消息，宁可不用，也不能随意在报道中使用。

### （二）新闻报道中的"雷区"问题

所谓"雷区"问题，是指在新闻报道中常常发生错误或出错频率比较高的一些问题，需要记者在调查采访和现场报道的语言运用中，要特别加以注意。

#### 1. 时间与地点要准确

这是新闻的重要因素，但也是出错较多的地方。对时间问题，除了注意事件发生时间的准确性，还要注意一些特殊的时间段和特殊事件表述，如计算天数，要注意 2 月是不是闰月等特殊计算、一些特殊历史事件的起止时间如何计算、一些地方城镇建制时间等如何计算，有规定的要按照有关规定进行陈述，没有规定的要向有关部门求证并得到确定回答后再使用。关于地点方面的问题，一是注意准确性，既要注意位置的准确，不要说错了地方，也要注意读音的准确，尤其是多音字的准确读音。二是注意地名的简称要符合规定，不能随意简化。

#### 2. 数字与计量单位要准确

就像质疑消息来源一样，凡是遇到数字都要质疑和认真核对，特别是一些关键数字，更要注意不要轻信乃至用错，如产量、发展速度、灾害损失情况、死亡人数等。有的数字是需要换算的，注意换算过程的准确性，如"千瓦"和"万千瓦"虽然一字之差，却有上万倍的差距。

在使用数字的过程中，既要注意数字本身的准确性，也要注意数据本来产生方式和过程的准确性。同时，也要对一些数字注意使用上的准确性，如百分比。百分比容易出错的往往是基数问题，也就是和新数值相比较的数值。《全球新闻记者（第四版）》一书中列举了基数容易出错的两种情况：一是会弄错基数。如果某个事物减少了 40% 后又提高了 20%，许多记者会说这个事物已经恢复到以前损失的一半。事实并不是这样，如果原始数据是 100，减少 40% 后，新的总数是 60，在 60 的基础上提升 20%，便只是增多了 12，因此最后新的总数是 72，远远少于报道中的恢复到最初损失的一半。二是没有基数。"我们现在对学校的投入多了25%"，比什么多了 25%？比上一年投入的数据多了 25%？这种比较方法要警惕"隐瞒多于揭露"。

使用计量单位时必须按照国家的规范用法来使用，如不能说"公分"而应用"厘米"，在表示面积时应该用"平方米"而不是"米"等。在现场报道的陈述中常出的差错主要有两类：一类是计量单位的混淆使用，如质量用作重量，电流用作比重等；另一类是计量单位使用不规范，如使用不正规的、非法定的计量单位或已废弃的单位名称。

对记者来说，自己不是数学家也不是计量学家，在报道中使用数字方面，避免出错最简单、最有效的办法就是要核实、核实、再核实，只有核实准确了再去运用，才能减少出错的概率。在报道中，只要不能确定数字一定是确定无误的，宁可不用，也不要贸然使用。不用可能会使报道不够精确，但是不经核实而轻易使用数字可能会发生错误。一个不够精确的报道是可以弥补的，一个错误的报道却常常难以挽回。

3. 人名和称谓以及单位名称要准确

人名姓氏读音要正确，职务称谓要准确（特别是正副职要准确），特殊身份的职务有多个时不要漏说。单位不要随意简化，如不能只说"社科院"，因为还有"中国社科院""北京社科院"等之分。

4. 语法要正确

（1）用词正确，避免因误解词义而误用词语。比如，在"苍山洱海，风光绮丽，真是巧夺天工"中，"巧夺天工"不是形容自然风光的，而是形容技艺精巧的。再如，"始作俑者"是贬义词，不能用来形容一个人的创新；"炙手可热"形容气焰很盛、权势很大，不能用来形容走红、抢手；而"差强人意"是大体上还能使人满意。还要避免错用成语，如把"明日黄花"误说为"昨日黄花"，把"求全责备"拆作"不因求全而责备"，把"美轮美奂"（专用于形容建筑物的高大美丽）用来形容一切美的事物，等等。还要注意一些词语的惯用规定，如"摄氏度"应当连用，"零下 5 摄氏度"不能说成"摄氏零下 5 度"。搭配用词时注意合适性，如"逝世、死亡、遇难、丧命、归天"等都有确定的含义和特定的使用状况，用在不同场合和不同的人群身上，不要误用。

（2）词法和句法规范。避免搭配不当，如"沉思了少许"（"少许"应为"片刻"）、"减少东西部差距"（"减少"应为"缩短"）。要注意句子成分多余或残缺问题，如"英雄的事迹是我们学习的榜样"（"的事迹"多余），"看了这场比赛，让我深受鼓舞"（"看了"多余），"这款产品（具有）价格适中、外形美观、功能实用等多个优点"（少了"具有"）。还要注意避免语序不当的问题，如"大量生产优质产品"（应为"生产大量优质产品"），"从此规定不允许带火种进入山区"

（应为"规定从此不允许带火种进入山区"），"当事人的父亲从家里和母亲赶到了现场"（应为"当事人的父亲和母亲从家里赶到了现场"）等。

语法的正确可以保障现场报道语言的准确性，但也可能会给一些记者带来困惑：现场报道毕竟依赖口头表达，口头表达不同于书面语言，带有一定的灵活性和随意性，如果拘泥于书面语言的规范性，会不会使现场报道的语言过于板滞、失去活力？

其实，口头表达的灵活性和语言表达的语法规范并不矛盾。在现场报道中，记者可以根据具体的语言环境进行口语化、生动化的陈述，但是也要注意在陈述过程中避免语法的错误。不管是什么样的语言风格，都不应该带有语病。符合规范的正确的语言表达，是正确陈述事实、进行准确报道的前提。

### 5. 读音要正确

记者不是播音员和主持人，不能用普通话的考级标准去要求出镜记者的吐字发音，但是在现场报道中，还是提倡出镜记者要使用普通话进行报道，至少要用观众能够明白的语言发音进行报道。在报道过程中，记者要注意发音清晰，要注意读音的正确性，要注意一些特别的姓氏（如单、解、佟等）、地名（如蔚县、盱眙、阆中等）读音的特殊性，也要注意一些容易读错的字的正确读音。读音错误不一定会影响报道的真实性，却是报道过程中的瑕疵，会影响观众对信息的接收，给记者和媒体带来不利影响。

## 三、语言的生动性

报道是对新闻事件的陈述，准确真实是第一要求，同时，报道也是一种语言运用。对现场报道来说，在语言运用上，首先语言表达要准确和真实，在这个基础上，要注意语言的鲜明性和生动性，避免使用枯燥干巴和生硬的语言表达方式，注重语言的生动性。

### （一）少用高度概括的抽象语言

现场报道是记者在现场对新闻事件进行的语言报道，在语言运用上要准确，也要形象细致地让观众了解现场情况，因此要尽量少用高度概括的抽象语言，如"非常、特别、重大、重要"等，要用具体的实例、数据来进行形象化的说明。当运用数据进行形象化的说明时，也要注意数据的运用是为了增强观众的形象化感觉，对过于抽象的数据，也要进行形象化的转化描述，即把一个抽象的数字，转化为一种大家更熟悉的比喻或比较的叙述，如前面报道的"为了得到这120公斤的天然橡胶，一个割胶工需要起早贪黑地连续劳作4天，才能从200棵成年的橡胶树上，换来足够多的收获。而你知道吗？这么多的乳胶，都够做30个枕头了"就是一个很好的例子。

此外，在报道中要尽量避免使用"可能""大约""大概""差不多"等不确定的词语，避免模糊表达，还要避免使用"很""最""普遍""一致"等。现场报道往往具有紧迫性、突发性的特点，因而有时记者在现场很难在短时间内把事件的程度和性质完全把握准确，这时就要避免用绝对化的高级、最高程度形容词和程度副词来表述，以免造成失实。特别是涉及对事件进行评价和定性的时候，尤其要注意。比如，在报道中有的记者说"附近居民纷纷表示不满"。这个"纷纷"就带有明显的倾向性，到底有多少人算作"纷纷"？还是应该用具体的数字来说明才能比较清楚地让大家了解事件的真实情况。

### （二）语言要通俗易懂

语言的形象化表达是为了让自己的报道更加形象生动，但形象生动不意味着夸张，只是要照顾到观众的理解程度，用通俗易懂的语言进行表述，语言的准确依然是第一位的，因此要注意以下问题：

#### 1．少用生僻的术语

新闻报道会涉及各个领域和行业，每个行业都会有一些专业术语，遇到大众比较陌生的、生僻的专业术语时，应该注意规避，无法规避时，可以引用专业术语后，再用通俗的语言进行解释，如法院的"终审"可以解释为"最终的判决"，"提起再审"可以解释为"进行重新审理"等。

在现场报道中，有时也会进行现场评论或夹叙夹议，评论时也会遇到很多专业领域的专用词语，这时也应该注意进行规避和转化，注意用事实说明问题。2017年，美国夏洛茨维尔市政府决定移除市中心一尊南北战争时期南方将军罗伯特·李的雕像，引发种族主义者不满。8月12日，白人种族主义者上街游行集会，与反种族主义者发生冲突，集会失控后升级为暴力冲突，造成一名反种族主义者和两名警察死亡，几十人受伤。一年之后，当地再次出现集会，双方形成对峙，原本宁静的夏洛茨维尔小城再也回不到过去。2018年8月13日，《朝闻天下》播发了《夏洛茨维尔骚乱一周年 "再也回不去的"夏洛茨维尔》，介绍了一年前的骚乱给这座小城带来的伤痛。在报道最后，记者在当时发生暴力冲突的街道现场以出镜的方式进行结尾：

（记者）一年之中，这里鲜花不断，这条路改为以她（骚乱中的遇难者）的名字命名。可就在一年之后，她忌日的当天，同一个白人至上组织在华盛顿将开始新一轮的游行。如果生命的代价尚且不能终止人们的对立，什么可以呢？央视记者美国夏洛茨维尔报道。

短短几句话，有事实的交代，有鲜明的观点，最重要的是，种族冲突本来是个严肃的政治话题，要表达清楚自己的观点同时又不逾越政治底线并不容易。但是这位记者巧妙地选择了在遇难者出事的地点，面对鲜花进行出镜，同时用对一个生命逝去的感慨来评论收尾，绕开了理论术语和政治话语，用更加平实直白的语言和准确的逻辑推理表达自己的观点，产生了四两拨千斤的良好效果。

2. 慎用方言、网络语言和外来语

方言对本地收视群来说亲切生动，但是，如果新闻节目没有专门使用方言进行播报的特殊要求，还是应当使用标准普通话进行报道。在报道中，对一些地方专用的称谓、名称和俗语是可以进行引用的，但是最好附带一句解释。在方言节目中使用方言进行报道的，也要使用当地大多数人都听得懂的方言俗语，尽量避免个别地区专用或特有的方言俗语。

恰当地使用方言，有时也会有意想不到的效果。2021年7月，河南省遭遇暴雨袭击，多地发生严重洪涝灾害。《中国三农报道》记者到河南进行实地采访，在一个受灾村庄，面对着已经淹到玉米秆腰部的农田，记者对田边村民进行了一次这样的采访：

（记者）咱过去看看，中吗？

（村民）中中中。玉米地、大棚，都是俺种的。俺光这一片就50多亩。

（记者）这一片以玉米为主，是吧？

（村民）玉米为主。

（记者）大棚种的啥？

（村民）大棚有冬瓜地，都是咱自己的地。

（记者）以你的经验，这水得多长时间能退完？就是如果不下了。

（村民）不下了，得一星期往上，10天往上。

（记者）10天往上才能退完？那您说要是10天，这根儿不都烂了吗？

（村民）那绝对烂，烂完！绝收了，玉米不中了！

（记者）但我看见您还跟这聊天。也没有说特别——

（村民）那咋弄啊？

（记者）还是挺乐观的。

（村民）那咋弄？哭？


在本该是带有悲情色彩的灾情报道中，这样一段对话多少让人忍俊不禁——片中的村民，表情丰富，语言生动，通身带着一种乐天派的气质，地道淳朴的河南方言又增加了几分喜剧色彩。而他之所以在镜头前如此松弛，是因为和他对话的记者也是一口河南方言。两个人的对话，不像采访，更像两个村民的聊天。而在聊天过程中传达出的对农业的熟稔、对灾情的判断以及面对灾情的乐观，确实让观众对这场灾难有了一种全新角度的解读，对村民的自信与乐观有了感同身受的认知。这种效果的产生，就源于记者站在地头、踩在泥里、心中有农民的姿态，源于记者亲切朴实的家乡方言的恰当使用。所以，方言不是不可以用，而是要用得到位，用出好的效果。是否使用方言，以下两点可以作为参考：一是情景需要，在一个方言为第一语言的地区，相同的语境会带来更多真实的信息，因此如果在采访地大家都在使用方言，而记者又非常熟悉并且能熟练运用方言，就可以考虑使用方言，制造出和当地受访人群语言无障碍、交流更充分的现场情景；二是情绪需要，当方言能够帮助记者和采访对象形成感情共鸣，或者能更好地调动采访对象的情绪时，可以使用方言。使用方言出镜有一个必要前提——能熟练地运用方言。否则，方言不如不用。

网络语言是随着网络发展逐渐形成的一种具有网络传播特征和时代色彩、有独特表现力的语言，虽然随着网络的普及，网络语言在网络空间和社会上具有很强的传播力，但是往往具有随意性、不规范等特点。近年来，一些使用率高的网络词语在得到大家的普遍认可后，也被收入《新华词典》，显示了网络语言的影响力。但是，对大多数网络用语来说，记者还是要注意慎重使用，如"马甲"（注册会员又注册的其他名字）、火星文（地球人看不懂的文字）等。这些词大多数观众未必都能理解，因此最好避开使用。而一些大家已经非常熟悉且比较规范的网络用语，如"正能量""点赞""给力"等，则可以使用。

外来语也是语言的一个组成部分。在进行现场报道的时候，记者要注意进行甄别和选择，对那些尚未得到普遍认同的外来语要慎用。当然，外来语的认同都会有一个过程，有一些外来语最初也没有得到普遍认同，以后才逐渐被人们接受。在这个过程中，记者还是应该注意不能只为了增加报道语言的生动性和新鲜感，就轻易地使用那些刚刚流行的外来语，如果确实需要使用也可以附带一句解释，以确保报道语言的通俗性。

在实际的现场报道中，遇到的语言运用情况往往错综复杂，但作为一个出镜记者需要谨记的是，在现场报道过程中，不管怎样组织语言或者运用怎样的语言风格，准确性都是第一位的，这既包括对事实描述的准确性，也包括语言自身表达方式的准确性，在准确性的基础上再去考虑语言的生动性和活泼性。在新闻界有一句惯用语，即"话要说透，但不能说过，更不能说错"。不能出错是新闻的生命线，不能说过是新闻的红线，而只有在准确的基础上，才可能把话说透。良好的语言表达能力，是通过学习和实践不断总结和提高才能得到的。只要多学、多练、多留心，一定能形成良好的报道语言风格。

### （三）语言的情感表达

记者的职责是发现和传播新闻，新闻的终极目的是关注新闻事件中的人，虽然新闻报道要求客观中立，但是面对新闻事件中人的遭遇与经历，要保持绝对中立、不带任何情感的报道是一件很难做到的事。特别是对出镜记者来说，身处现场，面对真实场景，情感的控制尤为困难。比如，面对赛场上运动员顽强拼搏赢得来之不易的金牌，能不激动吗？面对自然灾害遭受不幸的人民群众，能不悲痛吗？面对救援人员奋不顾身的无私奉献，能不感动吗？不能。在新闻报道中，记者不可能不带着任何感情去感受现场、发现事实，也不可能不带着任何情感进行判断、选择和传播。关键是可以带着感情去报道新闻，甚至应该带着一个新闻记者应有的对国家、对群众负责的感情去报道新闻，但不能让感情干扰自己的调查和判断、传播，不让个人情感影响新闻的客观性。在语言学里，语言的情感色彩的表达属于副语言。对现场报道的出镜记者来说，在语言表达方面要尽量使用不带有倾向性的中性词，同时注意以下问题：

一是不能为避免感情的外露而故意冷冰冰地进行报道，语气生硬，表情呆板。客观报道不是指语言没有温度，生硬的语言表达也不代表着客观。当面对灾难、面对喜人的成绩，记者却以无动于衷的表情进行报道，给观众的感觉一定是不舒服的。控制感情不等于没有感情，而是让感情表达与现场的环境相统一，适合当时的情形，不影响报道的进行。

二是要避免过于煽情。记者不可能不带着感情去报道，但不能滥用感情、过于煽情。记者不是主持人，更不是演员，不能试图以自己的情感表达去打动观众，不能忘记自己传播新闻的职责。所谓让情感表达与现场环境相适应，是指要做到喜而不狂、哀而不伤、怜而不恨、愤而不怒。有的体育解说员看到自己喜欢的球队就忘情大叫甚至口不择言，有的记者看到巨大的灾情悲痛得无法正常报道，这些情况都不应该发生在出镜记者的身上。保证现场报道的正常进行是出镜记者的第一要务，必须确保用正常的语言陈述事实，不能过分地描述个人感受，想要感动观众，应该用事实、用细节描述来实现，不能以自己的大喜大悲为标准。

三是语言要清晰、有条理。即使已经注意到了控制自己的情感表达，让情感表达与现场环境相适应，也要注意在现场报道中做到发音清楚、语言有条理性，能清晰地陈述现场情况。要注意语速的把握，以观众能够清晰接收信息的语速进行报道，即使遇到紧急情况，也要快而不乱、急而不慌，陈述清楚自己所报道的信息。

## 第二节　记者的形象化表达

出镜记者在现场找到了出镜位置，也懂得注意语言的规范与准确，下一步的问题是如何利用这个位置的典型性，更好地展开自己的报道。比如，暴雪来袭，记者在报道中选择积雪最厚的地方作为典型环境是对的，但记者可能面临的问题是：这些积雪是多长时间形成的？到底有多厚？给人带来哪些不利影响？天气到底有多冷？这些问题是可以用数字来说明的，但是数字是抽象的。如何让抽象的数字变得形象化？这就需要记者运用一些方法，让自己的现场报道变得形象而具体。以下方法可以在实际报道中参考运用：

## 一、形象化表达的方法

### （一）测量、对比的方法

先来看一个报道实例，《朝闻天下》播出过这样一个在元旦小长假的风雪报道：

（主播）接下来我们要连线本台的记者，来了解一下北京地区最新的雪情，早上好！

（记者）新年好，因为这场雪给我带来了更为浓厚的新年气氛，这个元旦、这个新年，北京连续两天下了两场雪，昨天这场雪是新年的第一场雪，但是降雪量只有1毫米，只能算是这个白色新年的序幕。今天这场雪呢，从子夜时分一直下到现在。（举起手中的笔）我们拿这支笔来测测雪有多厚。

（主播）好。

（记者弯腰将笔插入雪中，测好后用手比出雪的深度有半支笔深）有三四公分这么厚了。我现在的位置是在西客站门前的一条主干道上，现在是早上7点半，在往常这个时间是来往繁忙的车辆，还有行人。但是今天由于是小长假的最后一天，很多人还在家中享受着温暖，所以我们在路上看到的车和人并不是很多，所以看来呢，今天早上这场雪虽然很大，但给北京早晨市内的出行情况并没有造成太大的影响。相反我们有一个更轻松的心情，一来感受下大雪给我们带来的新年气氛，二来还可以感受下大雪给我们带来的冬日的乐趣。

现在我所在的位置呢距离西客站有500米左右，但是从我这儿目测出去呢，这个西客站的轮廓已经看不清楚了。雪仍然很大，现在的气温是零下9摄氏度左右，感觉还不是太冷，也要提醒大家注意，今天这场雪停了以后，北京还将经历一次大风降温的天气，最低温度达到零下 15 摄氏度，请大家明天上班的时候多穿几件衣服，来确保自己的身体（温度）。

一场大雪降临北京，清晨起床的北京市民，看看窗外的雪，又看到电视正在直播雪情报道，在平添节目好感的同时，也有很多问题等待出镜记者告诉他们。

雪有多厚？记者在现场举起了一支事先准备好的笔，把它插入雪中进行测量，拔出来后示意给观众：有三四公分厚。观众看明白了：噢，有半支笔那么深！

天有多冷？记者告诉大家：零下 9 摄氏度左右，不太冷。观众听清楚了：零下 9 摄氏度左右。可是"不太冷"有多冷？那个穿着羽绒大衣的记者在现场报道时还冻得哆嗦。观众知道了：多穿点儿！

路好走吗？记者用身边的景象告诉大家：车辆和行人不太多，目测 500 米以外的西客站已经看不清楚了。观众明白了：能见度不太好，出门要小心！

应该说，在这个直播报道中记者的表现很出色，他不仅现场表现沉着镇定，语言清晰有序，而且有着非常好的现场报道意识和素养，较有代表性的就是手中的那支让人眼前一亮的笔。这支笔在记者出镜时就被拿在手中，说明记者早有准备要把它作为道具，而记者用它把雪深三四公分这个较为抽象的表述，成功地转化为形象的展示——雪有半支笔那么深。记者通过运用道具对报道对象进行测量、对比，把抽象概念转化为形象展示，这就是现场报道中测量、对比方法的运用。运用时有以下两个基本方法：

1. 以其他物品为参照物

现场报道中涉及的冷与热、深与浅、宽与窄、多与少、清与浊等这些抽象的概念，都可以适用这种方法。比如，一些极端的天气，零下四五十摄氏度，该如何表现它的冷？在实际报道中，有的记者将手中的矿泉水倒在地上，让观众看到水迅速结冰而感受它的冷，有的记者将热水洒向空中，用热水迅速凝结的雾气来展示空气的寒冷。这些方法，都是寻找一个具体的参照物作为道具，用这个参照物对报道对象进行测量、对比等，来展示报道对象的情况。

需要注意的是，所谓其他参照物不一定都要用实物，有时可以使用大家熟悉的物体用口头语言来进行比较，如"掀起的海浪足足有三层楼那么高""这块地方有 10 个足球场那么大"。虽然在视觉上看不到实物，但是同样可以让观众有直观的感受。

### 2. 以自己的身体为参照物

在一些场合，这个参照物可能就是记者自己的身体，如前面提到的新乡台那名记者站在近齐腰深的水中，就是用自己的身体作为一把标尺来展示水深的具体情况。在反映洪水灾情的报道中，一位记者在洪水消退后，在一堵还留着清晰水印的墙前站定，用自己的身高和水印进行比较，来反映洪水曾经达到的深度，也是用自己的身体作为标尺来进行形象展示。记者也可以用身体的一部分作为参照。比如，"这棵树需要四个人才能抱得住""像巴掌那么大""不到五步的距离"等。

2024 年 9 月 7 日，《中国新闻》栏目播出大型系列节目《中国新地标》，展现我国重大工程建设成就。在第一期节目《深中通道：世界级超级工程 加快大湾区融合》介绍世界最大跨径的全离岸海中钢箱梁悬索桥——深中大桥。报道中有这样一段记者出镜：

如果说深中大桥是一棵海中巨树，那我身后的这个锚碇就是巨树的树根。你看，我身后露出海面的锚体有 51.5 米高，我站在它前面显得如此渺小，而这只是它的"冰山一角"，水面以下还有 60 米，直接嵌入海底岩层里。它好像是一个参加拔河比赛的"大力士"，东西两个锚碇可以拉起近 20 万吨的重量，相当于两到三艘中型航空母舰。

这是记者的一次静态报道，不仅记者在语言表述上注意使用对比方法，而且在镜头中同样用记者的身体进行了参照对比——镜头从记者站在白色锚碇前的中景出镜开始，慢慢往外来，露出了记者面前的摄像师和工作人员，接着往外往上拉，露出拍摄人员原来是站在锚碇底部，镜头上拉至高空，可以俯瞰锚碇的全景，锚碇下的记者已经几乎看不清楚。这段出镜报道，用镜头与语言的结合，把记者和拍摄人员的身体作为参照物，形象地展示了锚碇到底有多高，从而让观众对这项工程的规模有了感性认识。

以自己的身体作为参照物，不同于记者的体验，它只是记者用自己的身体作为一种标尺，去衡量、比较报道对象的深浅、长短、宽窄等，让观众有直观形象的感受，而不是一种记者感觉的表达。事实上，像"感到了""嗅到了"等不可见的感觉，都是在现场报道中尽量避免去描述的，而要尽量把它具象化。

总之，测量、对比方法的使用，关键是找到一个参照物。北宋时期，皇帝喜欢绘画，朝廷常常以诗句为题，让应考的画家按题作画。一次，主考官出了一道试题——"踏花归去马蹄香"，难煞了一大批画家，因为花好画，马好画，可是这个"香"如何画得出来？最终，还是有一个画家破解了难题，他在马蹄旁画了两只闻香而至、翩然飞舞的蝴蝶，马蹄的"香"便跃然纸上了。这个大家熟悉的典故，就是一个化抽象为形象的典型例子，那两只蝴蝶，就是参照物。在实际的现场报道中，如何表现香、如何表现好、如何让抽象的概念在自己的报道中变得生动、形象、具体，需要记者细心观察、细致揣摩，找到那两只翩然飞舞的蝴蝶，让自己的报道跃动起来。

### （二）展示、演示的方法

这种方法是指记者在现场报道过程中，对报道对象的某些细节重点展示或者借助工具进行展示、演示，形象地进行现场说明。

#### 1.利用工具或参照物对细节进行展示、演示

这种方法是指记者在现场用一种参照物让观众立刻感受到现场实际效果，或通过部分细节的具体展示展现现场效果，主要适用于一些动态发生的事件过程中的细节展示。在报道马荣火山喷发对附近小镇的影响时，记者拿出手机，通过手机屏幕上快速聚集的火山灰，来反映火山灰降落之"快"，在木瓜树旁扶起树叶，并用手捻开树叶上的火山灰展示尘土的厚度，来说明火山灰影响之"重"，这些方法都属于展示法、演示法。

#### 2.用特写的方式展示现场细节

这种方法是指对某些具体场景进行细致的展示和描述，用细节呈现现场真实状况。这种方法适合对静态场景的细节展示。2021年4月21日晚，巴基斯坦奎达市一家酒店停车场发生爆炸。第二天，中央电视台记者就赶赴现场，发回了现场报道。在报道中，记者用力推开酒店通往爆炸点的一扇沉重的木门，让观众通过镜头看到已经遭到破坏的门框，然后在通道上用手指向地上被震碎的窗户玻璃，并在停车场附近蹲下拾起已经变得焦黑的、被炸碎的不规则金属碎片等。所有这些动作，都是为了向观众展示现场看到的细节，形象地让观众感受到爆炸的惨状。2023年12月，积石山发生6.2级地震并引发相邻地区砂涌灾害。为了解释现场清

理泥浆的难度，有记者在现场报道中，用手抓起一把泥浆，并在手中捻动让观众看到泥浆的黏稠程度，告诉大家这种泥浆根本无法进行人工铲除，从而感知清淤的困难性。这种具体细致的描述与展现就是展示法。它的要点是发现典型场景中的细节部位，客观细致地做好展示。

### 3. 通过现场体验展现现场运行情况

这种方法适用于一些细节上的细致描述，以展现真实状况。北京环球影城主题公园于 2021 年 9 月 20 日开始运行，在运行前一个月，中央电视台记者来到其中的"哈利·波特的魔法世界"进行探访体验。记者走进城堡，像游客一样戴上分院帽，还穿上学院袍，挥动魔法棒口念咒语看魔法的发生。记者通过这些游戏环节的细致展示，展现城堡的独特魅力，让观众有身临其境的感受。

运用展示、演示的方法进行现场报道的目的同样是把报道对象的某些特性或某些抽象化的特质进行形象化展示。它不是对现场所有的场景和物品都做流水账似的一一呈现，而是需要记者在现场发现那些最有代表性、最能反映事态状况的细节，然后思考如何表现，如何通过展示向观众传达有效信息。

### （三）"以小见大"的方法

以小见大的方法是指在现场发现细节，找到能够直接反映报道对象某些情况的典型物品，在现场展示说明。这个"小"来自现场，但往往会超越现场，发挥出特殊的叙事作用。

### 1. 展现事件的程度

2021 年 8 月，希腊首都北郊山区森林发生严重火灾。记者几经辗转赶到了火灾重灾区进行采访，在一个居民点发现了火灾给当地居民造成的严重的损失。在火灾留下的残骸前，记者进行了这样的现场报道并在《新闻直播间》进行播出：

（记者拿着一个已经熔成条状的金属块）我手里拿的这个东西原来是汽车上的一个部件，那么大火把它烧化了，最后在地上流淌，然后又凝固，形成了这么一种情况。在这个院子里我们发现，还有好几部老爷车已经被彻底烧毁了。

一个金属部件竟被烧化熔为液体，凝固后呈现奇怪的形态，可以想见当时的火情是多么严重，而记者身后的老爷车残骸也进一步印证了火灾的无情威力。在不能赶往着火现场采访的情况下，记者将采访对象改为受灾地区，这已经是一种敏捷的反应了，而对这个部件的发现与利用，则更反映了记者清醒的报道意识。这个细节的捕捉和展示，就是"以小见大"方法的运用——用细节展现事态的程度。

2.展现现场氛围，引起情感共鸣

"以小见大"的这个"小"一定是来自现场的具有典型性的物体，这样的细节选择，有时能起到共情作用。2023 年 2 月 6 日，土耳其发生 7.8 级地震。中央电视台记者赴现场报道了救援工作，其中《新闻直播间》的报道如下：

（记者）我现在就来到了哈塔依省的伊斯肯德伦市，这里也是灾情比较严重的一个地区，大家可以看到我身后的这个废墟，现在搜救的行动还在继续，而实际上我现在这个位置呢，离这个废墟、离这个救援现场是非常近的，我一进入的时候呢，就发现了这个（展示手里拿的一本旧书）掉在地上，还被人踩了一脚，这是一本人物传记，我翻看了一下，还看到了这是两个食谱，记录的是怎么样做洋葱圈，可见这本书的主人曾经可能是一个美食爱好者，但是很可惜，现在不知道这个主人在哪里。那类似这样的一个生活痕迹，在这样的一个废墟现场是随处可见。

可能大家也注意到了，我这一次在这个区域开始戴上了口罩，为什么呢？因为我一进入这里的时候，感觉到气味非常难闻，可能这样的一个气味是来自我旁边的这些积水，因为在当地时间 6 号土耳其发生强震之后呢，伊斯肯德伦市由于挨着地中海，所以发生了海水倒灌的现象，而现在地震发生已经进入第四天了，积水的问题仍然没有解决。当然另外一方面也有可能这样的一个气味呢，是来自我身后的这片废墟，因为现在随着搜救行动的不断推进，在这里不断地发现了更多的遇难者。

（记者突然停顿并低声报道）那现在我们开始进入一个安静的时间，原因是他们（搜救人员）可能发现了有生命的迹象了，就是因为是不确定的迹象，所以我们要暂停一下。（记者停顿）刚刚呢，我们正在介绍的时候，突然现场安静了，因为搜救人员发现了可能的一些生命迹象，所以要求我们大家尽量不要发出声音，但是刚刚确认之后，没有听到、没有发现这样的一个生命迹象，所以现在搜救行动还在继续。

　　一本废墟中被掩埋的旧书，不过是一场在灾难中微小的一个物品，但是记录的生活细节，加上记者对主人在哪里的追问，让它衬托出这场灾难带来的巨大的悲痛；一个普通的口罩，告诉观众现场的气味难闻，而气味的来源不仅展现了灾情的严重与复杂，也让人痛惜生命的脆弱与哀痛；一次短暂的安静，让观众感受到搜救现场的紧张，也感受到所有人对生命的期盼与敬畏，静默，是对生命应有的尊敬。所有这些细节，在这场灾难中都是微乎其微的，但当记者以"我在现场"的姿态，从"我所看见"的角度，把这些细节有序展现在镜头前时，报道就具有了一种特殊的人性化温度，让观众产生情感共鸣，更加关注事件本身，这就是"以小见大"方法的作用。

　　3. 表达观点，升华主题

　　有时，来自现场的这个"小"，经过记者自己独特的解读，还会起到升华主题的作用。2024 年 8 月 8 日凌晨，在巴黎奥运会上，中国女子曲棍球队在半决赛中击败比利时队，16 年后再次进入奥运决赛，追平奥运会历史最好成绩。当天，《巴黎晨报》节目报道了这一好消息。在报道中，谈及球队成功的防守，女曲队员欧紫霞面对镜头动情地说："球不能从我这里过呀，因为我知道我的背后是我的队友和球门，所以说球只要不从我这里过，它就永远不会击破我们的球门，所以说就是我们每一个防短角球的人，我觉得都是视死如归吧，就是我用身体都必须把那个球给挡下来。"新闻的最后，记者在比赛场馆外进行了这样的出镜报道：

　　（镜头从记者手中比赛用球的特写镜头，向外拉至记者手持比赛用球的中景镜头，记者举起手中的球开始报道）这是一颗曲棍球比赛用的球，它的材质是由硬质塑料包裹着软木屑和一些复合材料构成的实心球。（记者把球在手中拍了几下）大家可以听这个声音，实际上这个球打在身上是非常的疼的，但即便如此，中国女曲的姑娘们在比赛中一次又一次地用身体阻挡着比利时队的进攻……我们常说，女曲的精神是坚韧不拔的，今天的比赛她们将坚韧不拔表达得淋漓尽致。追平了中国女子曲棍球队参加奥运会历史最好成绩，对她们来说不是终点，因为这小小的球也承载着她们的梦想。即便在决赛中碰到的是世界第一的荷兰队，我们能从小组第四打到决赛，我们还有什么可怕的呢？我们也期待中国女曲在决赛中用她们的表现回馈给那些支持她们的人。

这是一个鼓舞人心的评述型现场报道，记者很好地运用了"以小见大"的方法，这个"小"就是记者手中的球，正是记者对它的材质的介绍和现场拍打，让观众对欧紫霞所说的"用身体都必须把那个球给挡下来"有了更深的直观感受，那就是坚韧不拔的团队精神。以小球见大精神，记者对小球的运用，有采访过程中队员话语的灵感触动，更有记者自己的观察与感受，以及能够自然地运用到报道中的表达能力。

在报道中要用好"以小见大"的方法，关键是善于发现"小"，能够抓住那些可以呈现事件某一特质的具体细节与物品，这种发现需要记者在现场用自己的眼睛去看，用自己的思考去判断，用自己的心去设计，这样的"小"才能在"大"事件的报道中传达独到的新闻信息，收到良好的报道效果。

## 二、运用形象化表达方式应注意的问题

借助参照物进行对比、适当进行细节的展示和演示、对典型性物体的重点描述，这些形象化的报道方式是增强现场报道客观性、形象性和可信性的重要手段，是出镜记者应该养成的现场叙事习惯。但是这个习惯不能成为惯性，不能滥用。在具体运用中，应该注意以下几点：

### （一）事实清楚或者常识性问题，不必使用形象化表达方式

一名记者在现场报道一条街道污水横流时，顺着水流找到水源来自两个污水井。记者在陈述完这一过程后，突然蹲下来，捞起一把污水放在鼻子下嗅了嗅，说："水有一股强烈的臭味。"这个动作很明显地表现出记者有让报道更加形象化和具体化的主动性，也有不怕脏、累的敬业精神。但这一行为带给观众的不适感也是强烈的——污水井里的污水来自下水道，这是一个常识问题，这种井里的水不是臭的味道，难道还有可能是别的味道吗？而且，既然是味道强烈，就不需要拿到鼻子下闻了。这个记者敢于牺牲自己的做法，因为过于追求形象化表达而显得画蛇添足了。出镜记者需要谨记：形象化表达的目的在于更好地展现事实，说

明情况，使用的前提是叙事需要将抽象的事物转化成形象表达，而不是通过表演性的展示博人眼球。好的形象化表达应该是自然顺畅的，能够清晰地展示真相。

### （二）对比和展示的过程简单明了，不能冗长拖沓

新闻的现场报道讲求的是"短平快"，在报道中使用形象化表达方式，目的是使报道更加真实、生动、形象，不是为了表演，所以也应按照"短平快"的要求简单、快速、清晰地完成。如果一个形象化表达的叙述过程需要哪怕超过半分钟的时间，或者需要两件以上的道具，都应该考虑放弃这样的展示。比如，在形容天冷时，有记者会把水倒在地上看它凝结成冰的速度，这个办法使用的前提是当时的温度足够低，水倒在地上真的能在半分钟内凝结成冰。如果不是这样，就不如换其他方法，如提前拿出一瓶水，观察它结冰的情况，然后在出镜时告诉观众手里已经结冰的水是在多长时间内达到这种效果的。而对天气很冷但又没有冷到结冰的天气来说，用水来展示就不合适了，这时需要记者进行现场观察。玻璃、镜片甚至手机屏幕上的结霜或哈气凝结情况，可能都会成为形象化表达的参照物。所有这些应对策略采用的重要原则之一，就是能够直观、简洁、迅速地呈现自己想表达的事物性状特点。

### （三）以事实为基础，不能违背真实性原则

形象化表达看似是一种报道技巧，其实并不尽然，它更是记者发现细节、展现事实、还原真相的一个过程。所有形象化表达都离不开典型环境，都是记者在典型环境里进行观察，根据现场情况进行判断、选择、运用的结果。记者到达现场的目的是采集事实，运用形象化表达方法是用这些事实构成准确生动的报道。因此，形象化表达的生命线就是不能违背真实性原则，不能夸大或隐蔽某些信息的真实性。比如，不能为了证明冷来拿一块冰箱里的冰来展示，不能为了证明污染而用故意搅浑了的水来展示。

那么，具体如何保证真实性呢？有一个标准就是，自己采用的展示方式必须是有科学依据的，这个依据可以来自日常的积累，更可以来自对权威部门的咨询与学习。比如，一条被污染的河里，水的颜色都发生变化了，那么该如何取水样来展示污染的程度？肯定不能把岸边的泥故意搅浑后取样展示，正确的做法：一是请有关部门专业人员来取样，记者接过水样来展示；二是经过咨询后，记者按照专业人员的方法来取样，来不及咨询或不需要太专业的评测，也要很自然地从

岸边取样来进行说明展示。

镜头前如何报道需要设计，但是事实绝不能设计。如果一个关于形象化表达的念头在脑中闪现但无法确定这是否就是真实的结论，不管这个念头多么让人激动，多么具有视觉效果，都必须放弃它。因为记者必须记住的是新闻必须真实，报道永远不是表演。

**（四）多思考、多练习**

想要更好地进行形象化表达、提高现场报道的表现能力，最好的途径就是多思考、多练习。平时，记者要学会做一个有心人，积累自己的生活经验和社会阅历，同时更要多思考、多练习。练习的方法是不断设定一些场景，思考如何形象化表达，然后练习一遍，检验一下实际效果。比如，经常给自己出一些题目：一座新的雕像落成了，用什么方法展示这座雕像的高度？一条河被污染了，如何表现河水很浑浊？如果经过治理后河水又变清了，这个"清"又该如何表现？一场大雪不期而至，如果从交通影响的角度来表现，如何表现雪很大？如果是春天的一场雪，如何表现带给人们的惊喜？……

这些场景的设定，可以来自自己的人为设置，也可以观察新闻报道中的实际案例，问一下自己会怎么做。不断地思考、揣摩和练习，可以帮助自己积累很多经验、提升表现能力。在实际报道过程中，当这样的场景真的出现时，自然会胸有成竹。2018 年 10 月 11 日，《新闻直播间》播出了一条关于超强飓风"迈克尔"登陆美国的报道——《央视记者直击飓风"迈克尔"登陆》，其中有这样的记者出镜：

（记者）我现在是在佛罗里达州的阿巴拉契科拉，那么刚刚飓风"迈克尔"是在我身后这个方向大概 60 公里的距离登陆了，登陆时的风速是 155 英里每小时，大概相当于 70 米每秒这样一种速度。大家从镜头里可以看到我身边的风啊，因为我们距离飓风的中心还有一段距离，我身边的风只是 75 英里每小时，大概是 33 米每秒，是登陆飓风中心最强的风速大概减半，即便是这样一个风速足以把我身后这样一棵大树连根拔起，我的体重大概是 180 斤也就是 90 公斤，但是在这样的一个烈风里我是完全站不稳的。这个风啊，除了可以把大树吹倒，把电线杆或者房屋吹倒这样直接性的灾害，还会把大量的海水在短时间内推到岸上来，也就是我们熟知的风暴潮。据美国的气象中心预计啊，在我所站的这个地方的风暴潮最高有可能达到 13 英尺，也就是我，我的身高是一米九，两个我还要更高的这样一个大量的海水会被推到岸上来，也会给当地造成短时间的洪涝灾害。

在这篇现场报道中，记者已经被飓风吹得东倒西歪无法稳稳站立，但仍然没有忘记用手示意背后被风连根拔起的大树，没有忘记用自己的体重、身高去描述飓风的猛烈和海浪的巨大，去具象化表达一些抽象的数字。由于这种形象的描述，观众对飓风的影响有了更加形象的认识。记者的这种形象化叙述方式在整个报道中自然、贴切、顺畅，充分显示了职业化的报道习惯，这种习惯需要依靠经常思考和大量练习才能逐渐养成。

# 第三节　出镜记者的形象设计

## 一、非语言符号

出镜记者的现场报道以语言内容为主，但视频画面传播出去的不仅是记者的语言，还有记者的外在形象以及其他非语言内容的传播内容，如记者的表情、情绪、动作、服装等传达的信息。一个穿着红色西装的记者和一个穿着黑色西装的记者站在观众面前时，观众的第一感觉往往是他们想要传达的信息内容一定是不一样的。这就是非语言符号的传达效果。

非语言符号是指信息传播不以有声语言和书面语言为载体，能直接打动人的感觉器官的各类符号。视频节目中非语言系统基本上是视觉系统，主要有五种类型：外貌与衣着，眼神与表情，姿态与动作，触摸行为，空间与背景。非语言符号也具有信息传播作用，能够传达出一定的信息。恰当地运用非语言符号是准确传达信息的基础。比如，同样的语言，记者握着对方的手、直视着对方的眼睛、用热情的语调表达，和正襟危坐、语气平缓的表述相比，其效果一定是不一样的。

非语言符号是信息传播中语言之外的元素。在现场报道中，则是指出镜记者在语言表达之外的信息传播。这些元素在传播过程中的运用，被称为出镜记者的形象设计。

新闻的现场报道一般是由记者完成的，无论是在现场面对面地和观众进行镜头交流，还是在现场进行采访和访谈，记者都是以自己的"形象"和"语言"示人的，这个"形象"不仅是容貌，还包括服饰和举止表情。同时，这个"形象"不仅是记者的个人形象，还在一定程度上代表着媒体平台和节目组的形象。因此，出镜记者在进行现场报道时，必须注意自己的形象设计，在语言设计之外要有非语言符号运用的设计。

### （一）外貌与衣着

在新闻现场，镜头对出镜记者自身的某些因素具有放大作用，服饰就是其中一个重要因素。决定出镜记者服饰是否合适的第一个原则就是与现场环境相协调。平时，记者完全可以按照自己的喜好穿着打扮，可是当作为一个媒体的出镜记者出现在新闻现场时，就得提醒自己，不要因为服饰而带来距离感或产生歧义。比如，去灾区采访，出镜记者的服饰就要尽量减少和残垣断壁之间的距离感，尽量减少和当地灾民的疏离感。2008年汶川地震一周年后，一名记者在北川地震废墟上进行了出镜报道：

（记者）观众朋友，这里就是北川县城，我身后就是北川县政府所在地，现在已经是一片废墟了。地震过去已经一年了，这里的一切都还保持着一年前地震发生那一刻的原样。当我们走进这里的时候，我总是有一种担心，生怕自己的脚步声重了，说话的声音大了，惊扰了地下的生灵。

这是一段语言设计比较成功的现场出镜。遗憾的是，记者当时身上穿的是一件红色羽绒外套，外套刺眼的色调与身后灰蒙蒙的一座殇城、与这个地域沉痛的记忆反差太过强烈，成为整则报道的瑕疵。

当出镜记者面对镜头面向大众进行信息传播时，记者的穿戴就会成为对记者本人文化素养、美学修养的检验，同时是栏目风格与格调的具体表现，因此出镜记者一定不能认为自己是记者而不是主持人就对服装、配饰等闲视之、随意处理。

首先，在外貌上，记者应该给自己一个整体定位，是大方干练还是潇洒华丽，是朴实亲情还是张扬热情。记者不是主持人，相貌并不是报道成功的决定因素，甚至有时会是一种干扰因素，因为相貌出众的记者只有拿出更胜一筹的业务能力，才会避免"花瓶记者"的恶评。但这不是说，记者就应当保持素人形象。在灾难性报道中，素面朝天是一种投入忘我的姿态，而在节庆题材的报道中，素面朝天则可能给人以敷衍草率的感觉。对记者来说，为保持形象的整洁美观，可以适当化淡妆，但应当与报道氛围相协调，大方自然，不宜浓妆艳抹，更不宜文眉、文眼线等。在现实中，就有记者进行笑容整形，在灾难性报道中无法调整面部表情而被观众广泛诟病的真实案例。所以，化妆对记者来说，绝不仅仅是自己的"面子"问题，需要认真对待。

其次，注意服饰问题。出镜记者的服装没有较为统一的样式，除了在重大会议、庆典和活动中记者以西装为主，在其他场合都比较多样化。总体来说，出镜记者的服装样式要端庄大方，要和所处的环境相协调，在重大会议、庆典和大型活动中，服装颜色可以鲜亮一些，在其他场合要相对淡雅一些。此外，要注意采访的人群和事件的性质，如去农村采访记者穿着西装革履就显得有距离感，在灾难现场便于行动的工装就显得更合适些。

在着装时，除了要注意样式，还要注意穿戴整齐合适。比如，衣领、衣扣要整齐自然，领带和西装要搭配合适，围巾和服装要协调等。

记者的着装还应和活动的性质、现场的氛围相协调。比如，在报道我国少数民族的活动和传统文化活动时，一身笔挺的西装是不适宜的。在运动场上，如果一身正规又笔挺的西装也是不适宜的，但是，如果是休闲运动型的西装则要看和运动项目是否协调。

出镜时应当穿什么服装需要因地制宜地选择，而不能穿什么服装是有一定之规的。在出镜报道时，以下服装应该尽量避免：①带有文字、图案和显著商标的服装。这样的服装不仅显得随意，而且会在信息传达效果上产生本可以避免的麻烦，特别是服装上一些表达个性的文字，在生活中可以反映一个人的生活态度，但在出镜时则可能产生意想不到的歧义。比如，一件印着"don't wake me up"（不要叫醒我）的套头衫，平时穿只是一种生活态度的表达，但如果是一个记者穿着出镜就会出大问题，这句话的消极意义会被曲解和误读并放大，从而产生不必要的社会影响。任何一种文字出现在记者身上，面对镜头时就不再是无意义的或者是记者自己意愿决定的意义了，所以在出镜时一定要避免带有字母和文字的服装。②细格、细条纹、大花图形的服装。这些服装因为会干扰电视的像素线而形成跳闪，最终影响画面的成像效果。③过于紧身的服装、过于短小的裙子、暴露在外过于低矮的内衣。这是女记者格外需要注意的问题，意外的走光会产生不良传播效果。④带有宗教倾向的服装、短裤、背心，以及乞丐装等较为另类、过于个性的服装。这些服装会作为一种文化符号传递不必要的多余信息。

最后，配饰、首饰要适度。配饰与首饰虽然很小，但是细节上的不当也会产生负面的效果，因此也不能马虎。①配饰要注意细节，如眼镜、腰带、皮鞋、领带夹等要佩戴合适，不能过于奢侈，让人一眼就能认出品牌。有色眼镜要禁戴。②首饰要慎戴。带有宗教性质或宣传色彩的首饰要禁戴；男记者不戴首饰，包括对自己带有特殊意义的戒指；女记者在特殊场合如具有喜庆色彩的会议、庆典、活动场合可以适当佩戴首饰。所谓适当，是指不夸张到夺人耳目，刺眼到喧宾夺主，要和自己的服装搭配协调，而且仅限于耳饰和胸饰，同时不要过于奢侈。

对服饰与妆容，出镜记者一定要有选择和设计的主动意识，要时刻为出镜报道做好准备。在特殊情况下，要以抢新闻优先为原则。比如，2013年雅安地震发生时，雅安电视台的一位女记者正在举办婚礼，地震发生后，她立刻抢过话筒，披着婚纱进行了出镜报道，这段视频在网络传播后，女记者的敬业精神得到了大家的认可。

### （二）眼神与表情

当出镜记者进行现场报道的时候，面前的镜头会放大记者某些表情，而记者的表情与举止也往往会影响观众对信息的接收。对此，出镜记者应该注意以下问题：

#### 1.眼神

在镜头前，记者的目光最好是平视。保持平视的方法是在录制前进行镜头调试，让记者的眼睛和面前的镜头中心点保持在一条水平线上，且在拍摄时记者盯视镜头，出来的效果就是记者目光平视。有时记者会边报道边思考，当需要思考的时候，眼睛可以向斜下方看，而不要情不自禁地向上看，否则就会影响记者在镜头中的形象。

### 2. 表情

出镜记者在镜头前的表情应该自然舒展。为了维护客观公正的形象，记者在镜头前不用有带主观情感的表情，但也应注意和周围环境的协调，在悲剧性事件面前虽然不能有过于悲痛的表情，但也不能一脸平淡，若无其事，应该庄重自然；在喜庆性事件面前不能眉飞色舞，但也不能一脸板正，事不关己，可以带有自然的喜悦感。表情过于丰富固然给人不适的感觉，但总是一张面孔、一种表情也会让观众感到不舒服。记者应该适度调整，自然呈现，表情服从于内容。

对眼神和表情，记者不能只凭借自己的先天感觉，也要加以日常训练。在平时，记者可以通过对着镜子练习的方式，专门练习自己思考问题时和想词时的眼神控制能力，专门练习自己的表情控制能力。这种控制能力是一个出镜记者的基本素质之一。

### （三）姿态与动作

在镜头前，出镜记者不论是站在原地静态报道，还是边走边说进行动态报道，都应该做到表情自然、身体姿态松弛挺拔，既不要过于僵硬，也不要松松垮垮。记者的天职是提问，提出疑问是表面上记者让自己不带有主观倾向性，不带个人情感，这样才能把回答者的信息准确而客观地传达给观众。因此，记者的身体姿态也不应该有主观情感的倾向性暗示，不能给人以居高临下的压迫感、大义凛然的质问感、道德优越的同情感等。平实，本身就是一种姿态，不需要语言也能让人感觉得到，记者要做的，就是在姿态上坚持这种平实感。

除了姿态，报道时还会有一定的动作，这会让报道显得更加生动，但生动并不是记者做动作的根本原因，因为出镜不是为了出人，而是为了出新闻，不是为了表示我在现场，而是为了表示新闻的视角在现场。[1]记者之所以做动作，根本目的是更好地呈现细节、展示场景、完成叙事、还原事实，动作只是辅助手段。虽然在媒体融合的过程中，越来越多的记者在现场报道中吸纳了很多网红主播的开场方式和出镜动作，让观众感受到了记者运用网络语言改变传统新闻语态的积极探索，也确实在一定程度上能吸引人的眼球，但是，作为探究真相、还原事实的记者，这样的吸纳并不能改变记者的动作应当为新闻视角的形象化表现服务这一

---

[1] 玛丽安·丹顿、伊莲·泽雷：《传播理论的职业运用》，陈世华译，清华大学出版社 2014 年版，第 24 页。

根本特性。所以，在做动作的过程中，记者要注意准确、直接、简捷、自然，手部的动作不要太多，不必要的动作不做，更不应该为了煽情、引人关注而添加夸张的动作。

现场报道中的动作主要有以下两类：

（1）指示类动作。指示类动作是指记者为了强调现场的某个场景或细节，用手势、身体姿势等引导观众的注意力。这类动作注意要指示准确，动作简单。当需要移动身体指向某一个细节时，转身动作要自然，动作幅度不宜过大，还要注意动作的力度。如果不是情绪需要，不要用力过猛，也不要绵软无力。要和摄像记者有默契意识，动作的节奏与停顿可以确保摄像机能够捕捉到对应的镜头。如果特别需要强调某一细节，而事先又没有和摄像记者沟通，可以自然地铺垫一句"让我们把镜头推向这里"，然后再自然地指向要表现的细节。

（2）交流性动作。在现场报道中记者进行采访时，会有一些交流性动作，如手势表示停顿、强调等，这些动作有的是配合记者的语言内容同步发出，有的是独立运用（如手心向上伸向对方请对方继续），对记者来说，应当示意明确，不产生歧义，不做多余的动作干扰对方的讲话，如突然抬手摸耳朵，要让自己的动作释放准确的信息，促进信息的互动交流。

记者在对自己报道时的动作有了设计之后，还要注意拍摄时保证动作在镜头里的完整性，以及动作的起势与收势。在出镜进行报道时，事前要有一个起势，即在开口前提前让身体姿态进入报道状态，在摄像记者开机后，默数一下"1、2、3"再开口说话。报道结束后不要马上就放下话筒，身体立刻松弛下来，而是要有一个收势，继续保持身体姿态不变，目视镜头，确认摄像记者已经关机再松弛下来。在平时练习时，可以默数"1、2、3"后再放松，培养自己的收势习惯。注意起势与收势，可以让记者的现场报道在情绪表现上完整自然，也便于镜头的衔接和编辑。

### （四）触摸行为

触摸行为是人躯体的一部分与物和人发生的接触，它不仅能表达出各种情绪信息，还能改变被触摸者的态度和行为。触摸行为有以下两种：

#### 1.对物的触摸

在体验性报道或者使用展示、比较、"以小见大"等方法进行现场报道时，记者对现场物品的触摸是必要的。这种触摸需要注意动作要简单清晰，不拖泥带水，在触摸时要注意对物品展示的角度和拍摄角度要吻合，让触摸服务于记者的报道。同时，更要注意触摸行为可能具有的信息表达：废墟里捡到的一本书，是轻轻翻动，还是随手一翻？受访者桌上一张亲人的相框，是轻轻抚摸还是随手一指？物本没有生命，但触摸包含信息，能反映记者的态度、情绪甚至是修养，这些信息又会影响记者面对的受访者。所以，记者出镜前需要想清楚：这样的触碰是报道里所必需的吗？会带来什么后果？

2. 对人的触摸

在一些报道中，有的记者在采访获得金牌的运动员后祝贺性地拥抱对方，在孩子面对镜头流下眼泪时会为他擦拭眼泪，虽然记者的这些触摸行为并没有给人带来太多不适的感觉，但明显透出记者对对方的情感倾向性，这种倾向性与新闻报道的客观性原则是相悖的。因此，如果不是对采访对象身上的某些物品进行讨论，或者是礼节性的握手，原则上不提倡记者触摸采访对象。和采访对象的距离应保持合适的交流距离，这种距离因为要考虑摄像机拍摄的需求，不完全等同于现实生活中的社交距离，保持大概一米即可，太远会让采访对象有不受尊重的感觉，太近会让采访对象和观众都有不适感。在实践中确实出现过因情况特殊，记者和采访对象挤坐在小轿车座位上进行采访的实例，但结果证明不仅采访对象表现得十分不适应，观众在网上的反应也是一边倒地认为不应该。

（五）空间与背景

记者出镜选择的场景就是镜头主要表现的空间，这种选择本身就会带有一定信息量，如"我身后的救援现场"和"我身后远处的火光"，在现场代入感和信息准确度上一定会给观众带来不同的感受。空间的信息符号功能，决定了记者在出镜时必须考虑对空间的使用与表现。

背景是空间表现的方式之一，选择正确的背景可以让记者的报道具有更加鲜明的指向性和信息表达意义，反之，可能会限制甚至会破坏记者所希望的信息传达效果，造成歧义和曲解。即使已经确定了拍摄位置和典型场景，记者一定也要注意观察空间，对背景和出镜效果进行考量和设计，避免出现歧义。

（1）不用大面积的静止物作为背景，如建筑物的一面墙、大型牌匾宣传画等。因为这些静止物一般很难成为典型场景，即使是典型场景，如墙上的一个弹孔，也要尽量错开角度，避免用整面墙做背景。用大面积的静止物做背景，一是画面信息量已经最小化，记者的位置、周边的环境等客观信息很难交代清楚；二是画面有拥堵感，缺乏立体感，视觉效果差；三是更加突出记者的容貌特征，不管是正向的放大优点还是反向的放大缺点，都会分散观众接收信息的注意力，如果记者的妆容有瑕疵，还会产生不必要的话题，破坏新闻本身信息内容的正确传播。

（2）不用过于黑暗的夜景作为背景。过于黑暗的夜景和大面积的静止物一样会带来很多负面的视觉效果，特别是为了保证拍摄清晰度，夜景拍摄会使用灯光。在没有其他参照物做背景的情况下，灯光会给人物拍摄产生不良的视觉效果。但如果情况特殊，不得不使用灯光时，应注意避免正面面对灯光，让光源和记者脸部形成一定侧角，争取更好的出镜效果。

（3）尽量避开杂乱斑驳的景物作为背景。过于杂乱的景物如电线纵横等容易造成穿帮的画面效果，破坏画面美感，破坏信息的客观传播效果。

（4）避免背景色调和记者服装撞色。比如，记者身穿绿色服装，就要避免用树冠和绿色的田野做背景，实在避不开，可以找树干或者上身高于田野地平线的角度来完成出镜。

## 二、副语言

副语言又被称为副言语、类语言，广义的"副语言"指无声而有形的现象，即与话语同时或单独使用的手势、身势、面部表情、对话时的位置和距离等；此处使用的是狭义概念，指有声现象，如说话时气喘、嗓子沙哑、整句话带鼻音，某个字音拉得很长、压低嗓音、说话不连贯等。这些现象是伴随话语而发生或对话语有影响的、有某种意义的，但是这种意义并非来自词汇、语法或一般语音规则，而是某种情绪和心理的反应，如紧张。

对出镜记者来说，除了声色、音调、语速等元素有自己的特点，也有自己的一些特征音和隔断音，像换气声和习惯性的"啊""嗯""哦"等叹词，以及"不过""大家知道""那么""这个"等缓冲音。这些副语言对叙事的流畅度和语言的逻辑性具有一定的干扰作用，应该加以注意。对此，首先要发现自己的这些副语言的特点，通过练习和纠正，尽量减少叹词和习惯性缓冲音的使用，使语言表达更流畅。其次要注意对语调、语速的控制与使用，注意在不同场景进行现场报道时保持情绪的连贯性。比如，有记者在报道一次军事训练时，开场时表现得十分平静，只是介绍了时间、地点和即将开始的训练内容，语调平缓，语速很慢，感觉不出情感色彩。但在随后的报道中，记者跟随空降兵登上飞机，在空降兵跳出机舱时再次进行现场报道，这时隆隆的飞机声和空降兵紧张有序的动作带动着记者以一种高亢紧张的语调和快速的语速进行报道，这时紧张的情绪和开场时报道的情绪就形成了较大的反差。所以记者在进行报道前，可以对自己的情绪有一个定位设计，根据不同的情绪调整自己的语速、声调，保持前后一致，衔接顺畅，确保整篇报道情绪的统一与准确。

# 第八章 现场报道顺序的设计

## 第一节 报道内容的文本顺序

在新闻现场，记者找到了出镜的位置，也设计好了出镜方式，知道了要形象化表达，接下来的问题是什么呢？那就是报道内容的文本顺序。

在现场报道过程中，记者出镜时的口头叙述内容和写文章一样，都有一定的逻辑顺序，而且会涉及两个顺序：一是就整体报道而言，有一个内容的逻辑性，即先说什么，后说什么；二是当涉及几个典型环境的展示时，按照怎样的顺序进行报道。

这看似一回事，其实并不完全一样。比如，当一个记者面对镜头只是进行口头陈述时，他需要考虑的就是内容的逻辑性——先说什么，后说什么。但是，如果一个记者报道火灾事故，出镜地点只能选择在几十米甚至百米之外的楼顶，从他的位置到火灾中心就拉开了一定的距离。在这段距离里，至少形成了三个层次的场景：一是火灾中心的情况是怎样的；二是在现场附近的环境情况是怎样的，如附近建筑是否受到影响；三是记者所在的位置有没有感觉，如是否有烟尘的味道。这三层场景的叙述顺序也形成了一定的逻辑性：是从火场中心向记者位置这个方向按照由里到外的顺序介绍，还是从记者所在位置向火场中心位置按照由外到里的顺序介绍呢？这个顺序又有自身的规律特点。

所以，在出镜报道前，记者需要做的一项重要功课是确定报道内容的文本顺序。

报道内容是指出镜记者在现场报道中口头叙述的所有内容。文本顺序是指记者报道内容的表达顺序，即逻辑结构。

出镜记者口头叙述的内容主要包括两种内容：一种是对报道对象的发展过程或性状特点进行口头描述，内容以总体概述和分析评论为主。这部分内容的信息可能并不直接来自现场，或者不来自此时此刻的现场，而是来自记者出镜前调查搜集的材料的整合，但是能够让观众对报道对象有一个概括性的了解。从叙事角度上是一种全知视角。另一种是在现场对具体场景和具体细节的即时介绍，即此时此刻记者看到了什么。它直接来自现场，偏重对此时此刻的场景和细节的描述。叙事角度接近于限知视角。

上述内容，第一种可以被称为概括性材料，叙述顺序一般是按照时间顺序来叙述，用清楚的时间段落划分来保证叙事条理的清晰有序。第二种可以被称为现场信息，侧重于具体场景的描述，一般按照空间顺序依次介绍。

在记者的实际报道中，这种内容并不是截然分开的，往往共同组成记者口头叙述的内容。如果将概括性材料称为"面上信息"（来自整个新闻事件概括的层面），将细节部分内容称为"点上信息"（来自现场具体场景的点）。这两部分内容在现场报道中同时出现时，叙述顺序一般有"先面后点""先点后面"和"点面结合"三种情况。

## 一、"先面后点"的报道方式

这是指出镜记者在现场先报道事件发生的整体情况，然后报道现场具体场景。这种方式的优点是可以使受众对报道对象先有概括性了解，再通过具体场景获得具体信息，从而循序渐进地了解报道对象。

2024年7月29日，中央电视台新闻频道《24小时》节目在报道吉林省临江市抗洪抢险时播出了《强降雨致多处险情 记者直击抢险一线》，其中有这样的记者出镜报道：

（记者在公路边边后退边报道，身后是穿行的车辆和一辆停在工地旁的施工车辆）临江市一共有4条公路与周边的县市相连，由于降雨的影响，其中的3条目前处于封闭的状态，而唯一畅通的在28号，也就是今天早上，也出现了这个泥石流和塌方，道路曾经一度中断，但经过两个多小时的抢险，目前已经恢复了畅通。

（记者走到工地旁站定，左手指向路边一条流水的水渠）大家可以看到现在山水正源源不断地向下涌，而抢险队伍目前首要做的就是保证这条水渠的畅通，因为它一旦被泥沙所阻断，那么山水会源源不断地涌向公路。

（记者走向路边对方的小石堆，蹲下用手拿起几块山石）由于持续几天的强降雨，现在山体的沙石已经是非常松软了，随时还有塌方的风险。

这段报道的第一段内容是对公路交通的总体影响情况和现状的介绍，简单明了、条理清晰，使观众直接得到全面信息。这就是从概括性的"面"上信息开始报道。第二部分进入现场特定场景，路边水渠的画面直接展示了降水带来的直接影响和具体场景，这是一个具体的"点"上报道。由"面"到"点"，清晰地展示了记者在现场的所见所闻。

这种方式的优点是叙事条理清晰，便于受众由浅入深地了解相关信息，得出整体结论。需要注意的问题：一是对"面"的介绍要概括精练，不能拖泥带水、篇幅过长，否则会有"头重脚轻"的感觉。要特别注意一些记者对"面"的介绍会和新闻主播的新闻导语有重合的情况，这会造成信息重复，影响现场感。要避免这种情况，就要在"面"的介绍中简单明了，尽量用"我身后的""大家看到的"这样的语言进行关联，保持内容和现场情景的一致性。二是对后面"点"的场景选择要注意准确性，确实能够作为典型场景出现，能够直观地说明前面"面"的介绍的内容，同时注意场景不应该过于复杂，尽量避免同类场景的简单罗列。

## 二、"先点后面"的报道方式

这是指出镜记者在现场报道时，先报道现场的具体场景，再报道事件的总体情况和其他补充信息，由一个具体的"点"向事件的全面情况进行扩展。2021年8月中旬，湖北省多地发生强降雨，造成大面积水灾。对此，《新闻直播间》记者在柳林镇一个作为居民安置所的学校里发回了这样的现场报道：

（记者）好的，我现在是在柳林镇中心学校，那么这也是这一次这里的一个临时的居民集中安置点。

（走进教室，边走介绍自己看到的物品）我们可以看一下在我身旁的就是这里的一个教室，但是已经被用作居民的临时安置。我们可以看到，里面现在是一共有8张床位。每一张床位上放置的有一些简单的被褥，还有一些吃的喝的，还有晚上用的蚊香，等等。那么现在呢，已经有部分的群众在这里入住了，在整个居民安置点现在一共入住了近300名的群众。（边说边向外走）其实值得一提的是，大家应该可以发现，现在这间房间里是有电的。那么，现在在整个镇上，其实供电供水还没有完全恢复，但是因为这里的居民安置点是原来的中心学校，是有自费的柴油发电机，所以现在这里的供电是已经恢复了。那么，用水呢是由消防每天送水过来，可以保证居民的一个日常的生活。

（教室门口有一个示意图板，记者停下来）我们来看一下身旁吧，这里就是安置点的一个示意图，分别有物资发放点、安置点、医疗救助室等。其实，选择在这里作为整个这一次的居民集中安置点，也是因为这所中心学校在柳林镇是属于地势较高的一个位置，这里面的物资发放点也是这个学校位置最高的一个地方。

在后面的报道中，记者介绍了整个安置点救灾物资的情况等宏观信息。这种从微观入手，落在宏观总结上的报道顺序，就是由点到面的报道顺序。这种方式的优点是现场优先，具有很强的代入感，能一下抓住观众的注意力，并且让观众通过"点"上的具体信息，很自然地认知"面"上的总结，对报道对象的了解由浅入深，印象深刻。

需要注意的问题是，对这个"点"的选择必须准确。记者应该选择具有代表性的场景作为自己开始报道的背景，且这个场景不能太复杂，能够在几句话之后迅速转入全面情况的介绍。就好像啤酒瓶的起子，迅速打开瓶盖，顺畅倒出啤酒。

### 三、"点面结合"的报道方式

这是指出镜记者在现场报道中，将事件总体情况与现场场景综合在一起介绍。基本样式是在场景介绍中穿插事件总体情况的介绍，或者在介绍总体情况时插入场景的介绍。一般分以下两种情况：

### （一）"点＋面＋点"和"面＋点＋面"方式

"点＋面＋点"方式是由一个"点"开始，再引出"面"的介绍，最后再落到一个"点"上。这种方式经常用于现场具有延展性特点的报道,如市场、展会、战场、长距离赛事等。一般是先从开始处的"点"上开始,再介绍整体情况,最后再收尾处的一个"点"结束。

"面+点+面"方式是先介绍全面情况,然后介绍现场具体场景,最后再总结介绍总体情况。2013年12月,甘肃积石山县6.2级地震发生后,《新闻直播间》记者从现场发回这样的报道,如表8-1所示。

表8-1 记者"面+点+面"方式的现场报道

| 声音 | 方式分析 |
| --- | --- |
| （记者）我现在是在甘肃省临夏州积石山县柳沟乡,全乡共有2534户12616人。村民告诉我,地震发生后这里的震感特别的明显,摇晃持续30秒左右,许多人从睡梦中被摇醒,甚至摇下床。在地震发生后,全乡停电,到凌晨5点多电力已经恢复。我们进入袁家村的时候,看到不少房屋围墙啊,出现了坍塌,村道中随处可见碎砖瓦片。 | "面"上总体介绍全乡的受灾情况。 |
| 那么大家可以看到啊,这个就是袁家村村文化广场的围墙,长40米的文化墙在地震的时候是整体坍塌,那这个围墙的厚度我们来量一下,大概也是要我的两拃的距离,那足可以见地震的威力之大。 | "点"上具体展示现场细节。 |
| 凌晨,在村委会的广场上就搭起了3个应急救灾帐篷,作为集中安置点,在天亮后呢,不少房屋受损较轻的村民已经返回到家中开展自救,而房屋受损较重的、构成危房的,是不允许村民自行返回的,目前统一安置在此处。 | "面"上总体介绍救灾工作。 |

这三段报道实际上形成了三个层次:先是总体介绍灾情情况,然后是具体展示现场看到的情形,最后是救灾工作的介绍。这种由面到点再到面的叙述方式,是点面结合的一种常见报道方式。在灾难性事件、大型聚集活动、大型建筑落成典礼等题材中会采用这种方式。

### （二）多"面"+多"点"方式

这种方式是指现场报道有清晰的层次段落,在每个段落里有点面结合的运用,几个层次段落叠加后形成多点面结合的报道方式。2023年12月,我国北方多地持续出现雨雪降温天气,寒潮暴雪冰冻大风四预警齐发,《新闻直播间》记者在北京街头发回了现场报道，如表8-2所示。

表8-2　记者多点面结合方式的现场报道

| 声音 | 方式分析 |
|---|---|
| （记者）我现在呢，是在北京四会交通枢纽，那在下午2点钟左右的时候，来自河北中部地区的一大片的这个降水云团呢，向北京南部挺进，那么自北京南部向北京城区呢，影响北京。 | 介绍位置后，"面"上概括介绍天气成因。 |
| 我身后就是我们的京东快速路。现在我们可以看到啊，这个路网的交通的顺畅程度还是很高的，因为目前呢，北京整体上环路和各个联络线，它是一个轻度拥堵和通畅这样的一个情况。 | "点"上现场观察交通状况。 |
| 可以说呢，这两天上路的私家车的数量并不多。更多人选择了公共交通工具，搭乘公交或者是乘坐地铁，主要是因为前几天我们大范围地发布了像寒潮、暴雪以及道路结冰等预警信号，提示大家减少出行和搭乘公共交通出行，这也给路网的通行减轻了不少压力。另外呢，就是像我们的弹性工作制，错峰上下班的倡议，也让很多人选择了停驶自己的私家车，而选择公共交通，交通部门也是采取了很多保障措施。 | "面"上分析交通畅通原因和交通部门的措施。 |
| 通过我们的画面同样可以看到，现在呢，北京的能见度开始进一步地降低了，所以这样的话呢，会给大家在出行的时候同样带来一个新的压力，就是路面上的车辆车行速度都不快。再一次地提醒大家在明天早高峰出行的时候呢，建议您仍然要尽量地选择我们的公共交通方式。 | "点"上再次展示空气状况。 |

这篇报道虽然很短，但由"面"及"点"，点面结合，层次很清楚。这种报道方式还可以用于对一个大范围的现场如大型会展、旅游景点、体育场馆、城市综合体等进行多个场景和多种层次的较为复杂的介绍。做好这种现场报道的关键是保持层次清晰，每个层次里再进行不同的点面结合的设计。

这几种报道方式没有优劣之分，具体如何应用，需要记者根据报道内容和现场具体情况来设计使用。需要记者注意的是，对哪些内容是"点"，哪些内容是"面"，要有一个大致清晰的范围，两部分内容在衔接上要自然流畅，不要形成"两层皮"，也不要东一榔头西一棒槌，要完成一个内容再进行下一个内容，形成清晰的叙述层次。

# 第二节 不同场景的叙述顺序

## 一、现场的复杂性

完成了报道内容文本顺序的设计只是第一步，因为出镜记者的报道内容很多都涉及新闻现场。在新闻事件中，很多新闻现场具有一定的复杂性，即使记者找到了典型环境，可能也会发现这个环境是由多个场景组成的。比如，一起爆炸案发生后，爆炸点很容易找到，但是找到爆炸点后会发现，爆炸影响的范围是复杂的，前后左右都会有不同程度的损失。那么应该先从哪里说起？如何交代这样的现场？如何介绍前后左右受波及地点的情况？

2016 年 9 月 19 日，江苏无锡硕放街道一处民房发生爆炸，造成 5 人死亡，5 人受伤，6 间房屋倒塌，另有多间房屋不同程度受损。山东卫视《调查》栏目记者及时赶往现场，进行了调查报道，如表 8-3 所示。

表 8-3 记者的调查报道

| 声音 | 画面 |
| --- | --- |
| （记者）现在我们来到了爆炸事故现场，无锡市硕放路街道墙宅路 220 号。在我身后这个围廊里，就是爆炸发生地点。通过我们拍摄的画面可以看到，爆炸将这 3 间房屋全部炸毁，中间这个房屋二楼的墙体以及爆炸点和两侧连接的墙体，全部被炸穿了。 | 记者用手示意身后的围挡现场。 |
| | 镜头推向现场爆炸点 3 家店铺被炸毁的画面。 |
| 爆炸的威力巨大，使周边的房屋多处受损，我们看到爆炸点左侧的房屋有 1、2、3、4、5、6，6 家店铺出现了玻璃被炸坏的情况。 | 记者边走边用手示意画面右侧 6 间受波及的房屋，镜头摇向 6 间房屋。 |
| 而在爆炸点的右侧，也有 1、2、3、4，4 家店铺出现了玻璃被炸、门窗扭曲，以及墙体受损的情况。连停在楼下的这辆轿车，后车玻璃也被炸坏了。 | 镜头摇回画面左侧，记者示意另一侧房屋玻璃毁坏情况以及楼下轿车情况。 |
| 现在，爆炸点前面的路面上，遍布着玻璃碴和从屋里炸出来的物品。 | 镜头摇向地面，玻璃碴和物品画面。 |
| 而与这个爆炸点一路之隔，大概相距七八十米远，对面的这个楼体上，玻璃也被炸坏了。 | 记者指向对面楼体，镜头摇向楼体玻璃受损画面。 |

| 声音 | 画面 |
|---|---|
| 在 19 号上午 10:30 左右的时候，我们看到城管的工作人员，先后从现场拖出了两大两小 4 个煤气罐。 | 城管人员用车运输煤气罐画面。 |

山东卫视《调查》栏目是一档新闻调查专题节目，以栏目记者赶赴现场进行实地调查和出镜报道为特点。在本期节目中，记者通过及时赶赴现场，进行了大量的现场调查采访和出镜报道。在上述报道中，记者用条理清晰的叙述，对如何介绍多种场景构成的复杂现场进行了示范。

在这起爆炸案中，记者面临的事故现场由多个场景构成：中心爆炸点场景、爆炸中心点相邻房屋场景、爆炸点楼体前面的场景、爆炸点对面受影响的楼体场景。不同的场景有不同的叙述内容，这些内容的介绍就存在着一个顺序问题。应该按照什么顺序介绍？怎样才能让自己的报道有条理？这是在很多现场报道中，出镜记者都会面临的问题。

## 二、一般场景的叙事方法：顺序介绍

记者到达新闻现场时，现场本身不会标出自己的构成场景，场景的划分与选择完全依靠记者的判断。一般来说，新闻现场本身可以划分出中心现场、相邻现场、波及现场等区域，如《调查》节目无锡爆炸案的报道中，发生爆炸的 3 家店铺是中心现场，3 家店铺左右相邻的店铺是相邻现场，街对面的楼体就是波及现场，也叫受到影响的现场。这样三个不同的场景，就会形成一定的叙述顺序。在没有类似爆炸案这样的环境中，也会有不同的场景，因此记者要介绍场景，总会形成一定的叙述顺序。要清楚地介绍事态全貌，还原现场真实场景，最好的方法就是顺序介绍。

这里的顺序是个动词，即按照几个场景的自然排列顺序逐一介绍。一般指由左到右、由前到后、由近到远或者相反的方向来顺序介绍。在动态报道中，出镜记者的运动方向始终按照一个方向移动，介绍的内容也按照这个方向依次介绍，就是一种基本的顺序介绍。

前面的例子《"卡努"今晨登陆　当地影响较小》中，记者为了展示身边的场景没有受到台风影响，从自己的左边向右边移动，依次介绍自己看到的景象。记者这种按照现场的自然顺序依次介绍的方法就是顺序介绍，优点是能够清楚地交代几个场景间的位置关系，让观众对现场的空间有一个准确而清晰的了解，可以不受干扰地接收记者传达的现场信息。

有时现场虽然有几个场景，但不全部是记者想要介绍的场景，记者可能只想重点介绍其中几个场景，对这几个场景也应该按顺序介绍。比如，现场有 1、2、3、4、5 场景，记者只想介绍 1、3、5 场景，也应该按照它们排列的顺序沿着一个方向，即按照 1、3、5 这样一个顺序，而不是按照 1、5、3 这样一个顺序来介绍。

顺序介绍，不仅便于记者自然移动、清楚地说明情况，而且便于拍摄，更重要的是，记者在镜头前顺序而动，可以使观众清楚地看到几种场景的位置关系，看到整个空间环境，从而更加全面地接收现场的信息。

### 三、放射状场景的叙事方法：分层顺序介绍

放射状场景是指爆炸、火灾等事件影响力呈放射状扩散而形成的复杂场景。比如，《调查》节目报道的无锡爆炸案，爆炸不是沿着一条线进行的，它的影响波及爆炸点的前后左右，呈放射状分布，从而形成了多种不同的场景。

这样的场景又该如何找到顺序呢？

呈放射状分布的现场基本可以划分出三个层次，如图 8-1 所示。

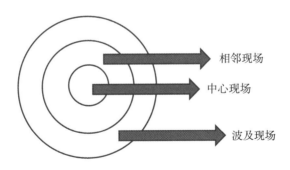

**图 8-1 放射状现场层次示意**

中心现场。这是指事故的直接起因所在的肇事地点，如爆炸物所在位置。这个位置往往是损失程度最严重的典型场景，最能直接反映现场情况。

相邻现场。这是指与肇事地点相邻，直接受到影响的位置，往往在肇事地点的前后左右。这里需要注意的是，相邻现场的损失程度有时会大于中心现场，这时

可以把损失最严重的场景作为典型场景，重点进行介绍，但不用改变叙述的顺序。

波及现场。这是指在中心现场和相邻现场之外受到波及的地区，如街对面玻璃被震坏的楼体，能感受到附近火灾形成的烟灰的街道等。虽然距离中心现场较远，但是也能反映意外事故的某种程度。

记者在赶赴现场的过程中，往往是由最外层的波及现场逐渐向里深入，每个层次可能都有想报道的典型场景，却又很难立刻划分出三个层次，但在了解到一些基本情况后，应该很快地确定自己的报道层次。在《调查》节目无锡爆炸案报道中，记者首先报告了自己所处的位置是在爆炸点的正面街道上，是记者能够到达的离爆炸房屋最近的位置。接着分几个层次介绍现场情况：

（1）首先介绍发生爆炸的三间房屋情况，中间房屋二楼的墙体被炸穿。这是中心现场。

（2）其次介绍旁边房屋情况，包括左侧的房屋有6家店，右侧房屋有4家玻璃被炸坏，以及停在楼下的轿车玻璃被炸坏。这是第二层——相邻现场。在这个现场里共有三个场景，记者先是按照从左到右的顺序介绍了爆炸点左右两侧房屋情况，然后又按照从后到前的顺序介绍楼下的轿车和楼前路面上的物品情况。

（3）最后介绍的是相距七八十米远的对面楼体玻璃被炸坏，这是受波及现场或者受影响现场，是第三个层次。

从这三个层次的介绍来看，出镜记者是按照从中心向外扩散的顺序介绍的，每个层次介绍清楚后再进入下一个层次，在个别有多个场景的层次中，不同场景也是按照顺序介绍的原则逐个说明。正是因为层次清晰，顺序方向一致，这段现场报道才达到了清晰、准确、一目了然的效果。这正是放射状现场梳理报道顺序的基本方法：首先按照影响力的层次划分进行逐层报道（可以由中心向外层推进，也可以由外层向中心推进），在每一层的报道中，如果又涉及多个场景，这些场景还应该按照顺序原则进行介绍。

一般来说，如果是做录播节目，时间并不紧迫，可以先找到中心位置从里向外介绍，但如果是直播抢新闻，则应该按照进入现场的路线由外往里介绍。要注意随时观察发现的典型场景，边走边说，注意节奏。在行走过程中，还要考虑自己的运动路线应保持方向性一致，不要出现交叉，即忽东忽西。这样可以让观众在接收信息时有清晰的空间感，能够更全面准确地获得信息。

# 第三部分

# 实务运用及案例分析

# 第九章　录播型现场报道

2017 年 8 月 24 日，新闻频道《新闻直播间》节目播出的新闻《纽约：餐厅现"辱华收据"引发轩然大波》，报道了在美国纽约曼哈顿一家餐馆开出来的收据在当地舆论以及华人圈中引发轩然大波，因为里面的英文词语是在模仿和嘲笑中文的发音，而其中描述的美国历史上的排华浪潮等历史因素更是加深了它的侮辱性。为此，记者在美国进行调查后，将调查情况在《朝闻天下》进行了报道。这个报道主要由记者出镜和调查采访构成：

（画外音解说）这就是那张引起人们关注和气愤的收据，看起来和一般的收据没什么两样。

（记者现场报道）仔细看一眼这个收据呢，就会发现，在顾客名称和送货地点上都用了这样一个词——Ching Chong。（镜头推上收据，显示单词）而这个词在美国的传统中有明显地歧视华人的意思。

（记者采访同期声）为什么这两个字眼会让人特别是华人觉得那么不舒服？

（在美华人同期声）因为对中国人来说 Ching Chong（意为"中国佬"，带有歧视侮辱意味）是不好听的，是有指向性和种族歧视的。但是很多人觉得，Ching Chong 是开玩笑，但是这不是好笑的东西。我们是认真的，不能对我们说 Ching Chong 我们就笑一笑，认为没有问题。这是错的，要跟他们说不能这样。

……

（记者现场报道）街拐角的这家餐厅，就是写下这张收据的餐馆儿，是什么人写下了这两个字眼，又是出于什么原因呢？一起来看一看。

（记者走进餐馆采访）你好，我是一个中国记者。能跟你们经理聊聊吗？关于这个收据的事。

（餐厅领位员现场同期声）他刚刚出去了，不在餐厅，去给餐厅取货了。

（记者现场同期声）好，我知道了。对这个收据你有什么看法？

（餐厅领位员现场同期声）已经被发到社交媒体上了。我当时不在场。

（记者现场同期声）（写这个收据的）雇员还在这里工作吗？

（餐厅领位员现场同期声）一出这事，那个女孩就被开除了。

（记者现场同期声）那为什么会发生这种事？

（餐厅领位员现场同期声）我不知道，我不在场。经理现在也不在。

（记者现场同期声）这种事以前发生过吗？

（餐厅领位员现场同期声）从来没有，这是第一次。我希望也是最后一次。

……

（记者采访同期声）我知道你很小的时候就来到了这边，老一辈的华人亚裔，碰到这种事情一般会怎么处理？

（在美华人同期声）我觉得亚洲人尤其是中国人，他们会觉得不要麻烦，觉得算了，就不会出声。我觉得这样是错的，因为你不出声、他不出声、大家不出声，人家会觉得还可以欺负中国人。

……

（记者采访同期声）会不会让人觉得你对这件事反应过度了，太敏感了？

（在美华人同期声）这个不是敏感的东西，很多人会说你太敏感了，这是个小问题。但是你不出声，大家不出声，小问题就变成大问题。大问题大家又可以说"你跟中国人说什么，他都不会出声"。美国人觉得亚洲人很弱，不出声，所以在美国我们有这个问题。

（记者现场报道）在采访中她的一句话让人印象深刻，她说，这不是自卑心理，也不是过分敏感，而是在有必要的时候，大声说出来。央视记者纽约报道。

这则新闻，是事情发生后记者前往出事地点，经过采访调查，以录像的方式记录了整个调查采访过程，事后又经过剪辑加工合成的一个报道。这种报道方式，就是录播型新闻报道。录播型新闻报道在反映事件完整度和深度分析上具有优势，报道中对现场报道的运用也更加灵活多样，富有创新性。

# 第一节　独立型现场报道

独立型现场报道是指整个新闻的报道由记者以出镜的方式利用有声语言来独立完成，全部的信息传播均由记者独立完成的现场报道方式。

## 一、独立型现场报道的基本样式和主要特点

独立型现场报道是比较常见的一种报道方式，最能检验记者现场报道能力。2018年10月，港珠澳大桥正式通车，在通车仪式举行前后的日子里，众多媒体都对大桥的建设和通行情况进行了集中报道。财经频道《中国财经报道》派出记者在仪式举行前进行了体验报道：

（记者）这里是港珠澳大桥珠海公路口岸，从珠海乘坐摆渡大巴车以及即走即停的送客车的旅客，在前往香港和澳门前就首先要到达这个位置。（记者从外向里往口岸大厅走去）我们看前面几个"港珠澳大桥珠海公路口岸"的大字就是前往香港的出境口岸。（记者边往里走边回头）现在我们一起去里面看一看。（记者通过大门进入大厅）

（大厅内，记者从大门往大厅里走，边走边说）这个出关大厅呢让我感觉印象最深的就是非常的大，有点像我们机场的候机楼，在大厅的正前方呢就是中国边检的自助查验通道，（记者在通道闸口前）我们只要将我们的有效证件在这个地方刷一下，我们就可以从这个地方通过边检，之后我们再经过中国海关的查验之后我们就可以顺利完成通关了。

在这篇报道里，记者通篇以现场报道的方式独立完成了一次体验式的报道，这个过程没有使用画外音解说、采访同期声等手段来共同组成报道内容，这就是独立型现场报道的基本形式，它的主要特点如下：

（1）由记者一个人完成报道。这里的一个人，主要是指节目构成元素，指不进行采访、没有画外音解说，完全是记者一个人以现场报道的方式来完成整个新闻报道，这是独立型现场报道在形式上最大的特点。

（2）一般以静态报道居多。比如，刚才的例子中，记者以动态方式完成独立型现场报道是十分难能可贵的。记者在报道过程中都是独立完成，只是对整个新闻事件的叙事来说，是完全由现场报道来完成叙事，还是借助画外音解说和采访同期声来共同完成叙事，才出现了是不是独立型现场报道的划分。以录播的方式进行独立型现场报道，一般是因为记者出镜时间与节目的播出时间有时间差，同时现场报道也很有必要。比如，《朝闻天下》是早上 6 点开始播出，对之前的新闻大多使用录播节目进行播出，如昨晚台风在南方登陆，登陆后对当地的影响等问题，因为无法直播，记者在当地台风过境后进行录像报道就十分必要了。如果报道内容并不复杂，记者口头陈述完全能够说明问题，就可以用录播的方式进行独立型现场报道，这种方式还具有制作简单、能够快速传回电视台、制作成本低的特点。

## 二、做好独立型现场报道需要注意的问题

独立型现场报道是记者一个人完成整个新闻事件的叙述，即使是录播，对记者也是一种挑战。做好录播的独立型现场报道，需要注意以下问题：

### （一）选题内容

新闻的生命在于真实，独立型现场报道更像"口述新闻"——新闻信息的传达主要依靠记者口述来完成，这一特点决定了独立型现场报道对报道的选题内容有一定要求，它更适合那些"能够说得清"的新闻题材，即事件过程清晰、新闻事实材料完备、能够简短说明的新闻题材，而在内容上，主要包括对事件过程的概括描述、目前事件的进展程度、事件的社会影响、各方面对事件的态度与评价等。相反，那些需要调查、重要细节有待核实的新闻题材是不适合使用独立型现场报道的。

选题不当不仅会造成传播效果不佳，还会导致新闻失实等严重问题。2019 年10 月，英国警方在一工业园区的卡车里发现 39 具尸体，因为都是亚裔面孔，便怀疑死者是中国国籍，死亡原因初步断定为偷渡入境在车内窒息死亡。案件引发

国际广泛关注，众多媒体纷纷进行报道，个别国际知名媒体在未掌握足够事实依据的情况下，竟然报道死者是中国人，并讨论偷渡问题，把矛头指向中国。但是随着案件调查的深入进行，最终查明死者的身份是越南裔，这个结论无疑是对那些热衷于借此讨论中国民生问题的新闻媒体的一次狠狠的"打脸"——在事实不清的情况下，就展开所谓的深度讨论，在题材的选择上犯了方向性的错误，必然会使媒体和记者陷入被动和尴尬的窘境。这也警示记者，在进行报道时，必须做到客观真实，确保报道的内容真实准确，如果只是"据说""据了解"的信息，最好不说不报道，更不要进行现场报道。

### （二）陈述方式

口头陈述是一种语言表达，和其他语言形式一样也要有逻辑性和条理性。对独立型现场报道来说，口头陈述要做到条理清晰可以从以下方面入手：

一是叙述顺序。写文章可以有正叙、倒叙、插叙等多种方法的运用，但对现场报道来说，最好的方式就是顺叙，即按照事件发展的时间顺序进行陈述，以时间为节点，串联起事件发展脉络。如果中间有现场场景并且不止一个场景的介绍时，则按照顺序原则，按照空间顺序逐一介绍不同的场景，让整个报道线索清晰明了，使观众有直观感受。

二是划分层次。这些内容共分为几个段落？哪个段落是重点？重点段落怎样表述？划分时，可以给这些段落标注序号，甚至总结出一个小题目或核心词句，在陈述时直接交代"我给大家介绍的第一个问题是……我给大家介绍的第二个问题是……"或者"我想给大家解读的第一个关键词是……第二个关键词是……"这样强化段落感，会增强叙述的条理性和层次感。

三是适当进行形象化表达。陈述内容偏长时，可以梳理一下层次，想想在哪个环节可以增加展示、对比等环节进行形象化表达，让自己的报道生动起来，通过节奏的改变调整自己的状态，让观众更容易被吸引住。

### （三）动态报道

采用动态报道方式完成独立报道时，要控制范围，过程简洁，移动频率和自己陈述的速度相吻合，"话到脚到"。获得这样一个效果事先要进行试验和练习。对录播来说，虽然可以反复练习和拍摄，但要提高拍摄效率，诀窍就是注意控制移动的距离，以在记者能够容易控制的范围内为宜。同时，在移动过程中，可以加入一些特殊的体验和展示、对比等形象化手段，以增强陈述的说明力。

# 第二节 综合型现场报道

与独立型现场报道不同的是，综合型现场报道运用画外音解说、采访同期声等多种手段综合完成新闻叙事。题材上的复杂性决定了叙事手段的多样性，也决定了在报道篇幅上有一定的长度，有篇章结构和叙事层次。在新闻报道中，现场报道也会出现在不同的结构层次中，发挥不同的作用。

在前面的"辱华收据"的报道中，记者多次出镜进行现场报道，其中独立面对镜头的现场报道有三次：开头用手中的收据引出事件调查，中间在调查过程中在餐厅前出镜引出现场采访，在结尾进行了简短总结。从报道的整体结构上来划分，这三次出镜，正是现场报道在结构上的三种形式：放在开头部分的导引式、放在中间部分的事件陈述式、放在结尾的评论总结式。

## 一、导引式现场报道

在新闻报道的开头部分运用现场报道，这种现场报道就是导引式现场报道。它的主要作用就是交代背景、引出报道内容，以增强新闻关注度，奠定新闻叙事基调。比如，记者的"辱华收据"报道，记者手持收据在开头部分进行现场报道，主要作用是引出整个事件的报道叙述。因为放在整个报道叙事的开头部分，所以导引式的作用很像新闻导语，但实际上它有着自己的特点、句式和方法。

### （一）导引式现场报道的特点

一般来说，传统的新闻导语在写作时一般要求新闻六要素（六个"W"）完备，至少其中的何事、何时、何人和何地四要素要交代清楚。与新闻导语不同的是，导引式现场报道虽然也放在报道开头，但往往是抓住一个新闻点进行放大，引出后面的新闻叙事，所以导引式现场报道具有新闻要素不完整的特点，一般不需要把新闻六要素交代清楚，往往是根据现场情况进行自己预先设计好的开场，通常会重点强调何地、何事要素。

### （二）导引式现场报道的手法和句式

新闻导语有很多写作方法，主要分类有"硬式导语"和"软式导语"以及两者结合的"复合式导语"。硬式导语也称作"概括式导语"，是指新闻要素完备、概括性和总结性强的规范直观的导语，开门见山，一语中的，把重要的信息用简明扼要的语言直接准确地告诉观众，一般用在政策性强、内容单一的短消息和突发事件等新闻报道中。软式导语也称作"延迟性导语"，是指突出新闻要素中的部分元素，以描写、抒情、说明等手法为主的导语，形式多样、写作手法灵活，表达方式更加曲折委婉，多用藏头露尾的方式。复合式导语是指将硬式导语的准确性、客观性、快捷性，与软式导语的可看性、感人性等特点有机结合的导语。

好的导语可以简洁明快，可以细细道来并将读者徐徐引入正文，也可以热火朝天、气势如虹。导语可以产生悬念，也可以蓄力而发，其不仅可以传达信息，而且可以为稿件确定情绪与基调。同样，导引式现场报道也可以像新闻导语一样，以多样化的方式来传达信息与情绪，吸引观众看下去。

#### 1. 直接式开头

直接式开头也称作硬式开头，是指出镜记者在新闻导引式现场报道中，由现场直接切入新闻主题，开始新闻报道。直接式开头只强调个别新闻要素，特别是地点新闻要素，因为记者在现场，把目击的现场情况告诉观众是出镜记者的主要职责。因此，记者在开篇的出镜报道中，不仅要首先交代地点，还要介绍为什么自己会在这里，即现场与事件发生的关联性。2017年6月，多国宣布与卡塔尔断绝外交关系，造成中东地区近年来最严重的外交危机。对此，《环球财经》记者持续关注了事件的进展过程：

（记者）我现在所在的地方呢就是卡塔尔同沙特的边境地区阿布萨卡拉口岸卡塔尔一侧，大概我现在这个位置距离沙特边境呢还有两到三公里，可以看到呢现在通往边境这条路上呢车辆非常的少，而从沙特方向开过来的车呢可以说是基本上没有，而据比较熟悉这条路的司机告诉我说，往常这条路是非常繁忙的，往来于双方间的货车是络绎不绝。在沙特宣布同卡塔尔断交到现在已经有一天半的时间了，双方之间的陆路连线从现在看基本上是被切断了。

如何反映卡塔尔遭遇断交后对当地居民的影响情况？记者在采访过程中找到了一个具体的地点——两国出境口岸的公路边，在这里可以通过陆路交通的车辆情况直接反映断交风波带来的具体影响情况。记者选择这一地点直接切入主题，就是注意到了出镜现场与事件的关联性，注意到了出镜场景的典型性，也使得这样一个现场报道具有很强的说服力，让观众愿意随着对交通情况的关注继续探究下去。因此，直接式开头的现场一般都是和事件发展具有直接关联性的现场。

直接式开头的现场报道一般用于一些政策性强的报道和突发性新闻，也就是所谓的"硬新闻"，多是事件性的新闻消息报道。直接式开头现场报道的句式一般如下：

首先说明地点，一般是"我现在所在的位置是"。

然后说明这个地点的特殊性，如"距离边境两到三公里处""离加沙地带北部地区非常近"。

接着说明现场情况是怎样的，在说明过程中注意顺序介绍，保持介绍顺序方向的一致性。

最后说明事件的关联性，或事件正在进展的程度，或其他相关信息。

2. 延迟性开头

延迟性开头也称悬念式开头，指不直接陈述现场与事件的关联性，而是采用提问、描述或者抒情等方法在镜头前进行开场，引出新闻报道。前面讲过的《远方的家》，记者站在白渡桥上远眺东方明珠，以文学性的语言描述和充满寓意的艺术性画面开始自己的采访报道，就是延迟性开头的方式。

2024 年 7 月 30 日，河南卫视《河南新闻联播》头条播出有关专精特新企业的报道，记者以这样的出镜方式来开始报道：

（记者在厂房内一边走向充电桩，一边出镜报道）开着新能源汽车出远门，很多人会有续航的焦虑，我所在的这家企业生产的超级快充充电桩，充电 5 分钟就能续航 300 公里，那它具体是怎么做到的呢？

本来是反映专精特新企业改革深化发展经济的成绩报道，但记者从一个充电桩说起，而且直接针对大家熟悉也是十分关心的充电速度发出疑问，一个宏大的新闻体裁找到了一个生动的小切口，"硬新闻"具有了生动感，也奠定了整篇报道生动、简洁、直白的叙事风格，这是延迟性开头的一种典型效果。

延迟性开头还可以使用倒叙等手法进行。比如，报道某部队进行后勤管理改革，食堂餐饮更加科技化、人性化的新闻时，记者首先站在食堂里一排食物架前大致介绍一下食品，接着话题一转：如果你直奔这里来打菜，绝对是对这个食堂的极大浪费。然后接下一个场景：记者站在食堂门口一个大屏幕前向大家现场演示——通过大屏输入手机号码就可以获得自己的健康档案和当日菜谱，从而获得更好的营养补给。这个报道的顺序，是先从里面的食物开始，再回到门口的大屏幕进行主体报道，这样的顺序就是一种倒叙手法。

延迟式开头可以有多种方法，但恰当使用的前提是选对制造话题的切入点，由此提出疑问，展开话题。延迟性的所谓悬念不是故弄玄虚，也不能脱离现场的实际情况，且出镜环境要和事件本身既要有关联性，也要有典型性。比如，一家地方电视台播出一条新闻反映城市努力打造两条绿化带，旧公园在转型，新公园在开放。节目开头记者在一个公园里的水上小桥边出镜，告诉大家这个公园建于10年前，已经完成了转型。这本来是一个延迟性开头，可是记者说到这里却没有了下文，至于什么样的转型、转型体现在哪里，在接下来的报道中并没有揭晓，而是转入了宏大的成绩概括性叙事。这个现场报道让人摸不着头脑：从新闻性角度来说，新公园的开放显然比老公园的转型更有新闻性，对出镜地点该选在哪里，记者显然没有想好；从现场报道的场景选择来看，一座普通的小桥并不具备典型性，就算是选择在旧公园出镜，也应该找能体现公园转型的场景来出镜，用事实告诉观众什么是转型——不管是什么样的开场，现场报道绝不是像主持人一样面对镜头流利背出事先写好的官话和台词，而是要用自己的眼睛去发现细节，用自己的角度去解读现场，让现场释放价值信息，让这些信息对观众具有吸引力。

在融媒体时代，多样化视听手段的运用，让延迟性开头有了更多让人耳目一新的设计空间。2024年7月18日，河南卫视《河南新闻联播》推出《玥读·实验室》系列报道，反映河南建成全国最多的省实验室的成就。当天头条播出《中原关键金属实验室：这个实验室到底多"关键"？》，节目是这样开始的，如表9-1所示。

表9-1　《中原关键金属实验室：这个实验室到底多"关键"？》记者的部分现场报道

| 声音 | 画面 |
|---|---|
| （画外音解说）神奇的分子、原子构成了我们神秘的世界。<br><br>钼是应用很广泛的一种金属元素。<br>（记者）这里就是拥有亚洲第一钼矿储量的洛阳栾川。<br><br><br><br>像我们手机屏幕里的第一层膜就是金属钼。<br><br>它和我们生活密不可分，像钢铁、石化、电子、医药、农业等很多领域都离不开它。<br>传统的工艺是把原材料钼矿加工成高纯三氧化钼，然后还原为钼粉，再加工成钼制品。就是因为缺少中间的加工技术这个环节，洛阳市上百家生产钼制品的相关企业，每年都要从省外购买大量的高纯三氧化钼和钼粉。 | 快速变化的原子结构图。<br><br>钼的矿石粉图像。<br>记者头戴安全头盔，手持一块钼矿石，举向镜头。栾川矿远景镜头快速向外拉至整个地球。地球图像出现在手机屏上。<br>镜头自手机向外拉，记者坐在实验室里左手持手机，右手指向手机屏幕地球画面。随后记者站起身，走向镜头，边走边说。<br>记者停下。右手向下指着桌上的矿石，镜头切向矿石，再从矿石向外拉，画面已切换为记者站在矿石右侧，继续边走边说。镜头切为钼加工流程图和企业生产画面。 |

作为一个科技成就报道，最难的就是如何把高深的科技名词通俗化，让成就报道具象化，这篇报道从什么是钼说起，用手机屏上的膜让观众对钼的作用迅速有了直观感受，而与记者陈述的简洁、直白和到位相对应的，是快速的镜头切换把记者在不同场景、不同景别的出镜报道和多种画面有机地融为一体，让人目不暇接，整体视觉感受和动感节奏充满现代科技感和网络时尚感，和高科技这一题材很协调，也吸引着观众继续看下去。这样的开头虽然没有运用一句疑问句，但是有效地激发了观众的好奇心，让整个开篇别开生面。

## 二、陈述式现场报道

记者在新闻报道的中间部分出镜进行现场报道，一般都是为了承上启下，以陈述事实为主，因此被称为陈述式现场报道。

### （一）中间部分陈述式现场报道的主要功能

#### 1. 陈述事实、展示现场

现场报道的主要作用是记者向观众展示现场真实状况。陈述式现场报道的主要功能就是完成展示任务，用具体可见的事实还原事实真相。方法主要是针对某一具体场景展示现场的具体情况。这个具体现场往往是典型场景。

2023年8月，连续强降雨造成吉林省舒兰市多村镇出现洪水漫灌，部分桥梁垮塌、道路受损等险情。在《新闻直播间》的报道中，首先是画面加解说的方式概括了灾情情况，然后接记者现场报道：

（记者）大家可以看到，我旁边的这棵树由于降雨和大风，已经是被连根拔起了，包括我们再把摄像机往前推一点，咱们所有的玉米已经是倒伏的状态了，我们目前正在跟随着当地的救援队伍向前推进。

在这段现场报道之后，接着是现场采访救灾工作人员和画面加解说的方式，介绍了当地开展救灾工作的情况，之后，又接了记者的现场报道：

（记者）就在我前方的这个位置，大家可以看到，从六里村到七里村的这一条村路，已经因为强降雨完全地被摧毁了，现在整个这个道路的一个修建工作正在进行当中。而由于水位已经下降了，现在村民呢，也是在陆续地转移到村外面，等这条路修好之后，我们的救援人员、救援物资会更加畅通地进入村内。

这两次现场报道处于整篇新闻报道的中间位置，对报道中的现场场景，记者虽然没有过多的个人语言描述，但是用自己的步伐带动、用自己的手指挥镜头展示这些典型场景的实际情况，通过具体场景的实际展示，用肉眼可见的事实来客观反映灾情的真实状况，在整篇报道中发挥的作用就是陈述事实、展示现场。这是陈述式现场报道的主要作用。

2. 承上启下、划分层次

陈述式现场报道的主要作用是陈述说明现场情况，但在报道结构上有时也会以承上启下、划分段落的方式来出现。2016年8月，一名相声演员在南京从高台坠落，事故发生后山东卫视《调查》记者立即赶往调查，但屡屡接到"不便采访"的应答，即便如此，记者仍不忘抓住一切机会寻找典型场景进行出镜报道：

（记者）在演出剧社的门口呢，摆放了这样一张节目编排单，时间显示为2016年的8月21日晚上的19点30分，我们可以看到演员当天晚上第五个出场，也就是压轴的演出。而跟他同行的演员分别参加了第一个跟第四个节目的演出。

（工作人员突然在身后出现）不好意思，我们那个（是）中午休息时间。

（记者）中午休息时间？

（工作人员）嗯，我们休息的。你们下午再来吧。

（记者）咱中午的时候就不开放啦？

（工作人员）嗯，我们中午吃饭时间，等下午开放的时间再过来。

（记者）噢，今天晚上有演出吗？

（工作人员）今天晚上不是一队的人，一队的人已经结束了，是二队的。（去收起节目牌）

（记者）一队能在这儿参加多长时间的演出？

（工作人员边收节目牌边回答）两个星期。

（记者）两个星期一换。

（工作人员拿着节目牌边往里走边说）今天晚上开始是二队的演出。（拿着节目牌进入屋内）

（记者）二队开始演出了。

（工作人员在屋内回答）对对对。

在报道中，屡屡被拒绝采访的记者好不容易在演出地点发现了演出节目单，找到了一个可以用于现场报道的场景，却很快又被工作人员出来阻拦搬走牌子。虽然被打扰，记者却很快反客为主，与工作人员开始问答，把一次出镜报道变成了现场采访。而无论是被打断的现场陈述，还是临时转化的现场采访，在整篇新闻报道中都是一个分水岭的作用：从这个现场报道之后，记者报道的内容转入了对演出当天情况的报道和调查。这就是现场报道划分层次的功能的体现。

（二）陈述式现场报道应该注意的问题

1. 陈述式现场报道的句式特点

因为不是开头部分，所以在做中间部分的现场报道时，有时会在事发现场，有时会在具有典型性的关联现场，不特别强调对时间地点的交代，但注意对上下内容的关联性。一般句式是，在做一些承接上文的说明后，交代典型环境的现场情况，再引出这一典型场景所引发或关联的问题。2017年7月31日，《朝闻天下》播出《智利有望成为南美首个"禁塑"国家》，介绍智利通过法律手段支持商业领域禁塑令的做法：

（画外音解说）7月初智利国会通过了一项禁止商家使用塑料袋的法案。商业团体、塑料工业协会上交诉书至宪法法院，指控法案违反宪法，诉讼现已被宪法法院驳回，法案目前正等待总统皮涅拉签署，或将成为法律。"禁塑令"留给不同规模的商店和商场6个月至1年的过渡期。

（记者在商场内现场报道）智利可以算是拉丁美洲禁塑运动的"领头羊"之一，早在4年前在智利南部巴塔哥尼亚地区就开始禁止使用塑料袋，而这一禁令的适用范围在去年则扩散到了该国的沿海地区。目前，在处于禁塑过渡期的首都圣地亚哥，（展示商场购物袋）越来越多超市开始用环保袋或纸袋来代替塑料袋。

（圣地亚哥居民）我从去年开始用环保购物袋，当时看到有的地区发起"禁塑运动"，我就立刻带着全家人一起参加了。

记者是在新闻中间部分出镜报道的，他先是概括了智利近年来的禁塑运动，然后走到柜台前拿起购物袋，介绍目前首都商场的做法。之后通过采访介绍民众和企业以及政府部门的反应。这个现场报道既有细节展示，又具有承上启下的作用，是中间陈述式现场报道的常见做法。当然也可以直接先交代现场或典型环境，再引出承启的问题，特别是在以现场展示为主或以调查为主的事件报道中，中间部分的现场报道往往会直接介绍现场。2019年9月9日，日本遭受台风袭击，造成大面积停电，且10天之后仍有众多居民家中停电。记者为此前往探访，在介绍了当地居民家中停电情况后，记者以出镜方式在当地进行了现场报道：

（记者画外音，画面是路边倒下的树木）台风吹倒了大量的树木，这些树木把电线砸断了，造成了大面积的停电。那么现在还能看见有断了的电线掉在地上。

（镜头从路边的电线杆摇向站在路上的记者。记者边后退边报道，身后是电力维修车辆和正在作业的维修工人）还有大量的树木横在了路中间，导致电力的抢修和恢复非常困难，现在在千叶县尤其是南方总能看到很多这样正在进行电力抢修的场景（指向身后抢修车辆）。

（记者掏出身上的手机将其面向镜头）但是只能说电力的恢复还在缓慢进行当中。而且进入千叶县之后，我们的手机信号非常的不稳定，所以在抢修的除电线之外还有通信线路。

这个陈述式现场报道就是直接切入现场，因为现场是观众最关注的信息源。在报道中，记者先是展示了路边刮倒的树木以及被压坏的电线，又展示了身后电力维修车的作业情况，还拿出手机展示了通信信号受影响的程度，这一系列现场的展现和描述，清楚地让观众看到了断电的原因、带来的影响和抢修的情况，不仅直观形象，也让整篇报道别开生面，令人印象深刻。

不管是通过承接上文来出镜报道，还是直接进入现场、开门见山式地进行现场报道，都是出镜记者根据新闻事件的性质和现场实际情况来具体使用的。在不能预测自己的现场报道会用到报道的什么位置时，可以利用重复录制的特点，在现场使用多种方式进行现场报道的录制，在后期编辑时根据需要选择使用，以达到更好的传播效果。

2. 对典型环境的要求

陈述式现场报道是记者展现细节、说明现场的主要方式，对典型环境的要求更加突出。一是典型环境更有代表性，因为在中间部分具有承上启下的作用，中间部分现场报道的典型环境的选择也更有针对性，要么是能够通过细节展示说明报道的内容，要么与下面要报道的内容具有关联性。比如"辱华收据"报道中，中间部分的现场报道是记者站在餐厅外面出镜，这是因为下面的报道内容是记者进入餐厅进行调查。二是更注重现场的细节展示，这往往从一个细节开始引出下一部分要说明的问题。比如《调查》节目对演员坠落事件的报道中，记者来到演出地点，在大厅里看到了写有演员名字的演出节目单，记者立刻抓住这块节目牌进行出镜报道，因为它既可以表明这就是演出场所，又可以引出记者到这里的采访目的就是调查当天的演出情况，因此节目牌及内容就是一个重要细节，这个细节也是记者在现场介绍的重点，也是记者开启下一调查阶段的立足点。

3.陈述时方法得当

对陈述事实、展示细节来说，条理性和清晰性至关重要，因此陈述式现场报道更要遵循现场报道的一般性法则。一是顺序介绍的原则。在涉及多个场景或环境时，无论是从左到右还是从右到左，从前到后还是从后到前，顺时针还是逆时针，都要沿着一个方向顺序介绍，介绍完一个再介绍下一个，条理清晰、层次分明，避免顺序的混乱。二是注意表达方式。形象化的表达方式总是能更生动地说明问题、更吸引观众的眼球。记者要有运用对比、测量、展示等多种形象化表达方式的自觉意识与主动意识，时刻想着如何让报道更生动形象，如何让观众更清楚明了地接收信息、了解事实，不断思考表现的具体方法，多想多练多实践，提高现场报道的表现能力。

## 三、评论总结式现场报道

在常规型录播新闻报道中，放在报道结尾处的记者出镜报道，往往会对报道信息进行总结和评论，因此被称为评论总结式现场报道。

### （一）评论总结式现场报道的主要功能及分类

一是对新闻报道进行观点总结，表明媒体态度，预告事态走向。这种结尾方式称为总结式或评论式现场报道。比如在"辱华收据"报道中，记者在结尾处重复当事人的话"在必要的时候大声说起来"，实际上是肯定当事人维护民族尊严的维权意识，带有明显的观点倾向性，表明了自己的立场，也是一种评论的方式。

二是对新闻报道进行信息补充，或者再次强调新闻报道中的重点内容，提示观众重点关注，这种结尾方式称为信息补充式现场报道。一般来说，补充的信息往往不是已经发生在现场的信息。比如，在北京冬奥会和杭州第19届亚运会的报道中，有大量关于当天赛事赛况的现场报道。在报道中，记者一般都会把比赛的最新信息做一个汇总陈述给观众，最后告知大家第二天在这个场地将举行哪些比赛项目，可以关注的运动员有哪些。这些附带的信息都是未发生的赛事预告，对现场报道内容来说是一种补充信息。

### （二）评论总结式现场报道的注意事项

第一，简短有力。因为用于结尾，评论总结式现场报道一般都要求简短有力，言之有物。比如，"辱华收据"中记者的结尾，仅仅引用了当事人的主要观点，就已经表明了记者的态度，阐述了这条新闻的社会意义，可谓言简意赅。新闻报道本身就时间篇幅很短，评论更需要简短有力，能够表明媒体和记者的态度与判断即可。

第二，言之有据，不妄下结论。记者进行总结评论，其观点一定是依据前面报道中的事实而得出，是对事实的总结和评论，或者事件的原因已经得到权威部门证实，准确无误。未采访到的事实以及自己主观臆测的事实不能成为观点依据，不能妄下结论。比如，在交通事故的报道中，虽然交通事故的原因主要是司机违章驾驶，忽视交通规则，但还有记者会加一句"政府部门也要积极作为，做好交通管理"，这样的评论就是妄下结论了，因为事故的发生没有事实表明与政府部门的管理有关，记者也没有调查到政府失责的事实，而且事实上不是每一起交通事故都与政府的管理有关，无视交通法规、安全意识淡漠是很多司机发生事故的主要原因，把原因强加在政府头上，既不是客观公正的态度，也容易引起观众误解，引发不必要的公众认知混乱。还有记者把呼吁珍惜生命作为总结评论的重点，从大的方面来看这样的观点不算错误，但是每一起交通事故都可以得出珍惜生命的教训，用这样一个普遍性道理来总结，既没有新意，也显得空泛。好的评论一定是根据调查的事实，查清原因，找到症结，对具体事件、具体行为做出的适当的评论，这样才能彰显新闻的价值和意义。

第三，如果结尾是信息补充式现场报道，而补充的信息又是多条信息，在报道过程中要注意条理性和逻辑性。条理性是指要逐条介绍，不要穿插跳跃；逻辑性是指符合观众认知需求的逻辑性，如可以按照重要性由弱到强的逻辑介绍，也可以按照介绍事物的习惯逻辑介绍，如介绍购买地铁车票注意事项时，可以按照何时在何地带什么手续购买的顺序介绍，较为符合人们的认知逻辑。

第四，播报台名或栏目名，一般是按照栏目的统一要求来播报，句式一般为台名或栏目名记者在哪里报道。播报结束注意神情和姿态保持自然落势，不要马上松懈下来。

## 第三节　体验式现场报道

体验式现场报道是记者以体验感受或参与的方式报道新闻事件，它是现场报道中记者发挥性更强、形式更灵活、传播效果更好的一种现场报道方式，也是录播报道常用的报道方式。

### 一、体验式现场报道的适用

根据记者的体验过程来划分，记者的体验报道一般分为以下两种情况：

一种是全部体验式，如前面介绍的中央电视台新闻频道《新闻直播间》播出的《公路抓驴 记者体验警方捕驴行动》，就是记者完整地参与了巴西警方的一次抓驴行动，并且报道的内容就是这一事件的全部过程。这种记者跟随事件全过程，报道内容反映记者体验全过程的方式就是全部体验式。

另一种记者体验报道就是部分体验式。它是指报道过程中记者对事物的某个环节进行体验的报道方式。记者的这个体验过程只是报道中很小的一个部分，体验的也只是报道对象中局部的一个环节，这种体验报道就是部分体验式，如在博览会上对一些新科技新产品新服务中选择一个项目进行体验、在青少年国防体育比赛报道中选择一两个项目进行体验。再如，新能源汽车、"人工智能"汽车近来受到普遍关注，不断有新产品上市。对此，很多新闻记者就以体验的方式和这些新产品亲密接触，他们或者体验人工语音打开车门，或者是在无人掌控方向盘的情况下体验汽车的人工智能倒车，或者跟随司机上车体验汽车的智能导航，用产品一两个功能的具体体验展示，来表现新科技带给人们的全新感受。选择个别项目进行现场体验，一方面可以用部分体验来反映报道对象的突出特点，另一方面用简短的体验过程形象地展示报道内容，让报道更加生动形象、具有真实感的同时，也压缩了报道时间，加快了叙事节奏，让报道更加灵动好看。所以部分体验式现场报道，都会选择具有代表性的某一特点，用简洁的方式进行体验。

记者在新闻报道过程中采用体验式现场报道方式，一般有两个目的：一是展示和感受。通过自身的参与感受某一职业或某一事物的特点、展示某一事件的具体过程，如春运期间上列车体验回家的路是否顺畅、新的动车投入使用后是否舒适、新的科技发明给人们带来哪些惊喜，特殊天气状况下一些特殊岗位的工人如何工作等，这样的报道一般都是正面报道，以发现体验过程中的一些细节和典型性环节为主要手段。二是进行验证。记者以体验的方式验证结果、辨别真伪、澄清事实。有时，这种验证式体验还带有调查目的。比如，2019 年 9 月，上海迪士尼乐园因进园不得携带食物并必须开包检查的规定被消费者以侵权为由向法院提起诉讼，随后迪士尼乐园表示可以调整外带食物的规定并优化安全检查环节。《第一时间》记者随即进入园内进行了体验：

（记者）这里呢，是上海迪士尼乐园的入口，现在是星期六早上的 8 点多，可以看到我身后已经有不少人在排队了，那么刚才我也是提前跟一些游客进行了交流，发现仍有不少游客是带了食物准备入园的，一会儿我就去体验一下，看看现在情况怎么样，是否有改变。

（记者入园，暗访拍摄的入园检查翻包的画面）（上海迪士尼安检人员）你好，看一下你的包。

（记者）面包。

（安检人员）没有榴梿口味的吧？

（记者）没有榴梿口味的。你们现在是可以带了是吧？

（安检人员）对，是可以带吃的，但是就是有一些异味的，需要再加工的食品是不让带的。

（记者）通过刚才的体验呢我们看到，目前游客是可以带自己的食物进入园区的，但是我发现，翻包的现象是依然存在。其实昨天晚上我也是第一时间联系了迪士尼的公关团队，很可惜他们没有接听我的电话，所以我也不知道这样的翻包现象何时才能停止。

这段体验报道是记者对乐园说法进行验证，也是调查的一个过程，而且在体验过程中采用了暗访和隐蔽拍摄的手法，有批评监督报道的感觉。实际上，在批评监督报道中，切身体验、实地调查是常见做法，这种体验展示调查的过程，也因记者的参与而更具真实感。比如，一些城市出现出租车司机拒载载客现象，记者往往会作为乘客上车体验，中间和司机的谈话过程会进行隐蔽式拍摄。这种体验虽然带有一定的风险，也更加辛苦，但让整个新闻报道充满张力，更加引人入胜。

## 二、体验式现场报道应当注意的问题

体验式现场报道是记者在参与事件发生、见证事件发展过程、体验亲历者的感受的一个综合过程，因为记者的参与和体验，记者的主观评判会成为报道的一个重要内容，如何保持客观性、真实性和全面性是记者常常面临的问题。

### （一）目的明确、过程简便

目的明确是指记者进行体验的目的是更加真实、客观、全面地呈现事实真相，不是表演，也不是为了突出记者个人形象，因此体验的过程必须与事实相符，不能超出事实本身进行人为设计，甚至编造事实损害公共利益。比如，几年前出现过记者为了检验和测试110警察的出警速度，便以体验的方式假报警，测试110警察到达现场的时间。这个实验不是为了检验事实本身（事实是没有真实案件发生，也没有110不出警或延迟出警的问题发生），采用的手段既是违法的，也是不科学的（假报警本身违反治安管理规定，一次出警速度也不能全面说明真实情况），因此只是一种噱头，这是新闻职业道德所反对的。类似的做法还有装作老人摔倒，或装病测试路人反应等，这样没有真实事件发生前提下进行的测试不能算作新闻。那么，记者化身司机暗访路上乱收费现象对不对呢？——当然对，但前提是确实有人反映乱收费现象是存在的，记者的暗访过程既不违法也不违反职业道德，而且这是一种采访行为，不是体验行为，所以是成立的。

过程简便是指体验的过程不能过于复杂或时间太长，应该过程简单，环节很少，结果直观，结论明显。时间的长短是相对的，主要看过程是否过于复杂。比如，体验抓驴可能需要一整天，但过程完整且并不复杂，这个时间就不算长。而一个科学实验可能只需要十几分钟，但需要多种程序、多道工序，在叙述上需要长篇大论才能说清楚，这个时间过程就长了。总体来说，记者体验的过程应该以记者能够参与进去，并能够通过镜头直接呈现和报道为宜。

### （二）过程科学、结论准确

记者的体验过程很大一部分的目的是验证某种结论，如新设备是否"新"，大家的反映是否"真实"等，但必须是在真实情况下，经过科学的验证，得出的权威结论。记者的体验过程不能进行主观判断，使用的方法、得出结论的过程，都经得起推敲和科学验证，这样的结论才具有说服力，而这也是目前在实际报道中容易发生问题的环节。

　　比如，在很多地方台都出现过夏季有人违规进入水利工程游泳而溺水身亡的事件。针对这种现象，一些记者在报道过程中为了证明危险性就在有保护的状态下自己下水体验。应该说，在新闻竞争激烈、节目不断创新的今天，记者的这种奉献和付出精神是值得称道的，但是需要注意的是，记者下水未必是科学的。事实上，每个人的体质和游泳技能不同，即便记者此次遇到了危险，也不能说明这里一定存在危险，这是很多人心存侥幸违规游泳的重要原因。所以，记者可以考虑借助更准确的器械实验，来说明水中有暗流、流速不一等情况，用更严谨科学的方法来证明真实存在的危险。

　　（三）展示过程、表现细节

　　体验是一个过程，过程中有很多细节，抓住重要细节，进行重点展示，往往能更好地展示体验效果。相反，忽视细节的展示与表现，体验也会缺乏生动性和准确性。比如，有记者在报道高铁专线试运行时，题目是《记者体验专线运行情况》，但在报道中，记者出镜报道只有两次：第一次是在上车前，记者在车门口出镜报道，告诉观众即将上车；第二次是记者在终点车站，又一次站在列车旁，告诉大家经过 50 多分钟后顺利到达。在这两次出镜的中间，画外音介绍了这条线路停靠的车站，除了一个车上的空镜头，没有记者在车上的镜头，也没有任何车上情况的介绍。一个名为"记者体验"的报道，又是首批体验者的第一次乘车体验，就在记者的两次静态报道中简单地完成了。这个"专线"车上设备如何、是否舒适、与其他早已开通的高铁有何不同？这些都因为记者的报道中没有体验过程和细节展示而无从得知。没有细节，没有过程，何谈"体验"？所谓体验，绝不是出出镜、说说话那么简单，它需要记者真正投入其中，参与过程、抓住细节、重点展示，用细节去表现特点，用特点去说明事物，让自己的报道真实可信。

　　（四）顺序体验，步骤清晰

　　体验是记者参与事件发展的过程，既有时间顺序，也有空间顺序。在时间顺序上，要尽量按照时间的自然顺序来介绍，同一时间内涉及几个空间时，要主次分明，顺序介绍。在空间上，也要按照顺序原则逐一介绍，同一时间段内既按照时间顺序又按照空间顺序。合理的顺序表述，能够清晰地展示全过程，反之会让人觉得不舒服。

比如在一次运动会场馆的报道中，一位记者以体验的方式报道了一座室内馆的环保设施，在进馆前记者首先出镜交代体验的目的，出镜位置选在看似馆内的走廊里，出镜结束后，后面接的内容与画面是这座馆的外景，介绍这座场馆的外形特征。这种镜头组合让人困惑：刚才镜头拍摄的还是馆内的走廊，怎么转眼就跑到场外开始俯瞰场馆了呢？疑惑还未消除，而记者的第二次出镜报道又开始了。这次，记者的出镜是在馆内场地以观众席为背景，画面中近景构图，记者挡住了馆内的全貌，告诉大家要开始测试室内空气，并且先从地板开始。但遗憾的是，实际上播出的是一双一看就不是记者的手掀开了地板，检查衔接处有无可能造成污染的胶水。而记者呢？再次出现在镜头前时他仍然保持站立姿势在出镜。整个过程给人感觉他只是来观察别人怎么检查地板，而他只负责站着解说。

一则新闻被拍出这样的感觉是令人遗憾的，记者在做体验报道时，一定要谨记：体验是一个过程，过程必须符合逻辑，不管是时间逻辑还是空间逻辑，都要符合观众的正常观看习惯。同时，体验是记者的一种参与，必须让观众看到记者参与的事实与过程，这个过程也不能破坏观众的收视逻辑。只会对着镜头解说不是记者的职责，更不是一个出镜记者的职责。用真实体验展示真实情况是体验式现场报道的意义所在，而符合体验过程的顺序原则和叙事逻辑，是保证真实的基本前提。

# 第十章　直播节目中的现场报道

## 第一节　直播型现场报道的基本内容

对各媒体的视听新闻来说，时效性是新闻的生命，也是新闻价值的第一要素，而现场直播是新闻时效性的重要体现。无论是大规模的连续直播特别报道，还是日常节目中的记者现场直击，直播都已成为视频新闻节目拼抢新闻资源、彰显节目报道能力、打造节目品牌的重要手段。

### 一、直播型现场报道的概念

直播是目前十分常见的媒体传播形态，包括重大新闻事件的现场直播、各种体育赛事的实况直播，以及文艺表演的现场直播等，也包括新媒体上各种实时传播和互动交流等，以快捷、真实的传播特点备受青睐，被广泛使用。关于直播与现场直播的概念与定义有很多，《中国应用电视学》一书将新闻现场直播定义为在现场把新闻事实的图像、声音，以及记者报道、采访等转换为电视信号直接发射的即时播出方式，就新闻事件来说，它既是报道方式，也是播出的节目。

这个定义虽然是 20 世纪 90 年代的一个定义，但是放在今天，不管是对传播手段更加丰富的电视媒体，还是给人类生活带来重大改变的网络媒体来说，依然是一个十分准确的定义，因为它抓住了"直播"的本质特点：直播在现场、直播是即时播出。

对直播来说，关注的事件都有着重要性和显著性特征，都是能吸引观众的题材，要获得更好的视觉素材，在现场需要尽可能地将事件过程和现场场景收入镜头，真实地传播现场情况，也需要连线记者，获得更多的画面以外的信息、看到一些细节的展示。出镜记者面对镜头在直播现场实时做出的报道，就是直播型现场报道。它立足现场完成，通过连线报道，并且同步播出。在直播过程中，出镜记者面对镜头介绍现场、传导信息，成为直播新闻的生动传达者，以"我在现场"的姿态在第一时间传达着新闻信息，彰显着媒体的传播力、权威性和社会责任感，也让新闻的定义变成是对"新近"和"正在"发生、发现的事实的报道，不断满足着观众对视频新闻时效性的要求。

## 二、直播型现场报道的主要形式

直播型现场报道主要有两种形式，一种是常规新闻节目中的连线直播，即新闻主播在节目中连线记者，由记者进行现场报道。这种连线一般情况下是一对一连线，而且多数情况下一个新闻事件由一个记者完成报道。另一种形式是以特别节目播出的大型新闻直播，这种直播主要是针对重大新闻事件来进行，并且在非常规时间播出。比如，2024 年 4 月 25 日，中国空间站神舟十八号载人飞船发射，中央电视台对发射活动进行了直播报道，这种非常态的直播方式被称为非常规新闻直播。非常规新闻直播一般由多路记者在不同地点共同完成直播报道，所以现场连线的方式更加多样化，通常是播出过程中会多次连线多名记者，由每个记者在不同的地点报道所在位置的即时情况。连线过程也不限于一对一连线，有时新闻主播会同时连线两个及以上记者共同对话，有时演播室内多名主持和嘉宾共同连线现场的记者进行对话沟通。

在连线过程中，记者的主要作用一是汇总现场情况进行陈述式现场报道，二是以现场直击的方式呈现现场真实情况，三是以体验方式切实感受现场的氛围、使用现场物品来展现现场状况。在报道中三种方式可以分别使用，有时也会同时使用。

## 三、直播型现场报道的传播优势

### （一）时效性

时效性是新闻的生命，拼时效的手段就集中体现在新闻直播上。随着 5G 时代的到来，人类信息传播的效率进一步提升，直播成为媒体竞争的重要战场。记者如果不想在这场竞争中败下阵来，必须练就过硬的直播本领，真正展现直播的优势，做出优秀的新闻。

做到这一点的前提是记者一定要理解"时效"的真正含义。时效性的"时"，不仅意味着快，还意味着"时新性"——你是在直播，但播出的内容是最新的吗？之所以强调这一点，是因为不少记者在直播现场都是在转述信息，这些信息即使有一些最新动态，但仍然缺乏足够的感染力。比如，每年夏季洪涝灾害频发，很多媒体将抢险作为重点选题并开启直播以获得最新消息，但很多来自现场的记者出镜大多成为数字的传声筒，只是不断在更新着灾情和救灾的最新动态，基本上只是发挥了播报员的功能。究其原因，有客观情况的限制，还有报道理念的偏差。现场报道是记者"我在现场"的直接呈现，但这个"我"不是一个简单的出镜符号，不是一个会说普通话的传声筒，而是一个新闻的发现者和传播者，应该有自己的角度、有自己的观察、有自己的发现，有自己的表达。这样的报道才有新意，才具有真正的时效性。2024 年 7 月 9 日，《正午国防军事》播出"抗洪抢险 子弟兵在行动"系列报道《直击子弟兵驰援湖南抢险救援一线》，连线记者在直播中做了这样的报道，如表 10-1 所示。

表 10-1　《直击子弟兵驰援湖南抢险救援一线》记者开头部分的现场报道

| 声音 | 画面 |
| --- | --- |
| （记者同期声）此刻我所在的位置就是湖南省岳阳市华容县的钱团间堤。那首先啊，通过画面大家能够看到，此刻在我身后就是陆军第 74 集团军的官兵，正在现场开展抢险作业。 | 记者手持话筒站在抢险现场，身后是忙碌奋战的解放军官兵。记者边说边向自己的右侧移动。 |
| 昨天 7 月 8 号的钱团间堤，也是发生了多次的管涌险情，当地的多方救援力量也是联合进行处置。<br>今天上午在连线的稍早前呢，就在这个位置又发生了一处管涌的险情，通过镜头呢，我们请大家直观地感受一下，因为发生管涌的位置土壤中有大量的水，所以，踩在这个上面呢，我们明显能够看到这个土壤是在动的，类似于弹簧土一样。 | 记者走几步后停下，侧身指向身体左侧脚下的堤坝。镜头跟随下移，记者脚下一片鼓起的黄色土堆，旁边插着小红旗标志。记者穿着雨靴踩上去，松软的土堆上下颤动。 |
| 此刻呢，官兵们正在采取的抢险的方式，专家介绍这叫挖导灌沟的一种方式。就是在含水的土壤中，挖出一条类似于毛细血管的沟渠，依靠重力将水流流向低处，同时呢，及时地通过石料、砂石这样的方式进行回填，以达到抢险的目的和效果。 | 镜头右移，士兵正在快速挖出一条沟，并往里回填沙土，士兵们发出喘息声、吆喝声。镜头回拉至记者身上，记者指着身后的士兵继续报道。 |

对"管涌",很多新闻里都说过。在这条报道里,观众看到了真实场景的展示,而展示的目的并不是对管涌危险性进行科普。更重要的是,与管涌场景同时涌入观众眼帘的子弟兵在现场奋力挖坑填土、大声呼喊的奋战场面,让观众对灾情的危险性、对抢险的艰苦性有了深刻的体会。而之所以有这样的效果,就在于记者在直播过程中,没有将直播内容限制在自己手里拿到的最新动态消息上,而是用自己的表达方式,展现了自己发现的"稍早前"出现的真实场景。这种独到的视角、个性的表达,才是真正意义上的时效性,才是新闻真正意义上的"新"。要保持这种独特的"新",需要记者有独特的调查采访能力,有对新闻事件独特的解读能力,有属于自己特有的观察角度,同时对现场报道有清醒的理解,让"我在现场"的这个"我"发出自己的声音。当一个视听新闻节目总是能让观众在第一时间看到独特的信息报道和独家的新闻解读,这样的节目会担心自己的收视率吗?

### (二)现场感

现场报道的另一传播魅力就是现场感,这种现场感首先来自视频语言符号——声音与画面的运用。直播不仅让观众可以通过画面真实地看到现场发生了什么,而且通过声音与画面的完整呈现可以让观众更真实地感受到现场的气氛与情绪,产生身临其境感。在这里,要特别强调声音的作用。试想一下,如果观众看到火箭喷着火焰缓缓上升却听不到任何声音、看到爆炸现场火光浓烟四射却听不到任何声音,观众会有强烈的现场感吗?现场感一定是来自声音与画面的综合使用,它与画面共同构成实况语境,立体传达现场信息,是现场感直播过程中不可或缺的语言符号。但在实际报道过程中,常常发生重视画面拍摄、重视记者报道声,忽略现场同期声的问题,出现现场同期声收录不全或没有收录现场同期声而只有记者报道声的情况。这些现象背后有操作失误的原因,但根本原因还是对声音表现力重视不够的传统新闻观念没有改变。一个好的现场直播,一定是声音与画面的综合使用并且和谐统一,让观众获得更多真实的感受。还是以前面《直击子弟兵驰援湖南抢险救援一线》报道为例,在报道中,记者在介绍完对管涌险情的处置后,以旁边正在集结的解放军队伍为背景,接着介绍部队对灾区的支援情况。在记者介绍的过程中,背后部队集结队伍的口令声、口号声和跑步声清晰而响亮,让现场充满了紧张感和压迫感,凸显了记者"我在现场"的报道姿态,增强了报道的真实感和现场感。这种强烈的现场感，是激发观众收看兴趣的重要因素。

### （三）感染力

现场报道是新闻叙事方式的重大改变，它使新闻传播由"我播你看"的"解说式"语态变成了"一起来看"的分享式语态，影响视听新闻的节目形态和语言风格，无论是在连线中的新闻主播，还是在现场的出镜记者，在更突出纪实风格的同时，也更加注重语言的交流感。这种交流感对观众来说会更加亲切、更有可看性，也更有感染力。

对直播型现场报道的记者来说，这种感染力主要来自以下三个方面：

一是记者的调查行为。直播不仅展示记者的调查结果，也在展示记者的调查行为，特别是突发性事件的直播报道中，记者的调查行为比调查结果可能更有可看性和感染力。比如，面对火场，记者边奔向火场边报道；在暴风雨中，记者站在水中大声报道；地震过后，记者走入帐篷，在受灾群众身边进行直播报道等。这种报道方式，有记者面对镜头进行自我设计的内容，更有记者的姿态和态度问题。这种姿态和态度彰显了记者的新闻立场、内在情怀、敬业态度，也展示了调查结果的取得方式和行为过程，增强了报道的真实感、纪实感，是最打动观众的部分。

二是记者的语言逻辑、叙事条理和语言表达。记者现场陈述的语言是传达信息的主要手段，能否用好语言表达直接影响着新闻的真实还原度和观众的信息接收量。一个好的出镜记者首先具备的能力就是语言表达能力，条理清晰、逻辑顺畅、准确直白，是记者出镜语言的基本要求。如果能加入个性化的语言风格、独到的视角观察和总结提炼，一定会给观众带来不同的感受。

三是记者的非语言符号运用，特别是现场的情绪表达更能给观众带来代入感和现场感，当然，前提是记者的情绪表达一定是适当的、有分寸的、符合现场情形的。记者应永远以事实传达为第一任务，过分煽情博眼球和过于冷静显客观，都不是合适的做法，一切应以有助于信息传达为前提。对直播来说，现场的情形，面临的未知的信息都是观众关注的焦点，记者的非语言符号容易带动观众的情绪，提高观众的关注度，增强新闻报道的吸引力。因此，从这一点来说，出镜记者在直播中非语言符号的运用比录播报道中的非语言符号运用更重要，因为直接影响能否把观众吸引住。

### 四、直播型现场报道的局限性

直播报道优化了新闻传播的时效性，强化了新闻报道的感染力，也提升了新闻内容的受关注度。所有这些优点都基于一个"快"字，但同样是这个"快"字，让这种报道也具有了一定的局限性。

#### （一）叙事的点状放射

直播现场报道的传播目的是告诉观众"此时此刻此地发生了什么"，不管是在时间的同步上，还是在地点上的"我在现场"，都是记者在新闻事件的发展过程中某一个节点进行的报道，都是对新闻事件的一个侧面的报道。对新闻事件的全貌来说，它是一种局部化的叙事表达。关注的是当下、是眼前，无法对事件进行全局性的视觉表现，在即时性上优势突出，在报道深度上则没有优势。如果要达到一定深度，则需要第二现场或其他报道方式共同来完成。

强调这一点的意义在于：叙事的点状放射是播型现场报道的局限，也是它的特点。

首先，从局限的角度去理解，应该尽量避免以全知视角在现场大篇幅地对事件进行全局性、概括性的陈述。现实中，面对镜头滔滔不绝地陈述"据说""据了解"的直播并非个别现象，这种报道方式是把"现场报道"变成了"现场报告"，对直播来说是有缺憾的。直播的真正意义应该重在"此时此刻在此地"对面前的典型性场景和细节有独到的发现与挖掘，并进行形象化的新闻表达。

其次，从特点的角度去理解，就是要在努力这个点上进行有效的新闻叙事表达，把形象化表达作为一种自觉的报道方法，培养自己发现细节、发现问题的能力，突出直播的特点与优势。要牢固树立"现场意识"——对直播报道的出镜记者来说，了解事件更多的背景资料固然重要，但在现场发现最新情况并及时报道更重要，这是记者出镜的基本意义。

#### （二）镜头表现的运用受限

直播都是在某个节点上开始的，这个"点"，既是时间上的点，也是空间上的点。直播中，记者总是站在现场的某个区域面对部分场景进行直播报道。不管是在事发现场还是在关联现场，这个"点"的范围都是受到限制的，即使是在突发性的事件中媒体进行全程直播，可以多地点多角度地报道事件进程，但对每一个出镜记者来说，其活动范围也是有限的。这使它与录播型的现场报道相较而言，就失去了很多运用更加丰富的视听表现手段的空间，更难以看到记者跳跃在几个不同的空间运用动画和字幕技术的传播手段。

不过，尺有所短，寸有所长，直播的最大看点在于"同步"，同步的最大看点在于"现场"，只有淋漓尽致地展示现场、传达有效信息，直播现场报道才会更紧地抓住观众眼球。所以，无论何时，出镜记者都不要忘记"内容为王"这个道理，不要被炫目的技术手段所迷惑，抓住自己的本质特点和表现优势，注重对现场的观察和深度挖掘，注重对现场的准确而形象的传达，直播的魅力将尽显无遗。

### （三）信息的精确度受限

直播报道是事件发展过程中某一节点上的报道，是在事件发生过程中进行的报道。所以，一是不可能预知下一步的实际情况，即使是媒体事件的直播，有了事先的各种预案，实际情况也可能存在着变数；二是对发生过的事件也未必能够及时获得全面的、准确的信息，特别是在突发事件报道中，更难以在短时间内获得全面、准确的信息。

了解了这个特点，就要求出镜记者格外注意信息的准确性，一个基本准则是在直播过程中以陈述此时此刻看到了什么为主，以现场目光所及的场景为主，其他内容务必保证是已知的、准确无误的信息。不作猜测，不主观臆断，不大量转述"据说""据目击者说"的信息，确保传播内容的精准度。客观而真实地告诉观众在现场看到了什么，比一大堆"据说"来的数据要更有力量。

# 第二节　直播型现场报道的常见误区

融媒体时代，直播已经成为新闻传播的常态形式，特别是在融媒体平台，大量网络直播频道的开通，直播时长的拉伸，不仅改变了直播的呈现形式，也改变了传统的新闻语态，同时加快了直播内容的拓展与泛化，如过一个节日去逛一条街、到一个时令游一次园、去一家企业看看新产品，甚至媒体平台新建了演播厅也直播连线让大家看一看。这种直播内容的泛化，虽然让融媒体平台拥有了"乱花渐欲迷人眼"的丰富内容，但是也会对新闻直播带来干扰，特别是在网络传播优先的观念指导下，在改变新闻传播生态和新闻语态的迫切心情下，新闻媒体会在探索与实验中出现一些误区。

## 一、直播，还是泛直播

直播的新闻一般都是事件性新闻。事件性新闻是以一个独立的新闻事件为核心而展开的新闻报道，即新闻事件是报道的核心。对新闻直播来说，新闻事件就是直播的基础，其是具有新闻价值的社会事件和自然事件。何梓华在《新闻理论教程》一书中，将新闻价值要素概括为时新性、重要性、显著性、接近性和趣味性。对新闻事件来说，它的最大价值就在于时新性，而直播是实现新闻时新性比较快捷的传播方式。新闻事件还具有动态性和不确定性的特点。适时适当的新闻直播，可以与事件的发展保持同步，动态捕捉事件具体节点上的信息，让观众在第一时间获得信息、关注事件进展。

但是，网络直播带来的内容泛化影响，干扰了部分媒体对"新闻事件"的理解——在"接地气"的口号掩盖下，一些记者尝试新闻题材的意义消解，过分强调新闻的趣味性和茶余饭后的作用；网红主播的大行其道，让出镜记者在主动借鉴网络主播语态的同时过分迷信镜头前的个人外在表现而忽视了直播内容的内在品质。一些媒体把新闻由头当作新闻本身，把记者到场当作事件发生，出现了很多似是而非的所谓"直播"。比如电视台新建演播厅改造完成，为了宣传自我就连线记者在演播厅内进行展示报道。而实际上，新建演播厅对媒体自己可能算新闻，但大众未必感兴趣。与其让记者指着演播厅滔滔不绝地介绍各种观众并不能全然听懂的功能，不如先策划相关新闻事件，如设计演播厅公众开放日，让民众现场体验录制中的新科技，再对活动进行直播，至少这样还有受众关联性。再如，某地老城区的一条巷子里有一棵近百年的老树破墙而出，从院内斜着穿墙向外生长，这一景观从趣味性角度来看有一定新闻价值，但是也有很多隐性问题需要澄清。比如，院内的树是自然长出来的，还是人为建墙圈起来的？人为建墙是否符合城市规划要求？通过这些问题澄清的过程会发现：这个题材的新闻点和新闻价值已经发生了位移，这样的题材不是直播过程可以说得清的，在情况不明的情况下不宜直播。这是在新闻节目中出现的一些误区。

而在融媒体平台，很多新媒体平台虽然冠以"新闻"名号，在平台设置中也开设了直播频道，但是在操作中对节目概念的淡化处理，加上内容自身的庞杂多样，更有一些出镜记者模糊主持人与出镜记者的区别，参与一些生活化题材的直播，都一定程度上干扰了观众对新闻直播的认知。实际上，即使是一位出镜记者带着大家去逛一条老街，但是当报道只有"过节了"这个新闻由头，而并没有具有新闻价值的事件发生时，这样的直播也只能算一种泛直播，和通常的网红直播没什么本质上的区别。它可能带来一定的点击流量，也是新闻直播可以进行借鉴的报道方式、可以拓展的题材内容，但不能把它和新闻直播混为一谈，当作新闻本身。同时更应该看到，这种直播是对知名出镜记者的过度消费，是对新闻权威性的淡化和消解，而新闻权威性是一个新闻媒体应该全力打造并时时进行维护的特性。

## 二、画面，还是现场

科技的不断进步让媒体直播的水平也在不断提升，手段也愈加丰富。比如直播过程中，在记者进行现场陈述的同时插入早期录制的现场画面已是一种通行传播方式，它有助于帮助记者丰富信息内容、缓解出镜压力、增强收视效果。但是也应该意识到：过多地使用"较早前画面"遮盖记者出镜画面，与记者陈述内容的不匹配容易形成声画"两层皮"的情况，对观众的信息接收造成干扰，对记者的现场报道也是一种损耗。出镜记者过分迁就于画面的播出，也会失去现场报道的主动性，让本该出彩的现场报道变得平淡无奇甚至拖沓冗长。比如在一次地震报道中，一位记者面对镜头告诉大家就在十几分钟前发生了一次余震，但是对余震情况还没有详细介绍现场情况，就很快回到了事先准备的出镜内容上，用大量较早前画面加解说的方式滔滔不绝地介绍余震发生前的情况，可是声音与画面的不统一让这个报道变得看不下去。这种忽视"此时此刻现场情况"，过分依赖早期信息重复的报道，让直播的意义大打折扣，给人以不解渴的感觉。这是目前新闻直播中常见的误区之一。

避免这一误区，根本的解决方法是媒体平台自身对现场报道的理解与定位。现场报道对新闻传播之所以重要，是因为它可以第一时间把现场场景直接呈现在观众眼前，让观众及时接收来自现场的最新消息。因此，对直播中的出镜记者来说，把最新消息即时传播出去的最好做法就是从现在、从刚才说起。这种说起，绝不是站着播报，而是就现场的典型场景进行形象化展示。只有当记者真正成为观众的眼睛去观察和发现现场最值得报道的新闻点，这样的报道才能吸引观众的目光。也只有树立这种报道意识，做到现场优先、当下优先，才能真正避免重画面、轻报道的误区。

具体操作上来说，一是切换导演注意画面内容的调度，做好与现场记者的沟通，让记者适当熟悉早前画面内容，达成在画面镜头和内容上表现重点的统一，尽量做到声画对位。二是出镜记者要坚定现场意识，不对早前画面内容形成依赖，坚持用自己的眼睛发现典型场景，用生动简练的语言风格完成叙事表达，用鲜明的个人语言风格增强报道感染力，让切换导演不能、不忍用早前画面替代自己的现场报道。

### 三、播报，还是报道

出镜记者是新闻的现场报道者，不同于坐在演播室里的新闻主播和主持人。但在现实中，有的记者拿起话筒时，会在姿态、表情和语调上主动向主持人看齐。特别是在功能上，完全忘了记者应该去发现和调查，习惯性地找到一个自认为好看的背景，站在原地用大篇幅的语言陈述来完成自己的现场播报，而不是现场报道。比如每到春运期间，很多媒体就会把记者派到车站、机场进行连线，但是有的记者在镜头面前就是充当播报员，有的连火车站内都懒得去，直接站在调度室的大屏幕前告诉大家客流、人流和车流情况，让人感觉不到现场的氛围和直播的意义。这是新闻直播中又一常见误区。

避免这一误区的方法是理念的改变。记者出镜是现场报道的基本方式，但不是目的，不是出镜就算现场报道。记者要真正到达现场，发现典型场景，找到可以发挥的新闻点。即使是春运这样一个老生常谈的题材，也需要甚至是更需要做好策划，找准新闻点，做出不错的直播效果。2020年1月10日是当年春运开始的第一天，引发了多家媒体的关注，其中《第一时间》栏目连续播出了春运的新闻消息。在这些报道中，智慧出行、更多选择、温暖回家等词不断凸显着报道的主题导向——春运中方便乘客的新措施，特别是那些人性化科技手段的运用，是优化服务、时代进步的闪光点。为了让这些闪光点更加清晰，栏目组对北京、上海、太原三地与站内的记者进行了直播连线，从不同角度呈现客运出行的新亮点。

其中与太原站记者的连线过程中，采用了多机位拍摄，全程直播记者进站的体验过程，如表 10-2 所示。

表 10-2　记者太原站的现场报道

| 声音 | 画面 |
|---|---|
| 　　（记者）好的，主持人，现在我就是在太原南站的进站口，现在这个时间是太原南站一天中客流发送量高峰期了。今天是春运的第一天，我们可以看到所有进站口的闸机已经全部打开了，而且根据预计，今年的春运情况呢太原南站可能（客流量）会比往年增加 7% 左右，因为去年的很多高铁线路都已经开通了。今天是春运第一天，也正好赶上山西省很多高校已经放假了，所以我们可以看到今天主要是学生流会比较集中。那么来到这里工作人员告诉我说呀，今年的春运呀，所有的高铁和动车已经全部实现了无纸化的电子车票，也就是大家刷一下身份证，就可以进站上车了。昨天呢，我也是买了一张票，我们可以看一看只刷一张身份证进站有多么的便捷，现在呢我们就刷一下这个身份证，把身份证呢发在这儿，然后进行一下人脸识别后，非常快地开通了，然后呢我们现在看到刷身份证的进站效率其实是非常的高，而且呢，我们也可以感觉到，今天因为都是大学生，很多人知道刷身份证就可以进站了。那么作为一名旅客呢我们现在开始进站，进站以后呢要做的就是安检。<br>　　那么进了站之后呢，我们可以看到很多旅客身上都是大包小包背了很多东西。铁警在这里也是进行了很严格的安检，确保春运的安全，整个这个安检旁边展示的都是不允许带上车的是吧？<br>　　（乘警）你好，这是一个限制类和限量类的，类似这个就是限量携带的。<br>　　（记者）指甲油对吧？<br>　　（乘警）对，只能携带 20 毫升以下。<br>　　（记者）其实指甲油对旅客来说也是很常见的，这个也是不允许。<br>　　（乘警）是易燃的，不允许带上车的。<br>　　（记者）上面我看还有一些条形码。<br>　　（乘警）上面会有一些信息，你可以凭信息，在当天取走这个东西。像类似这些物品是可以保留一个月的，可以自行取走。 | 　　记者在火车站候车大厅处境报道，身后是行走的旅客。<br><br>　　镜头转为大厅画面。<br><br><br>　　进站口乘客进站的画面。<br><br>　　乘客过安检进站的画面。<br><br><br>　　记者面对镜头，到闸机前刷身份证，顺利通过。<br><br>　　记者站在安检口面对镜头报道。<br>　　记者走向安检口，接受安检。<br>　　记者过安检后继续报道。<br>　　镜头切到乘客过安检的画面。<br><br>　　镜头切回记者，记者在乘警台前采访乘警。<br><br><br>　　镜头推向乘警手中物品，定格条形码画面。 |

在这则直播报道中，记者由静态到动态，由陈述转为体验，再转为采访，在多机位的运用下，非常流畅地展示了太原车站春运的运行情况，生动自然，令人信服，而其体验的内容、乘警的提示都有一定新意，展示了科技化、人性化管理手段在今年春运中的运用，具有很好的可视性。应该说，这一效果，是栏目组主题设定明确清晰、策划周密到位的直接反映，更是栏目组深谙现场报道的意义与作用，重视记者报道功能的理念体现。有了这种理念，新闻才会别开生面。

### 四、竖屏，还是横屏

这是记者用移动设备进行拍摄时面临的问题。使用手机或者平板电脑抢新闻，甚至用自拍方式出镜报道，不仅解决了提升时效性的问题，还降低了拍摄成本，同时这种拍摄会给人一种视角新颖、冲击力强的视觉感受，所以在新闻传播中并不少见。移动设备拍摄和自拍已经成为新闻报道的一种重要补充方式。但是，这种补充方式不会成为视听新闻的主流方式，因为与专业的摄像设备相比，手机或平板电脑的画质和性能都难以与之媲美。而且现场报道进行自拍时，即使使用拍摄杆，也难以改变主题比例过大、构图过于拥挤和难以有景别的多种变化等缺陷。所以现实中很多记者认为，只要条件允许，还是会首选摄像机。自拍设备常常作为后备支援设备补充使用。

使用自拍设备拍摄，会涉及是竖屏拍摄还是横屏拍摄的选择。有媒体平台认为竖屏拍摄更利于手机观看，更有吸引网络受众的优势，因而要求在网络传播过程中使用竖屏拍摄，包括现场报道的直播也使用竖屏拍摄，这一做法也确实得到了一定的关注。但实际上，竖屏视频更吸引网络受众这一观点并没有科学的数据支持。在实际直播过程中，竖屏拍摄也表现出很大的局限性，如有记者拍摄自己在海边被海浪冲得东倒西歪，但是由于竖屏自拍的取景范围有限，记者摇晃的身影占据了画面一多半，晃动的机身完全无法拍摄到身后的海浪与海岸，整个画面难以发现有价值的镜头语言。整条新闻只能依靠题目吸引点击量，报道内容根本无法呈现现场真实情况。如果以牺牲画面表现力为代价，竖屏新闻到底能走多远，可能还需要观察。重要的新闻一定需要良好的拍摄画面，需要良好的镜头语言，选择横屏拍摄还是竖屏拍摄，这是一个重要的参照标准。

# 第三节　常规新闻直播中的现场报道

在常规性新闻直播中，根据新闻事件的不同和记者作用的不同，现场报道的形式也有所不同。

## 一、汇总信息式现场报道

这是指记者在现场报道中，主要是对新闻事件进行概况性的介绍，对事件进行一定的评点分析，重点不在对现场进行介绍，而在于让观众在较短时间内了解新闻事件的整体情况。

### （一）汇总信息式现场报道的基本形态

由于多数新闻事件都不会和新闻节目的播出时间同步（即使实现了 24 小时直播，新闻事件也不可能都在电视镜头下发生），因此新闻栏目对多数新闻事件，特别是突发事件的报道都带有滞后性，在播出的过程中需要对事件进行回顾和概括性介绍，这种形式也是现场报道的一种常见方式。2019 年 6 月 17 日晚，四川省宜宾市长宁县发生 6.0 级地震，第二天一早《朝闻天下》就报道了这一事件，在以口播加画面播报这一消息后，新闻主播与记者进行了连线：

（新闻主播）地震发生之后呢应急管理部立刻启动了应急响应，派出工作组赶往现场，我们的记者目前就在应急管理部，现在来连线本台记者，让他来介绍一下相关情况。你好，接下来时间交给你。

（记者在调度中心处境报道，手里举着一张图纸）你好主持人，我们先来看一下我手里有一个这次地震的快速评估图，这里有一个红色五角星的地方就是这次长宁 6.0 级地震的震中所在地。实际上从这个地图上来看，它是在三县的一个交界处，在上方是长宁县，在下方是珙县，在我的右侧是兴文县，还有这里是高县。从目前统计上来的人员伤亡和破坏的程度来看，主要这次地震的破坏还是集中在了长宁县和珙县，目前最新的伤亡人数是 11 人死亡，造成 122 人受伤。实际上在去年的 12 月 16 号 12 点 45 分在长宁县旁边的兴文县曾经发生了 5.7 级的地震，当时造成了8人受伤，还有一些房屋以及通信电力的破损。另外就是地震发生以后，应急管理部也是立刻启动了应急响应，向灾区紧急了解一些相关情况，同时调度增援一些力量，同时应急管理部和国家粮食和物资储备中心也进行了一个紧急合作，紧急调配5000顶帐篷和10000张折叠床以及20000床棉被支援抗震救灾的工作。另外在直播开始前，我刚刚得到的一个消息是现在救援的消防人员已经对灾区进行了第一遍的初步排查，现在得到的反馈是，在比较严重的珙县和长宁县没有再报告有埋压人员。现在消防人员正在做的就是在更大的范围内第二次的摸排情况。目前我们所掌握的情况是救援人员已经跟灾区的村寨全部都取得了联系，消防人员如果赶不到的那些村寨也与他们取得了电话联系，据这些偏远的村寨反映上来的信息，目前他们那边也没有出现被埋压的情况。如果我这里有一些更新的消息，到时我再跟您联系。

　　这场地震发生在夜间，第二天早晨《朝闻天下》就进行了直播报道，而这时最需要了解的是地震的概况信息，因此栏目首先连线身处应急管理部的记者进行现场报道。这里并不是地震现场，却是掌握地震最新、最准确信息的部门所在，因此在记者的报道中看到的都是概括性的重要信息，让观众首先对地震有一个概括了解。在报道中，记者的主要任务是面对镜头陈述自己掌握的相关信息。记者所处位置的现场情况并不是主要陈述内容，记者更像一个演播室外的新闻播报人，这种方式就是典型的汇总信息式现场报道。它的主要作用是快速传达何时何地发生了什么，尽可能给观众更多的概括性信息。一般来说，在由多名记者多层次报道一个新闻事件的开头和结尾部分都会使用这种方式的现场报道。

### （二）汇总信息式现场报道应当注意的问题

　　汇总信息式现场报道虽然很普遍，但并不是新闻直播中现场报道的主流形式。现场报道的优势与特点还是体现在"现场"，即使是必要的情况介绍，怎样和现场结合，怎样优先介绍现场情况，也是记者应当注意的问题。报道长宁县地震的记者之所以手持地图，就是考虑到了静态陈述的局限性，试图让自己的报道更生动、更清晰。但目前还是有不少记者面对镜头习惯于播报，习惯于以全知视角，站在俯视的高度去统揽全局。全局性的出发点并没有什么错，但是全局性信息汇总并非只有滔滔不绝空口谈一种方式。记者不能只做一个信息的"快递小哥"，甚至让背好的播报词蒙住自己的双眼，以致都忘记了自己是在新闻现场，忘记了记者的职责与功能。

比如，在一次汛情报道中，主播连线记者，记者在现场手持话筒，半身景别静态出镜，他告诉观众自己正在城市的一条街道（背后的房屋让观众看不到街上的情况），接着告诉观众城市降雨已经达到特大级，然后突然转到早前画面，记者告诉观众自己所在的街道积水早前最深达 1.5 米，现在积水在退去，刚刚自己去几个小区看了一下，还有一定积水，也正在退去，但画面上只有街上积水的早前镜头。

这篇报道让人感到遗憾。内容的平淡无奇和乏善可陈只是一方面，更重要的是记者的报道理念以及呈现的姿态：既然已经到达了现场，站在了街上，为什么不告诉观众选择这条街出镜的理由，它特殊在哪里？为什么不转一下身指给观众看街上的情况究竟是怎样的？为什么不可以找到依然清晰可见的水印告诉大家雨水曾经到达了哪里？为什么不站在临街的小区门口引导镜头走进去拍摄积水的情况？为什么只会站在镜头前告诉观众这些对此时此刻来说已经是过去时的消息？当记者过分依赖别人提供的信息和过往的画面记录时，千万不要忘了自己身上还带着一双眼睛。记者的职责就是要用这双眼睛去发现最能表现事件原貌的典型场景和细节，现场报道的功能就是要通过细节的表达让观众看到现场的真实状况，而绝不是让观众看到记者站在原地和主持人比试背词的记忆力和播报的流畅度。现场报道不能让背景材料成为主角，不能成为播报能力的竞技场。

所以即使是接到的报道任务是汇总信息、告诉观众事件的整体概况，出镜记者也一定要保持清醒的现场意识，要主动去发现能反映汇总信息的典型场景和具体细节，善于把现场即时情况和汇总信息结合起来，让自己的出镜报道带着生动的气息扑面而来。

### （三）汇总式现场报道的运用方法

#### 1. 了解前方演播室需要的信息要点

从播出上看，现场报道是为演播室播出服务的，报道应该服从演播室发出的指令与要求，因此记者在进行现场报道时一定要听清演播室新闻主播的问话，抓住对方问题的核心，有的放矢地进行报道。信息汇总是为了概括介绍事件的全貌，要抓住主要问题、关键数字进行说明，抓住观众获取信息的认知心理，告诉观众最想知道的信息。

### 2. 确保信息准确无误

准确是新闻报道的生命线，是不断被强调的新闻原则。在汇总信息时，首先，要确保对事件的基本过程或事件的全貌有准确的了解，这是报道的基础，只有交代清楚过程才能保证事实清楚。其次，对具体的数字和重要细节必须准确无误。数字是事实的具化体现，数字的失实必然造成事实的混乱，因此要格外重视。在刚才的报道中可以看到记者强调了两个数字和细节：死亡人数和有无人员埋压情况。在交代过程中，特别强调这些数字和信息是在和受灾地区的村寨（当地有少数民族村寨）联系后获得的，包括偏远的村寨也已经进行了电话联系，这是在交代数字信息的来源，印证报道的客观性和准确性，是让观众感到信服的。在报道中如果不能获得准确信息，要如实说明还没有拿到准确的数据，在得到后会及时进行报道。

### 3. 叙述清晰，条理分明

条理分明的报道叙述可以让观众能清晰准确地获得有效信息。要做到有条理，记者首先要心中有数，先把自己报道的内容做一个梳理：我要说什么，什么是重点，重点怎么说。可以把要说的内容分成条，逐条明确怎么说，或者每一条定一个关键词，逐个关键词进行陈述。比如，一场火灾的报道可以用几个关键词来逐条说明：突然——发生得很意外；严重——破坏程度很严重；快速——消防部门反应及时；等等。其次，说的内容要层次清楚，条理有序，最简单的方法就是按照事件发生的时间顺序进行排序，每一个时间节点发生了什么，这样陈述虽然有些呆板，但至少可以确保陈述清晰。最后，可以借助一些物品或场景来帮助自己进行说明，如前面所介绍的记者借助手中的地图来说明地震的范围，很直观地让观众了解了准确信息。如果身处现场，一定要现场优先，先对现场典型场景运用形象化手段进行报道，再进行汇总信息的陈述。

## 二、直击式现场报道

记者在新闻直播中常用的另一种报道形式是直击式现场报道，它是指记者在现场同步报道事件发生的现场状况，以展示现场情况为主要任务。同步性是这种报道方式最大的特点，是观众了解事态发展的主要方式。

直击式现场报道在突发事件和媒介事件报道中都可以运用。一般来说，动态式的报道方法在传播效果上更有优势，因为镜头随着记者的移动，不仅可以展现事件发生的过程，还可以在更大范围内将更多的画面信息传达给观众。用好这种方式，要求记者眼不能闲、腿不能懒、嘴不能停，综合用力，才能取得好的效果。

**（一）直击式现场报道的基本样态**

2019年6月17日四川长宁县发生地震，6月19日早晨，进入抗震救灾第二天，多家电视台都派出了记者就抗震救灾工作进行了报道，其中有两家电视台在安置灾民的校园内几乎在同一时间进行了现场直播报道。

第一篇报道是一个静态报道，记者站在校园操场上一个雨棚下，身后有很多没有打伞的群众走过，路对面是一些发放物资的雨棚，这位记者指着对面说："老百姓都在这边排队，领取他们今天所需要的物资，这里头包括干净的饮用水，还包括他们的早餐，我看了一下，里头有牛奶、有面包、有饼干，应该说物资的供应还是非常充分的。"但是镜头推到对面雨棚时，镜头画面中没有多少"老百姓"在排队，在其中一个雨棚下，七八个群众围着取东西，但始终看不清取了什么东西。记者接着继续站在雨棚下告诉大家："折叠床、被褥等物资已经及时地发放到了群众手中，现场有手机充电、药品发放等服务，还安排了流动公共卫生间。"但是在画面上，由于机位被固定在记者对面，观众只能看到镜头在几个雨棚间移动，记者所说的都无法看到。

这本来是一个直击式的现场报道，在震后的第二天，当地群众安置得怎么样，他们如何过夜，情绪是否稳定，安置工作有什么新的举措，所有这些，是观众希望了解的信息，也是记者在现场可以第一时间告诉大家的。但是很遗憾，在这则报道里，记者来到了现场，也进行了报道，可是，观众却没有收到太多有价值的有效信息，甚至还有一点小小的不舒服：现场报道应该这样做吗？

问题出在哪里了？

先来进行一个比较：在同一个地方——双河中学的操场上，有一个记者也进行了同样题材的现场报道，如表10-3所示。

表 10-3　记者对地震后第二天的情况进行的现场报道

| 声音 | 画面 |
|---|---|
| （新闻主播）来继续关注一下宜宾的地震，17 号晚上 10 点 55 分四川宜宾长宁县发生 6.0 级地震，截至目前已经造成 14.5 万人受灾，灾后群众的转移安置工作也在有序开展中。现在呢，央视记者正在长宁县双河镇双河中学安置点，昨天晚上群众的安置情况怎么样呢？现在我们就来连线一下记者。 | 新闻主播演播室内播报。 |
| （记者）主持人好。 | 画面切至现场。记者穿着雨披站在学校操场上。 |
| （新闻主播）给我们介绍一下现在的情况。 | |
| （记者）好的，我现在所在的位置呢，就是长宁县双河中学的安置点，简单介绍一下，现在这个安置点一共有帐篷 230 多顶，一共安置群众有 1500 多人，那么这个安置点呢是在 18 号凌晨 3 点开始搭建的，到凌晨 5 点基本搭建完毕，但是搭建完毕的时候天已经是蒙蒙亮了，也就是说很多的受灾群众在第一晚的时候并没有能在帐篷当中进行一个安置和过渡，可以说昨天晚上是他们在帐篷当中度过的第一个晚上。因为从地震开始呢，连续两个晚上都是在下雨，如果说没有这个帐篷的话，可以说是非常的难熬的。那么我们受灾的群众除了领到了帐篷，还领到了一些相应的生活物资，而每一顶帐篷之中呢都有一个照明的用灯，可以保证他们一个基本的生活质量。 | 左边画面切至昨晚画面，消防队员正在搭建帐篷的远景镜头。帐篷内居民在床上休息的全景画面。 |
| 其实这里整个安置点它是搭建在一个学校的操场上的，这个操场的地面原本就不是很干燥。我们来看一下，在连续两个晚上下雨之后，操场上的水非常泥泞，有一些积水，那老乡们到底是住在一个什么样的地方，睡在哪儿呢？我们现在就走进一个帐篷。你好，打扰一下。我们之前也打探了一下，这顶帐篷是一个三代同堂的家庭，一共有 7 口人，他们一共有 5 个床，那我们来看一下这个床非常关键，在以往的一些地震报道中呢，很多老乡在头几天因为物资发放不是那么及时到位都是睡在地上的，但是我们看到每个帐篷里都是安了这样一个床，虽然说不能保证人手一张，但也能够让大家远离地面，而且这个床距离地面有 20 多厘米高，在防潮上会起到一个很好的作用。 | 镜头切回现场，记者已经摘掉了雨披的帽子，用脚踩地下的操场，有积水渗出。镜头摇到记者中景，记者走进帐篷。面对门口的镜头进行出镜报道。记者蹲下来用手抚摸床。记者用手量床腿的高度。 |

| 声音 | 画面 |
| --- | --- |
| 　　那么住进帐篷能够远离危险的建筑物，对老乡来说能够带来一个极大的安全感。说到安全，在整个安置点另外一个安全是非常需要注意的，就是消防安全，我们在安置点看到很多这样用垃圾桶改建的水桶，上面写的是消防用水，那么这个水是不能用作生活用途的，只能在紧急情况下用作灭火等用途。而且，在每一个帐篷前面，我们来看一下，都有两个消防栓，这也是在紧急的时候能够发挥巨大的作用的，而且每个帐篷上都贴了"禁止吸烟"这个标识。大家可能就会问了：现在还在下雨，在这个如此潮湿的环境下，消防安全还有那么重要吗？回答是消防安全任何时候都很重要。因为在大家领取的生活物资中，很多是易燃品和可燃品。这个就是在老乡领取的物资中，我看到的一张关于防潮垫的一个使用说明，我们来看一下最后一句话非常关键，这上面明确写出了"不要靠近火源"。这个火源包括了我们抽烟的烟蒂，烟蒂也不要靠近它。 | 　　记者站起身弯腰往篷外走。走到两个帐篷间的一只绿色大垃圾桶前。<br><br>　　记者继续向右走，在另一个帐篷前停下，弯腰指向地面放着的两只灭火器。<br><br>　　记者取出说明书，打开面向观众，用手指最后一句话。 |
| 　　刚才我们说到消防安全，那么在度过了整个潮湿泥泞的一夜之后呢，我们现在可以看到老乡们已经在我们的物资发放点开始领取物资了，对老乡们来说整个县城都还没有恢复正常的供水供电，所以大家吃的大部分都是干粮，水也是饮用水。但是在这个安置点驻扎的武警部队呢在今天早上，为大家熬了热粥，而且，还准备了热鸡蛋和热玉米，在度过了非常潮湿和阴冷的一夜之后，能够喝上一碗热粥，可以说是非常的暖身，而且暖心。 | 　　记者继续向右方移动。站定后用手指向右方，镜头摇向右方远处物资发放点。<br>　　镜头切到物资发放点，插入发放物资的画面。 |
| 　　我们通过当地的气象预报呢，得到的消息是未来几天长宁县这个地方降雨还会持续，那么我们也会继续关注安置点的情况，主持人。 | 　　画面切回现场。记者站在操场上完成出镜报道。 |

　　两篇报道，针对同一场地震，在同一个地点，进行了同一内容的现场报道——在震后第二天，当地群众的安置情况怎样，安置工作有什么困难，有什么新措施。但是，由于记者在报道中的定位、理念和操作方法的不同，使得报道的传播效果呈现很大程度的不同。总体来说，第二篇的报道更能体现一个记者在直播报道中应有的姿态，即"我在现场、我在发现、我在报道"。记者以移动的方式将几个场景串联在一起，在每个场景中又能找到报道的细节，然后有层次、有条理地用事实让观众感知现场的情况。

　　而这正是直击式现场报道的基本样态，即在直击报道中，记者在现场通过对典型环境的细节介绍，客观呈现现场目击情形，反映事件发生的实际情况，完善观众接收到的信息情况。记者的出镜方式以动态报道为主，报道内容以现场的典型场景介绍和细节展示为主，主要目的是让观众即时看到现场真实原貌。

### （二）直击式现场报道应该注意的问题

#### 1. 新闻专业理念是基础

对"新闻专业理念"在新闻学界有不同的解读，李良荣老师在《新闻学概论》中综合概括到，新闻专业理念是"新闻媒介必须以服务大众为宗旨，新闻工作必须遵循真实、全面、客观、公正的原则"。这个总结精准而简洁，但实践起来并不简单。还是以刚才的两篇报道为例来分析。

首先，什么是"以服务大众为宗旨"？

对电视新闻记者来说，"大众"有两方面的含义：一是收看新闻的观众。电视必须为观众服务，这就要求记者了解观众心理，了解观众想要看什么，最关心什么，最希望看到什么。二是新闻报道中的民众。新闻报道应当为他们服务，反映他们的基本诉求、喜怒哀乐，用新闻为他们呼吁，用舆论的力量为他们排忧解难。

上述两点不难理解，但是在具体的报道中该怎样体现出来，需要记者在新闻的切入点和细节上下功夫，找到那些视角独到、带有温度的新闻点。比如，地震后灾区居民安置得如何，要靠具体的细节来反映。在震后的第二个夜晚之后，"他们昨夜过得好吗""他们的早餐吃得好吗"都是新闻点，而这些在刚才的两篇报道中都被提及了，说明两个记者都有"找细节"的意识，但是，这个细节在他们眼里却是不同的：在第一个记者眼里，安置点已经搭起了270顶帐篷，还发放了被褥等生活用品，还有手机充电服务，还发放药品，还有流动厕所，在他眼里这已经是"一个细心、科学的设置"；而第二个记者眼中看到的却大不相同——她站在操场上，让观众看到地上有多湿，然后钻进居民住的帐篷，在告诉观众还不能保证人手一张床的同时，用眼前的画面告诉观众7口人如何使用5张床，更蹲下身来，用手抚摸床，丈量床的高度，让观众看到这样的床能够防潮，而这是以往救灾工作很难做到的，同时，她注意到了消防安全问题，向大家展示了消防用的垃圾桶、灭火器和说明书，也让观众感到了什么是"细心"。

再来看早餐的报道，第一个记者看到发放的早餐有"牛奶、面包、饼干"（注意，观众什么也没看到），随后又说，"物资的供应还是非常充分的"。在第二个记者眼里，却看到"驻扎的武警部队在早上为大家熬了热粥，还准备了热鸡蛋和热玉米"（在补录的画面里看到了居民手中的热粥、热玉米），这对不能回家吃饭的灾区居民意味着什么？她用喜悦的语调告诉大家："在度过了非常潮湿和阴冷的一夜之后，能够喝上一碗热粥，可以说是非常的暖身，而且暖心。"

两者比较而言，第二个记者的报道更加丰富、生动，她用大量的事实让观众亲眼看见了真实的情况，让人觉得信服、接地气。这主要是因为两位记者对报道的新闻点的把握，在专业的新闻意识上都是具备的，但是在怎样报道的新闻理念和专业技术运用上，两人出现了差异：对第二个记者来说，她或许根本无须天天把"服务大众"这句话挂在嘴上，但她显然理解这句话的含义就是记者要有准确的站位——你应该为谁说话。她钻进帐篷、蹲下身子，实际是一种换位思考——去站在民众的角度来思考一个灾区居民真正需要什么、得到了什么。正是这种换位，让观众看到了帐篷里的摆设、床的高度、改装成消防桶的垃圾桶，以及热腾腾的早餐等具体而微的真实场景，让她的报道具有了人情味儿，具有了人文关怀的温度。这种温度，归根结底是一种新闻态度，一种愿不愿意、能不能够低下头、俯下身子扎扎实实走进大众的态度。正确的新闻态度，才能让记者有正确的站位，做出的现场报道才能得到观众的认可与好评。

其次，怎样遵循"真实、全面、客观、公正"的新闻原则？

"真实、全面、客观、公正"是所有新闻工作者都应该遵循的原则。在全媒体时代，怎样将这一理念体现在自己的报道中，要求不同的媒体发挥各自的媒体特性和优势，不断探索、改进和运用能够体现媒体优势的报道方式和传播方法，逼近真相，还原事实，做出好的新闻报道。

这两则报道是电视新闻，电视的特性是什么？吴信训老师在《新编广播电视新闻学》中总结道："电视的特性是'即时形声传播性'（相近的表述也可以为实时形声传播性、同步形声传播性）""电视的优势主要表现在：传播形象化，传播及时化，传播内容广泛化，传播形式多样化""要发挥电视的特性，使电视传播发挥和体现出最大的绝对优势，我们就应当充分认识和善于运用电视现场直播等传播方式。尤其是对那些最需要而且唯有电视现场直播才最能迅速及时展示事物发展过程和风貌的事件，就应不遗余力地去实现电视现场直播，而非录制后播等传播方式。""当我们注意电视具有传播形象化优势的时候，就要注意电视是视听结合、以视为主的传播媒介。因此，要尽量运用电视图像来表现事物、揭示事理、传播信息，不要让观众认为还不如听广播或看报纸"。

之所以大篇幅引用这段文字，因为它准确地描述了电视的特性以及发挥这一特性应该注意的基本问题，这段话概括起来就是电视直播是最能体现电视优势的传播方式，充分运用电视图像是体现电视传播形象化优势的最好手段。实际上，对所有视频传播平台来说，这个总结都是应当遵循的，因为画面与语言是它们共同的语言符号。

直击式现场报道是最能体现包括电视在内的视频平台优势的传播方式，因为在直击式现场报道中，记者就是观众的眼睛、耳朵和腿脚，他会带领观众在第一时间去现场发现新闻事实，揭示事实真相，传播最新动态信息。

做好直击式现场报道，不能忘记电视的特性与形象化表达。电视是"及时形声传播"，"形"指的是画面与镜头，也就是画面与镜头的运用是电视特性之一。要体现这一点，就需要记者去发现那些最能反映事实真相的场景与细节，用镜头记录、用画面表现，用电视特有的语言符号实现"真实、全面、客观、公正"的传播效果。还以这两篇报道为例，要报道"居民得到了妥善安置"，首先需要找到能说明这一点的事实。第一个记者找到的是一组数字：搭建了 270 顶帐篷，安置了 1600 名居民。这组数字能说明这个问题吗？不能，因为只看到了"安置"，没有看到"妥善"。而第二个记者不仅站在会被淋湿的帐篷前开始自己的报道，而且钻进帐篷、丈量床的高度，用事实和细节让观众看到了具体的安置情况。谁的报道里画面内容更丰富、谁的报道更"真实、全面、客观、公正"是显而易见的。还是要强调：在直击式现场报道中，记者不是新闻主播，不是解说员，不能只是站在那里念数字，不能忽视电视特性对一个电视记者的基本要求：用事实说话、用镜头说话。否则，观众真的会认为"还不如听广播或看报纸"。

2. 选择典型场景，进行形象化展示

典型场景是指那些能反映新闻事件的性质、状态、程度的具有代表性的新闻场景。典型场景不一定就是事件发生的现场，但一定与新闻事件具有关联性，同时典型场景也要有具体的实物和细节，可以让记者通过这些实物和细节来反映事件的某一个侧面或某项特质，印证自己的观点，便于观众的理解。以前面的报道为例，什么是对震区居民的安置科学到位？宽敞明亮的帐篷和可以防潮的床就是具体的例子。什么是对震区居民的安置细心周到？雨后的那碗热粥和热玉米就是生动的写照。这些现场里肉眼可见的事实，不能只存在于记者的口头上，应该让观众看到、感受到，这就是典型场景的意义。通过典型化场景进行报道，实际上就是"用事实说话"，用具体而微的例子来形象地展现事理，说明问题。这是一个新闻记者应有的新闻意识。

对直击式现场报道的出镜记者来说，最忌讳的就是站在原地纹丝不动地对着镜头进行口头陈述。记者是新闻的发现者和调查者，当记者面对镜头时，就应该展现出"我在现场"的状态，发现与调查的行为都是动态的，记者的报道方式也应该是动态的，站在原地充当画面的配音员和解说员不是记者的职责，更不是现场报道的记者的职责。

要运用动态报道使报道灵动起来，还要注意怎样动的问题。基本法则依然是注意运动方向的一致性，即出镜记者在运动过程中要沿着一个方向有顺序地运动，有清晰的位置展示，这样可以最大限度地让观众有完整的空间认识，从而更好地了解事态的全貌。这一点在一些大型展会、会议现场、新建筑的内部空间等报道中非常重要，特别是在目前各媒体平台大量开通现场直播的情况下，也值得高度重视。比如2023年冬至，有多家媒体平台开通直播，介绍我国各地在冬至时的习俗，这种关注时令、挖掘文化传统的"主题先行"题材是一次很好的新闻策划。但在直播过程中，一些记者在街头走动介绍时，出现了方向跳轴、线路交叉重复等情况，干扰了观众对整条街全貌的感知，略显杂乱。出现这一问题的主要原因就是没有重视行走的顺序设计，或者设计时没有运用顺序原则。

形象化表达是出镜记者在直击式现场报道中的常用方法，这方面第二个记者的报道有很多值得学习借鉴的方面。比如，蹲在安置窗前通过展示和比较让观众看到床是带腿的，床腿的高度有20多厘米。记者用手比画两拃多长，从而让观众直接得出结论：这样的床可以防潮！这个报道过程就是一个将抽象表述具象化的过程，它需要记者首先找到事实，其次是在事实陈述中运用具体的数字，最后，把数字转化为观众熟悉的、能够立刻感知的具体事物。比如，一支笔那么长，一根手指那么粗，相当于两个我的身高，等等。

找到了典型场景、懂得了运用动态报道，知道怎样进行形象化表达，这样的直击式现场报道在体现视频形象化优势上就有了一定保障。当然，这些方法运用的前提，还是记者必须做到事实清楚、数据准确。报道方法永远服务于事实的陈述与传播，也一定会为事实的陈述增添亮色，让报道更生动，让新闻更好看。

### 3. 记者形象设计

形象设计是每一个出镜记者都应该考虑的问题。对直击式现场报道中的形象设计，要特别注意让自己的形象符合所报道的新闻事件的调性、氛围，符合新闻记者应有的职业形象要求。曾经有一个女记者到达地震灾区后，在进入体育馆内的安置点进行出镜报道前，迅速将自己脸上的妆用湿巾擦净，素面朝天地面对镜头。这个动作很小，但是显示了强烈的职业感：面对镜头，记者究竟应该保持怎样的形象？这个记者的动作带来的启发是至少要有投入感。

所谓投入感，是指符合环境要求，符合事件性质的形象与言论。女记者在进入采访点前迅速卸妆，是清楚地知道，自己至少要以朴素的形象对待这起事件和面对灾区群众，这就是一种基本的投入感。但仅仅卸妆还是不够的，投入感还包括记者以怎样的姿态来进行报道。以灾区安置点的报道为例，安置点下起了雨，当地有很多人不用雨具在雨中走，那么记者该往哪里站？在第二个记者的报道里看到，这位女记者没有站在棚子下面一副怕淋湿的样子，而是穿着雨衣站在雨中，身后就是出出进进的群众。在后面的报道过程中，记者干脆摘下雨披上的帽子，让雨水打湿自己的头发，这也是一种姿态，一种投入现场、投入群众的姿态。这种姿态体现了对事件的重视、对群众的尊重、对职业的敬畏，是一种需要提倡的精神，也是记者对自己出镜形象的一种应有的设计。令人欣喜的是，这种投入正越来越多地表现在记者的身上：面对疫情，记者穿着防护服站在病房里；面对海浪，记者站在随时会打湿自己的海岸边；面对汛情，记者进入齐胸深的水中告诉观众水有多深；面对战争，记者顶着头盔，一次次靠近战争前线，用自己的行动诠释着信念和勇气的力量，让人们看到人性的光辉和力量。这样的报道，怎么会不吸引观众的目光，这样的记者，观众怎会不为之叫好？

## 三、体验式现场报道

体验式现场报道是指记者以体验参与事件过程的方式，以自身亲历、验证的过程为主要内容进行说明介绍的报道方式。由于体验的过程往往需要一定的过程，因此体验式现场报道的常见方式是录播，但是随着直播技术的不断提高，目前在新闻直播节目中也在大量使用体验式的报道方式，其中较为常见的有以下方式：

**（一）体验式现场报道的常见方式**

1.记者体验与感受式

这种方式主要是针对一些新鲜事物进行体验。比如，地铁开通了，记者在直播过程中乘车体验第一天的开通情况；在博览会上体验新发明、新车型；在运动会上体验运动员的吃住行是否便利。同时，也包括一些趣味性的体验方式。比如，2019 年武汉军运会期间，国防军事频道《正午国防军事》栏目进行了这样一次直播：

（新闻主播）马匹是军运会比赛中特殊的运动员，那今天呢军运会首次开放参观马匹训练、马房设施、正式比赛场地等。那现在呢，我们的记者就在武汉军运会的马房，请给我们介绍一下。

（记者在马房前现场报道）好的主持人，我现在是在现代五项的马房，在我身边的这一间间马舍里，马儿正在尽情享用它们的午餐（用手拍一拍身前的草垛），这些马匹的平均年纪是 10—15 岁，正值壮年。它们分为两种，一种大家从画面中可以看到四肢修长、身体轮廓线条特别清晰的这种英国纯血马，也叫作热血马，它们的特点就是速度快，一步可以跨出 5 米的距离，被誉为活的艺术品。这些马都来自香港的赛马会，可以说它们是见过专业大场面的职业选手啦。（记者边说边退到下一间马舍）那么还有一种呢是温驯马，比如说我身后的这匹名叫青衣的白马。温驯马与纯血马的不同是，它的速度可能没有那么快，但是它们的性情是特别的温顺，（从身后的草垛上拿起一根胡萝卜走近马）它们是特别适合盛装舞步或者是障碍赛这种职业的专业的马术比赛。（用手掌托起胡萝卜递给马）那我现在手里拿的是这种温顺马青衣特别爱吃的零食胡萝卜，我们来看看它是怎么吃胡萝卜。（马开始吃）这个胡萝卜可能比较大，它咬不动，（拍拍马头，停止喂食，并向前一步）好，谢谢，谢谢。这些马这几天是陆续地从全国各地抵达了武汉，最近几天武汉的蚊虫特别多，这些马一个突出的问题就是它们的心情比较急躁，注意力不容易集中。我们的驯马师每天都要带这些马到比赛场地进行最后的适应性训练，（白马探出头伸到记者的面前）如果说它们在比赛的时候还不能完全地调整好心态的话，轻则会在障碍前拒跳，重则会让各国的运动员摔马造成肩部的骨折，（记者回头抚摸马头）所以说现在我们这些马也在做最后的准备，来为大

家呈现一场精彩的运动会。主持人，现场情况就是这样。（马伸过头去抢食记者手中的胡萝卜，记者喂马）

在这篇不长的直播报道中，记者以流畅的表达、细心的设计和饶有趣味的画面完成了一次对军运会马房的参观体验。题材不大，但抓人眼球，彰显了体验报道的一个特点：可以通过灵活的方式实现良好的传播效果。这种体验方式是直播报道中常见的体验报道方式。

2. 记者随行观察式

这种方式主要是记者作为随行者跟随受访者共同参与事件进程并记录报道体验过程。比如前面举过的例子，2018 年 2 月春节期间，持续大雾天气造成海南航班轮渡停运，导致大批游客及车辆滞留当地。为此记者跟随滞留家庭，以亲身体验的方式跟踪报道了游客疏导过程，在两天多的时间里多次进行连线新闻节目进行直播报道。这种就某一事件跟踪式的直播报道纪实性强、报道及时，因此具有很强的可视性。但是也存在着操作复杂、难度大的问题。特别是由于事件过程的时间较长，因此更适合中央电视台新闻频道这样 24 小时滚动播出的频道使用。对一般新闻栏目来说，往往采用直播加录播，进行阶段式连线报道的方式进行播出。比如，报道一个青少年夏令营徒步走访省内各红色革命老区，对夏令营的行程一般会采用录播方式进行记录，到节目播出时，在播放录播内容后，再连线记者报道此时此刻夏令营的行动以及其他相关信息。

3. 记者观察验证式

这种方式主要是就某一事件、现象、措施、说法等进行现场考察体验，验明真伪、感受实际情况。前面提到的《第一时间》记者在太原车站，体验无票进站的过程就是一种常见题材。另一种常见题材是某一法规、政策、办法、措施开始实施后一些记者会到适用上述内容的具有代表性的区域进行实地考察验证。比如，2019 年 1 月车让人交通处罚规则在全国统一推行后，各地电视台对这一规则能否得到很好的遵守以及落实情况普遍给予了关注，一些地方台的新闻栏目派出了记者到一些斑马线前进行观察，以直播的方式报道观察过程和实际结果。但是由于在准备、出镜位置的设计等问题上情况不同，传播效果各不相同。这种方式带有新闻监督的感觉，因此往往容易受到关注，不过对一些真正要"监督"出效果的重点题材，必须经过一定的策划与设计才可能取得好的效果。

### （二）体验式现场报道应该注意的问题

直播型体验报道与录播型体验报道应该注意的问题大致相同，不同的是直播型体验报道更强调体验过程的简便可行。所谓简便，就是在体验过程中环节不能复杂，时间不宜过长，如前面介绍的记者在太原火车站体验进站过程、在武汉军运会前记者体验开放的马房等，都是在有限的范围内很简单地就能完成，这主要是因为直播不同于录播，其体验只能是一次性的，必须保证成功率，因此不能过于复杂。当然简便不意味着简略，体验的必要环节和过程是不能省略的，必须保障体验过程的真实性和完整性。

当然也有一些随行式的体验过程会需要很长时间，体验的过程也无法预见难易程度，如海南大雾报道中记者跟随游客家庭解决返程难的问题，需要多长时间，中间会遇到什么问题都是无法预料的，这样的报道不适合全程报道，可以选择在某个节点分段进行直播报道，在直播过程中依然注意过程的简便可行，确保报道的顺利完成。

## 第四节 非常规新闻直播中的现场报道

相对于常规新闻栏目的直播，非常规新闻直播的特点就是打破预先的常规节目安排进行直播。它带有一定的临时性，但在新闻价值上具有重要性，新闻事件往往是与当前社会生活以及广大群众的切身利益有密切联系，受到社会广泛关注，因而也会产生巨大的舆论影响。非常规新闻直播的另一个特点是难度大、环节复杂，它往往需要媒体多部门、多种技术的协调合作才能完成，因此也颇具挑战性。好的非常规直播往往能制造出观众对"电视的节日性收看"的传播效果，因此非常规新闻直播也能体现一个媒体的实力与能力，对提升媒体的影响力具有重要作用。

### 一、非常规新闻直播的主要形式

进行非常规直播的新闻事件都是具有重要性的新闻事件，可以是预发事件，也可以是突发事件。一般来说，播出的主要形式有两种，这两种形式的概念都将引用吴信训老师《新编广播电视新闻学》一书中的概念。

#### （一）连续报道

连续报道是在一定时期内，对正在发生、发展中的同一新闻事件，进行及时而又持续的分段报道。

对打破常规节目安排的非常规新闻直播来说，这种持续性有两种形式：一是不间断的持续报道，即对一起新闻事件进行不间断的直播报道。比如，2008年1月下旬，一场逐渐蔓延开的凝雪冰冻天气席卷了南方，为此新闻频道进行了12天的连续直播报道；2008年5月12日，四川汶川发生8.0级地震，中央电视台新闻频道进行了长达32天不间断的连续报道。这种报道方式突出的特点就是不间断，随时连线前方记者，随时报道现场情况。二是每天进行报道，持续关注新闻事件。比如，北京冬奥会、杭州第19届亚运会、2024巴黎奥运会举办期间，中央电视台在多个频道开设多种专题报道，在多媒体平台也开通多个项目的网络直播，其他媒体也在新媒体平台以短视频和网络直播方式开设专题，每天进行连续报道，构建了全方位、多角度的立体化融媒体报道矩阵，有力地宣传了重大体育盛会。在每天的报道中，记者的现场报道是比较常见的直播报道方式。

上述两种方式的共同特征一是持续关注新闻事件过程的完整性，直播过程处于动态过程，随时跟进事件的最新进展情况。二是直播注重时效性，直播过程注重和事件的发生发展保持同步，充分体现电视直播的同步优势。三是连续不断的报道形成强大宣传阵势的同时，媒体在报道中也在不断策划新闻关注点、增强议题设置，形成强有力的舆论引导力，重构了电视媒体的新闻话语权和社会公信力。所以说这种直播方式是一个电视媒体的实力体现和竞争力所在，是电视媒体颇受重视的直播项目。四是在连续报道中的现场报道具有连贯性，一般都是一个记者盯准一件事或一个项目，从报道开始到结束连续进行追踪报道。比如，大型体育赛事连续报道中，一般都是一个记者跟踪一个体育项目，如2024巴黎奥运会上，中国女排、中国乒乓球队的比赛都会有专项记者随队跟踪报道，负责跟踪报道和现场连线。而在灾难性、事故性报道中，一般是一个或一组记者专门跟进事态发展进行及时报道，在采制连续报道的同时，还要随时根据事态的发展进行网络直播。记者保持现场报道的连续性和频繁出镜，是连续报道中出镜记者的一个显著特点。

对出镜记者来说这种直播方式富有挑战性：一是由于是重大新闻题材，对记者的宏观政策解读能力和新闻导向掌控能力都是挑战和考验，这种考验往往也是一场涅槃式的淬火过程，是记者全方面提升素质的过程。二是任务艰巨，对记者的业务能力是一次严苛的检验。比如，2008 年汶川地震发生后，中央电视台很快做出直播决定，并以最快的速度派出记者赶往现场。其中，有的记者是搭乘军用飞机站着赶过去的，而最初的记者是带着"人先过去，再想播什么"的任务和对现场"能靠多近就多近"的要求赶往现场，在现场面对艰苦的条件下要完成直播，发回报道，其难度和挑战性可想而知。但这就是记者，这就是新闻，这就是直播。逆风前行，迎难而上是对记者的考验，更是一种职业的特殊要求。三是对记者的奉献精神和心理承受能力提出很高要求。连续跟进打破了正常的作息规律，不仅情况特殊、条件艰苦，有时还有健康和生命危险。但是在危险和各种困难的考验面前，记者的镇定对观众来说就是一剂强心针，能传递无畏的精神和坚定的信心。

### （二）特别报道

特别报道是以较大的篇幅，专门就某个新闻题材，综合运用广播电视的各种表现手段，进行深入全面的报道。当这种报道以直播方式播出时，就是直播特别报道。

直播特别报道一般分两种情况，一种是预发事件的特别报道，如香港回归 20 周年特别报道、武汉军运会特别报道、"神舟六号"升空特别报道、"天宫二号"升空特别报道、庆祝中华人民共和国成立 70 周年特别报道、巴黎奥运会特别报道、中国航天日特别报道等。对预发事件的特别报道一般都是针对某一既定时刻的具有重大影响力、社会普遍关注度高的新闻事件进行的，一般都同时进行对某一重要仪式和活动的现场直播。在播出内容的结构安排上，多采用三段式结构，即实况直播前的新闻背景及准备情况介绍＋实况直播＋直播后的评论与反馈，在直播过程中以演播室新闻主播的串场为主线，通过录播内容的播放和现场记者的连线来完成直播。比如 2016 年 9 月 15 日 22 时 04 分，我国第一个真正意义上的太空实验室"天宫二号"空间实验室成功发射。针对这一事件，中央电视台新闻频道推出直播特别节目《筑梦天宫》，全程直播"天宫二号"发射过程。在发射前两个多小时里，直播以演播室新闻主播为主线，邀请专家解读发射重要节点，引入"中秋元素"展现多地中秋美景、通过短片科普"天宫二号"背景知识，并实时连线现场记者报道发射现场以及指挥中心的准备情况；"天宫二号"升空时，进行了完整的实况直播；发射成功后再次回到演播室，邀请专家就发射情况进行点评，再次介绍发射成功的深远意义。整个直播虽然是三段式结构，但一气呵成，流畅生动，直播非常成功。

直播特别报道的第二种情况是对突发事件的直播报道，这些突发事件多为负面的、消极的。直播往往是追求对新闻事件进行即时报道，跟进直播事件发生的最新情况。在实际播出中，多数突发性新闻事件都是突然发生的，新闻的跟进都有一定滞后性，对此，直播也会持续进行，以连续报道的方式进行播出。

上述两种直播节目都具有同步性特征，还有一种特别节目是总结回顾性的特别节目，在事件某个节点以综合、盘点的方式对事件进行全方位报道，报道由多条新闻汇总而成，也会连线记者进行直播报道。比如，2013年4月20日，四川省雅安市芦山县发生7.0级地震。4月27日，中央电视台新闻频道对四川芦山7.0级强烈地震进行了报道，节目首先对遇难同胞进行哀悼，然后介绍大米紧急运抵最偏远灾区的情况，之后以新闻特写的形式，讲述了灾区群众想方设法回报救灾队伍和对救灾人员鱼水情深的故事。这些故事展现了中国力量、中国精神，给人留下深刻印象，如其中讲述了当地村民带着洗好的蔬菜、自家的腌菜送给救灾官兵却不肯收一分钱等。这些故事也展现了总结回顾式直播特别报道的一个突出特点：主题鲜明、策划感强。这种策划能力也是电视媒体新闻实力的直接反映。

在特别报道中，记者的现场报道也有自身特点，因为特别报道往往是从宏观的角度对新闻事件进行多角度的全景式展现，具有综合性特点，所以也会采用多种报道方式呈现事件的多个层面，其中的现场报道往往是出镜记者从一个角度切入，对事件的某一层面进行报道，所以整个特别报道中，往往会有多个记者从不同层面对事件共同进行报道。因为特别报道会对事件进行回顾，对事件的目前状态进行展现，对事件的发展方向进行分析和评论，所以出镜记者的报道方式也会呈现多样化特点，在传播方式上也是录播和直播兼而有之。

## 二、非常规新闻直播中运用现场报道的注意事项

### （一）内容准确、有条理

非常规新闻直播的目的是尽可能全景式展现事件全貌，记录新闻全过程，对出镜记者来说，所进行的现场报道往往都是在某一时刻对某一场景进行的节点式报道，主要任务就是报道此时此刻此地发生了什么。比如，在直播"天宫二号"升空的特别报道《筑梦天宫》中，节目分别在酒泉卫星发射中心发射场区、酒泉卫星发射中心控制大厅、北京航天飞控中心安排了记者进行连线现场报道，对这三个地点的记者来说，报道内容主要是连线时所在环境的准备情况，完成此时此刻此地情况的报道，在报道中要注意对情况一定要精准把握，确定所涉及的情节、过程和数据都准确无误。有时在同一地方会分时段进行多次的连续报道，在连续报道中，既要注意报道内容的条理清晰，也要注意不同时段报道的衔接顺畅，下一次报道内容的顺序最好和上一次报道内容的顺序一致，有变化的内容要重点说，保持内容的延续性和发展过程的全面展示。

### （二）动态报道

在实际播出中，大多数非常规新闻直播的记者采用的是静态直播，这种方式对记者在大型直播中少出错、不出错有一个很好的保证，但是也使本来是以即时的鲜活性为优势的新闻直播显得板滞。在直播过程中，记者要有主动运用动态报道的意识，特别是在对预发事件的直播报道中，因为可以提前到达出镜地点，更应该多用自己的眼睛发现可以利用的场景，用大脑思考如何进行形象化报道，尽量运用动态报道形态，把报道做得生动好看。

2013 年 6 月 20 日，中央电视台综合频道推出《太空新旅　天空课堂》，记者在现场连线时进行了这样的报道：

（新闻主播）现在呢大家也非常好奇，说我们既然在北京设了一个可以互动的地面课堂，那这个地面课堂到底是什么样子的呢？是不是学生现场有问题，航天员在天宫一号里面就可以给予回答呢？那接下来呢我们就马上连线正处于北京地面课堂的本台记者。你好，带我们来看看地面课堂的设置吧。

（记者）好的，那我现在可以看到啊，此刻虽然说太空授课还没有开始，神

秘的天宫是个什么样子我们不得而知，但是现在我们就能带大家（转身指向背后的学生座椅）去地面课堂一探究竟。（侧身向画面左边移动，边走边指着座位报道）那可以看到，这个报告厅其实是位于北京人大附中的一个报告厅，平时它能容纳600多人，（站住静态报道）但是今天呢除了后面的少许座位是留给相关媒体和相关的工作人员，前面所有的座位都是留给学生的。据我们了解，今天会有来自北京十多所学校的学生一共有330多位，他们的年龄跨度从小学一直到高中应该有十多岁不等，但是今天都将会上同样一堂课，来自天宫之上的实验课。

那么我们首位太空女教师王亚平会以一个什么样的形式来呈现呢？我们来换个方向看一下，（继续向画面左侧移动，走到座位对面的讲台上，指着大屏幕）在这个讲台之上，像这样的大屏幕一共有3块，王亚平在天宫一号上授课的实时画面都会通过它来展现整个过程，现在我们来比较一下，可以看到这个屏幕足有我两个个头之高，所以说屏幕之大，现场学生应该是能看得非常清楚的。据我们了解，今天在全国也是有80000多所学校的学生会同时来收看太空授课整个过程。所以说这样一个地面课堂有什么特别的地方呢？首先还是这个大屏，它是一个从太空之上通过卫星直接传输下来的实时画面，所以这个现场是非常的难得；其次，这是一个互动的课堂，也就是现场的学生不仅能听到看到王亚平老师在太空之中授课的整个过程，同时有什么样的问题也可以提问王亚平。天宫一号是可以听到这里的提问的，这是非常难得的。

在这个连线报道中，记者最大特点就是"动"——一个在设置和装备上并没有什么特别之处的教室，即使因被选为天宫课堂的直播教室而具有了非凡的意义，能介绍的内容也不过仍然是座位、讲台与大屏这些常见设施。对出镜记者来说，复杂的场景能够说清楚是一个难题，而把简单的场景说生动同样是一个难题。从这个报道可以看到，记者破解这个难题的方法就是"动起来"——他在座位前从右向左横向移动，在移动中介绍了听课人员的情况，接着又跨上讲台，从右向左横向移动，介绍了讲台上的大屏和教具等情况。在移动过程中，一个简单的场景有了运动感，一个普通的教室有了记者的体验感和现场感，镜头画面不再单调凝滞，记者的叙述也不让人感到单一乏味，整个报道变得有了更多的可看性。这就是动态报道的优势：让报道具有更多的灵动感和现场感。这一优势，往往会让观众感到更有亲近感，会让新闻更好看。所以，虽然新闻自身的内容和新闻价值是决定一则新闻传播力的核心因素，但仍然提倡要多运用动态报道，因为这种形式能增强新闻传播力，增强一个频道的新闻竞争力。

在运用动态报道过程中，要注意运动方向的一致性：沿着一条不重复的线条走。在刚才的报道中，记者沿着一条"U"形线路从一端走到了另一端，保持了方向的一致性。同时由于运动路线清晰，观众对教室内的空间位置有了清楚的认识，而摄像记者也可以站在"U"形线路的中间跟着记者运动拍摄，从而避免跳轴问题。

### （三）发现细节

细节在新闻报道中具有以小见大的作用，是新闻事件中具体而微又能反映事物特征的事物与行为。没有细节的报道容易产生一般化和概念化的效果，因此在所有的报道形式里我们都会反复强调细节的重要性。在非常规新闻直播中，细节同样是现场报道中不可忽视的重要元素，对细节的发现依然强调的是记者的新闻敏感意识和独特眼光，就像刚才的报道中记者发现报告厅内大屏的高度和视觉清晰度之间的关系。

细节意识来自新闻意识的培养，也来自报道习惯的养成。出镜记者要珍惜每一次出镜机会，在报道开始前尽可能多做设计，事先演练，特别是对预发事件的报道，一般都会有预留时间先期到达出镜地点，进行事先准备，此时应该珍惜这段时间，抓紧进行设计与预演，要抱着"就是报道一间普通教室也要做出花样"来的主动精神，千方百计让自己的报道生动起来，好看起来。一定要记住：站在镜头前背词，你不如新闻主播，也不如演员，那不是你最主要的职能，记者一定要用自己的眼睛去发现细节，多做设计，用自己的方式把获得的信息传播出去，这样的新闻报道才好看。

### （四）全媒传播

电视不再是记者传播新闻的唯一阵地，甚至在某些情况下可能已经不再是传播主阵地。对突发事件来说，"抢"是第一位的。在融媒体架构已基本完备的当代传播体系，各媒体都有自己的网络传播体系，快速传播、及时直播已经是新闻传播的基本动作。很多新闻，在发生之时就开始了网络传播。对记者来说，拿到题材时就意味着直播就可以在新媒体开始了。因此，融媒体时代对出镜记者的要求进一步提高，除了能够应对传统的电视直播，还要做好网络直播。

就记者出镜来说，电视直播和网络直播出镜方法的区别并不大，但是网络直播还有很多自身特点，如它更注重即时传播、更关注当下状态、更侧重现场画面的展示、更倾向碎片化传播等。因此对出镜记者来说，不仅要掌握电视新闻现场报道的基本方法，还应该树立全媒体传播意识，养成随时随地传播新闻的网络传播意识，学习网络传播的表达语态。对每一个新闻报道任务，不仅要有电视传播的周密策划，更要有网络传播的策划和布局，学会利用新媒体拓宽传播渠道，扩大新闻传播范围，提升自身传播力和社会影响力。具体到报道中，就是要做好随时把新闻发出去的准备，在出发前就做好开通网络传播渠道的准备，在报道过程中随时进行直播，可以进行片段式直播，持续不断地发布最新消息，将自己的采访过程、调查过程随时直播，当然这样做对记者的能力是个巨大的挑战，但是打造全媒体化的出镜记者是全媒体时代的必然要求和发展方向。

### 三、非常规新闻直播中的应急处理

非常规直播是打破常规节目安排进行的直播，在直播中发生预料之外的情况，或者记者与直播人员出现差错都是可能遇到的问题。而应急处理是在直播中需要重视的课题。对出镜记者来说，在直播报道中遇到的应急情况主要来自三个方面：自己发生了错误、其他工作人员出现了错误，或直播设备发生了故障、事件发展超出了预想方向突然出现变故。这三种情况，除了第一种情况可以通过自我提高减少发生，另外两种情况都是记者自身无法控制而只能去积极应对的。

#### （一）准备充分，避免硬伤

新闻报道中的"硬伤"是指难以挽回的报道失误，主要是指新闻事实的错误和事件定性的错误，如人员受伤还是人员伤亡？是枪伤还是刀伤？受灾的村子是13个还是43个？交通肇事还是交通违章？是人为破坏还是恐怖袭击？这些问题对事件的真相、性质都会产生重要影响，是新闻报道最不应该出现的错误。

对出镜记者来说，这样的硬伤主要表现一是事实有误，二是妄下结论。要避免这样的硬伤没有捷径，就是日常一定要养成严谨认真的工作作风，对新闻事实绝不容许有马马虎虎、模棱两可、差不多的态度，且在每次出镜前必须做好功课，核实信息，不清楚的不说，拿不准的不下结论，尊重事实，尊重新闻。确实遇到时间紧急需要马上出镜的情况，如果还没有完全摸准情况，可以坦诚面对镜头，告诉观众自己刚刚到达，目前所看到的景象有哪些，有哪些问题还将要核实，以后会继续连线进行报道等。在陈述时要表情镇定，语气平稳，和观众有交流感，节奏适合事件情形，让观众最大限度地理解事件和记者。

### （二）"对不起，我再说一遍"——能够自己救场

在出镜过程中，记者发生语误是在所难免的，如果只是中间有两个字词用得不合适或发音不准确，但不影响事件的事实陈述。不会影响观众对信息的接收，可以忽略不计，可以再重复一遍继续陈述。如果事关重要信息或者有多处错误，可以说声对不起，再把正确表述重复一下。如果发现刚才的叙述不仅有语法错误，还比较混乱，要尽可能在脑中迅速重新组织一下材料。可以用这样的话来转一下："如果我刚才的介绍还没有给大家带来一个清晰的了解的话，我想用几个关键词来描述这起事件。"关键词可以从以下几个方面进行总结：时间——是否"突然"，范围——是否"广泛"，影响——是否"巨大"，反应——是否"迅速"，等等。关键词使用得当，可以增强叙述的条理性，让叙述更清晰、更有重点。在报道过程中，即使发现了自己的失误与不足，也不要慌乱，要快速思考，找出对策，把失误带来的负面影响最小化。如果当时还不能想出有效的对策，就迅速结束报道："目前了解的情况就是这些，在下次连线（或直播）中我们继续报道相关情况。"之后，记者可以为下一次直播出镜做好准备，在再次出镜时把上一次连线中的失误尽量补述清楚，争取做出更好的报道。

### （三）"下面，我介绍一下现场情况"——冷静应对故障

前面两点讨论的是在直播过程中记者自身可能出现的问题，在直播过程中还会出现技术故障，如直播网络信号弱、连线无法顺利进行等。在这种情况下，出镜记者一定要做好心理准备，特别是进行连线时，发现听不到主播的声音，也不知道自己的声音能否传出去，这时不要慌张，要始终保持镇定的状态，不要急于和前方喊话，反复问对方是否听得到。在问一声之后发现听不到对方声音时，就不再问话了，直接面向观众说"我这里听不到前方的声音，下面我就介绍一下现场情况"，然后就开始自己的报道，就好像什么故障也没有发生一样。在实际中，如果出现问题，前方播出控制人员会很迅速地切换信号排除故障。就在切换前这段短暂的时间里，记者要努力不给观众留下慌乱的印象，不要太专注于耳麦听不到声音而面对镜头流露出"怎么回事"的表情，更不要大声质问摄像机后面的工

作人员什么问题，始终保持专注于现场报道的状态，淡化故障的影响，这样观众对故障也就能从心里给予理解，对记者仍会保持信任感和关注度。

### （四）"我们相信下一次"——面对意外，正向引导

记者努力避免报道中的失误，技术部门对直播做出了安全保障，还会有问题发生——事件本身发生了意外，这需要记者同样做好准备。火箭发射没有升空怎么办？火炬没有点燃怎么办？营救没有成功怎么办？这些意外是记者不愿意看到的，对它的发生记者只能做好积极应对的准备，在准备过程中有一个基本原则：做正向引导。

在意外发生后，记者可能也无法立刻知道具体的原因，又要面临马上出镜的情况，这时记者首先是不能慌乱，保持镇定，然后面对镜头坦诚告诉观众出现了意外，但原因还不清楚，同时对意外表示遗憾。需要注意的是，如果出现了人员伤亡，不要过度渲染悲情，避免制造恐慌，尽快收尾，在收尾时一定要做正向引导：我们相信明天、相信未来、相信希望、相信下一次的成功等。在所有的意外、失败与灾难面前，相信人类的努力与奋斗，相信未来的进步与美好，是一个新闻工作者应有的基本信念，要懂得人们之所以愿意通过新闻去获得对世界的感知，是希望在感知世界的过程中获得前行的力量。所以，无论何时，请让你的报道给观众留下力量与希望。

举一个例子，在进行太空火箭升空直播报道时，当进入点火升天的阶段时，火箭却没有升天，而这时需要记者马上开始出镜结束直播，出镜记者应该怎么办？一般来说，因为事发突然，记者是没有时间获得问题原因的准确信息的，这时需要做的就是"转"，将意外带来的惊诧气氛转向其他方面，进行正向引导。比如可以这样结尾："我们现在还不清楚发生问题的确切原因。在科学的探索过程中，每一次成功都会伴随着尝试与失败，但是失败是成功之母，我们相信中国的航天科技会朝着更高更远的方向不断进步，也会密切关注这次事故的原因分析结果，及时为大家做出报道。"这种面临问题不放弃、不退缩、勇于改进的态度，就是记者永远应该传达的正能量。

# 第十一章　电视深度报道中的现场报道

## 第一节　电视深度报道的特点

对深度报道而言，《新闻传播百科全书》这样定义：深度报道指对较重大的政治、经济及社会事件或问题进行充分的解释分析，揭示其原因意义的报道样式。在新闻六要素中，深度报道注重"何因（why）"和"怎样（how）"这两个要素的发挥。

报刊、广播和电视都有深度报道，现场报道主要运用于电视深度报道。对电视深度报道，吴信训老师在《新编广播电视新闻学》这样定义：广播电视深度报道是用广播电视媒介手段实施的深度报道。电视深度报道是运用画面与声音符号体系，以及电视媒介的综合优势手段，全面深入地记录、反映、解析重大新闻事件和社会问题，并揭示其实质、因果关系及发展趋势的新闻报道样式。对新闻事件进行深度展示、对新闻背景进行有效整合、对新闻信息进行例行解读、对新闻事实进行精当点评是对电视深度报道的基本要求。

我国电视的深度报道也是随着电视新闻的发展而逐渐出现并发展成熟的，从《观察与思考》《东方时空》到《焦点访谈》《新闻调查》，从上海台的《新闻透视》、福建台的《新闻半小时》到山东卫视的《调查》，都是深度报道的代表性栏目。

在全媒体发展时代，融媒体的深度报道呈现更加多样化的形式，如视频加文字加图片，构建出新的深度报道形式。但是其中以电视深度报道为主要蓝本的视听深度报道，因为视听语言的传播优势，加上出镜记者在调查过程中呈现的表达风格和个性魅力，仍然是最受关注的。

电视深度报道的特点如下：

## 一、题材多样化，报道追求深度

不是只有批评性和调查性报道才是深度报道，目前深度报道的题材日益多样化，无论是重大社会事件还是人类探索取得的成就，无论是重大赛事和典礼还是百姓身边体现社情民意的民生热点问题、难点问题，都会成为深度报道的内容。而不管是什么题材，深度报道都有一个共性特征，就是追求深度的调查与分析，不是单纯地传达一个新闻消息，而是深度解释新闻事件背后的背景材料，透视现象表层下面的深层原因和影响意义。因为总是关注重要新闻事件、观察典型社会现象、解读热点社会话题，且这些内容往往又是政府重视、群众关心、社会普遍存在三方面的统一，因此深度报道往往给人感觉是"有温度"的报道，这不是说报道本身包含了记者的主观情感，而是因为深度报道关注的都是具有一定影响力、影响面的新闻事件，这些报道往往能引发社会关注、引导舆论走向，影响事件本身的走向和结果。如一则关于森林滥伐现象严重的报道，最终往往使这一现象得以制止，让森林保护问题得到更多的社会关注。此外，深度报道注重事件过程的呈现，用大量的事实细节和现场记录去挖掘新闻背后的事实，在拓展报道篇幅与时长的同时，也有更多的空间去展示人物的行为与情感。深度报道在情感展示和故事性事实挖掘上的优势，不仅体现了新闻价值，也让它更容易激发观众心理上的接近和情感上的共鸣，在体会新闻深度的同时，也感受到新闻的"温度"。

## 二、报道手法更加丰富，制作水平更为精良

一般来说，深度报道都有一定的篇幅，少则两三分钟，多则几十分钟，如果是特别重大的事件或系列报道，长度还会更长。这一特点使深度报道有更多的空间让报道手法更加丰富、制作水平更加精良。

一是叙事手段和语言符号更加丰富。报道中往往是现场报道、画外音解说、同期采访等手段交替使用，文字、图表、动画等视觉符号以及现场声、同期声、音乐等听觉符号综合运用，使节目更有厚度，更有表达力。

二是叙事方法注重过程和故事化的呈现，注重谋篇布局和叙事结构的逻辑性和条理化。特别是在较长篇幅的深度报道里，如何开头，如何转折，如何结尾往

往需要记者字斟句酌、精心设计、合理剪裁。对出镜记者来说，让报道符合叙事逻辑、符合观众接收信息的习惯、条理清晰、层次分明是基本功，而如何在几分钟、十几分钟，甚至几十分钟的时间内让内容环环相扣，形成良好的起承转合，引人入胜的新闻故事，才是最需要下大力气完成的工作。主要方法就是现场发现和挖掘"故事性事实"，全程记录这些事实发生的过程与情节，形成独特的叙事风格和镜像魅力。

2010年6月21日晚，江西抚河唱凯堤受数日暴雨袭击决口，使周围乡镇十几万人受到严重威胁。对此，抗洪救灾如何进行，当地群众如何看待这场灾难，如何去面对满目疮痍的家乡？中央电视台《新闻调查》播出《决堤之后》，讲述了记者来到江西抚州后，用大量的走访调查记录的一个真实的灾区。在调查过程中，他们记录了救援官兵的艰苦付出，记录了当地群众面对灾情的平静与互助。记者还追踪灾情最严重的一个村的村支书，记录下他在灾后处理工作中烦琐而又忙碌的工作情形。几天后，当记者再次到村里找到这位村支书时，发现他已经累得在家挂起了吊瓶，但他仍在用电话处理着村里的大事小情，而新的麻烦又找上门来。对此，记者的现场报道如表11-1所示。

表11-1　记者追踪村支书的深度报道

| 声音 | 画面 |
| --- | --- |
| （解说）这个时候，楼下运过来一车纯净水，村支书把分水的事情派给妇女主任，凡是住在村里的人，每人可以分到3瓶水，但是没过一会儿，就有村民表示对这样的分配方式不太满意。 | （从楼上俯拍窗外镜头）村里街上，村民从三轮车上往下搬运矿泉水。 |
| （村民）有些东西，他们数字没搞好，一个人3瓶水，现在发了368个人的水，有500个人（报名），发不下去。<br>（记者）怎么回事？<br>（村支书）她说那个发那个矿泉水在底下，那些人发不下去。<br>（记者）怎么了？ | （街上镜头）矿泉水堆在一边，村民们围观、议论。有村民大声议论，有的小声嘀咕，有的袖手旁观。<br>一个坐着的年轻村民仰头对记者。 |
| （村支书）她说那个人数，我们是按照他们上报人数多少发矿泉水，她说不止这么多人，我说你先发，这么多底下的人办事都办不好，相当气人。 | 主观镜头从门口运动至屋内，村支书正倚在床上输液。 |

| 声音 | 画面 |
| --- | --- |
| （解说）原来有村民建议按照户口本上的人数来发水，而村支书是按村里的实际人数来发放，这样一来这批水根本不够发，徐书记正在打点滴无法下楼，他把妇女主任找上楼来询问情况。 | 街上村民们围着矿泉水队各执己见。<br><br>输液管特写镜头，镜头变焦后景由虚转实，村支书打电话的镜头。 |
| （村支书）我不管你有多少人，哪怕是有1000人的矿泉水都不能给他们，你就这样没给，所有的东西不能哄抢，这些东西在三日之前，大家拿出觉悟来，你就这样安排。<br>（妇女主任）水没动，一直放在那里。<br>（村支书）我马上下来发，你全部放到房间去，所有的人都发，（受灾群众）说他家有10个人，就拿30瓶水去，你就这样写，比如说刘老头拿了30瓶，你就这样记。如果他说他有100人，你就让他写100人的名字来。<br>（妇女主任）我也是这样说的，但是有人就这样签字领。<br>（村支书）哎呀，他签了别人的名字领水，等别人回来就会找他。 | （全景镜头）妇女主任站在床头用手中的纸给自己扇风，村支书坐在床上输液，两人面对面说话。<br><br>镜头一直保持全景状态。<br>运动镜头晃动着向街道上矿泉水和人群走去。 |
| （村支书到楼下解决问题）你家挑一个人签名，如果你家只有5个人在，你要签10个人的名，我就给你10个人的水，水是按实际人口发。 | 全景镜头：村支书用手捂着另一只手上的输液孔，站在矿泉水堆前和围坐的村民讲话。身后的村民插话他回身和村民解释，身前的村民提问，他又回身回答。 |
| （村民）我说我村组有600人，你会说我说多了。<br>（村支书）所以你这样讲话，就没有听懂我的意思。一般按照国家政策，就是在这里的灾民才有水，假如你的家人不在这里，在安置点上，你可以代领。假如要领，你给他签字代领，不要让他从安置点回来说领不到水。我们工作没做到家，就是要这样，本来在安置点的，要等他们回来再发，但你现在也可以签一个字，代领。大家都心里有数啦，我们这里得了多少水，我也好向你们群众代表和党员解释了，没有这个具体的数，老百姓又会说我们干部吃掉，其实吃了有什么用呢？好啦，去拿登记的东西来，留几个群众代表老党员来做登记，来了人就发，把党员叫拢来。 | 中景镜头，村支书讲话。镜头从他身后摇向他前面的村民，村民们已经平静下来，都在安静听。<br><br><br><br><br><br><br>村支书回身对工作人员交代。 |

| 声音 | 画面 |
|---|---|
| （记者）你觉得怎么合理？<br>（村民1）全部分掉。<br>（记者）全分是家里有几口人就分几瓶吗？<br>（村民1）对，就是说家里有多少人吃饭。<br>（记者）你是说在家里面的还是外面的人也算啊？<br>（村民1）我儿子没有回来。<br>（记者）没有回来就不算了是吧？<br>（村民1）是，没什么了不起，7毛钱一瓶。 | 村民1的近景镜头。 |
| （村民2）发了大洪水，国家政策现在也是，现在就是有些人小心眼看不过，好像多拿点多得了一点，这个都不要，国家能帮助你们这些群众，这是国家富有了是不是？会安排、赢得民心，这是好事，没必要去抢，谁都有，在家里受困了的群众才能吃，没受困你就不需要了是不是。<br>（记者）你也这么看，是吧？你也支持村支书的分配方法。<br>（村民2）对对。 | 镜头慢慢拉出来，村民2身边站着村民1，村民点头认同村民2的话。 |
| （村支书）你叫人来发水，一个一个来，叫人发、叫人发，把名字写下来，对，一个一个写，写三个打个括号，拿了多少，一个一个领，不要慌，一个一个来，大家都有，就是多半个小时而已。 | 村支书走向矿泉水旁，指挥工作人员。转过身来，还是一只手捂着另一只手。镜头推向他捂着输液孔的手。 |
| （解说）村民最后同意了徐书记的安排，每个在村里的人领了3瓶水，另外不够的部分，村支书也承诺会很快发放到位。 | 村民们开始分水，在纸上签字。笑着领取水。 |
| （记者）咱们今天争吵，你觉得也正常是吧？<br>（村支书）农村工作就是这样的，有争吵的更好，可以发现我自己不足的地方，到底是我工作没做到家，还是村干部我底下的人没做到家，还是群众怎样的？我说群众的心是好的，但是我们在改进过程中，要多说一点。 | 村支书的近景镜头。插入村民们领水、拎着水回家、吃饭的镜头。 |

　　如果你恰好从这一段看起，可能会说：这是纪录片吗？确实，完整的事件过程、真实的情节冲突、村民自然的情感流露、原生态的场景记录，让这个"故事性事实"充满了纪实感。小小的分水风波，不过是救灾工作中的一个小插曲，但是记者的这种"全过程"呈现，咏叹出救灾工作的烦琐与困难、基层干部的辛苦与不易，以及百姓利益无小事的感慨。而这正是深度报道的一个特点：对大量

"故事性事实"进行情节完整的过程呈现，具有纪实性视听魅力。

三是注重镜头语言的表达。深度报道节目往往具有"新闻性、社会性、故事性、调查性"的属性特征，电视的语言符号是画面与声音，因此要完成"故事性"叙事，离不开镜头语言，甚至有更高的表达要求：如果说新闻消息的镜头拍摄要保证"拍得到"的效果，而深度报道的镜头拍摄往往要达到"拍得好"的效果。所谓"拍得好"，是指不仅注意画面的真实表现，还要注意镜头的意境效果，注重细节，注重多种景别、特殊构图的使用。在叙事过程中，甚至可以使用"蒙太奇"组合。比如，记者在拍摄群众反映强烈的一家行政机关工作人员对待群众态度傲慢、工作怠慢时，使用了这样一组镜头组合：第一个镜头是工作人员面对镜头漫不经心地回答问题，第二个镜头是工作人员身后墙上的牌匾"为人民服务"，第三个镜头是工作人员晃动的二郎腿的近景。这三个镜头都是在实际采访中的真实镜头，但它们组合在一起时，就有了"谴责"的意味：你们就是这样为人民服务的吗？类似这样注重镜头的深度运用的现象，在深度报道中是比较常见的。此外，与一般新闻报道不同的是，深度报道会使用大量的主观镜头来丰富叙事效果——只有风声掠过的旷野、夜晚传来鸟叫的山林、无声望着远方的老人、战后废墟上徘徊的儿童……这些看似"无心插柳"的镜头，往往是记者渲染气氛、表达情感的"有心栽花"，让报道带来电视纪录片的视觉感受。

## 三、现场报道是电视深度报道的重要手段

电视深度报道具有深度解读和深度调查的特点，记者的现场出镜可以展现调查的过程，展示调查的结果与细节，还原事实真相，增强报道的可信度。出镜记者在电视深度报道中具有不可或缺的重要作用，是新闻的调查者，也是事件的参与者、亲历者，是报道过程的组织人和引导人。现场报道、现场采访往往是记者完成新闻报道的手段，也是新闻叙事的内容。

还是以《新闻调查》的《决堤之后》为例，大堤决口后相关部门立即组织抢修合龙，灾区的群众又怎样呢？记者进入灾区，看到感兴趣的老乡就问，见到干活的人家就进，用一次次的采访串起了整个调查过程。

场景一：路边，一个中年男子在路边的积水里洗衣服，记者走过去。

（记者）就在这个洪水里洗衣服啊？

（村民继续洗着，抬头回答记者）要不到哪里去洗啊？

（记者）洗不干净啊？

（村民）洗不干净怎么办啊？

（记者）越洗越脏。

（村民）越洗越脏怎么办呢？都是泥，泥巴在上面怎么办呢？不洗就臭了，就臭了。

（记者）现在家里吃穿用的怎么办？怎么解决？

（村民）吃饭就没什么吃的，到高速公路，碰到就得一点，碰不到就没得吃，像昨天我们在高速公路，有个和尚送馒头来，我们碰到了，碰到就得吃了，碰不到就没得吃。

（记者）但是为什么不去政府组织的安置点去？

（村民）我养了一头牛，如果走了，牛跑到哪里都不知道。

（记者）你还惦记你的牛是吧？

（村民）是啊。

场景二：洪水过去十几天，记者乘船前往受灾村庄。

（在船上，记者出镜报道）抚州特大洪水之后，抚州的唱凯镇和罗针镇是受灾最严重的地区，现在我们就乘着村民摇着这种日常出行的这种小舟看一看，他们生活的情况到底是怎么样？现在已经是洪水过去大概十来天的时间了，目前村民们到底生活在什么样的状况？没有撤离到安置点的村民，他们的吃、穿、用、住又是怎么样的，这是目前我们最关心的。

（看到有村民准备乘木筏回村里，记者上前帮着拉木筏。）

（记者）慢一点儿。你们去什么地方？

（村民）我去罗针。

（记者）到镇上去，买点东西？

（记者从村民背后的包里拿出一根苦瓜问）现在这个菜价怎么样？比如说这个。

（村民）这个苦瓜3块。

（记者）苦瓜3块。冬瓜？

（村民）冬瓜1块5。

（记者）比发水之前贵了多少？

（村民）我不知道，我没有在这里买过。

（记者）会不会贵了一些？

（村民）肯定要贵一点，贵一点就贵一点。


场景三：记者乘船，买菜的村民乘木筏，一起进村，解说词告诉大家：这几天，村民要靠这样的小船摆渡，来往于自己的家和公路之间。


（记者问划木筏的村民）收费吗？

（划船村民）不收费，救人还收费啊。

（记者）哦，免费的，帮村里的人。那你每天都在这摆渡吗？

（划船村民）有人来叫。

（记者）有人叫你就帮忙出来划一下。

（划船村民）如果不叫你不知道人在哪里。

（记者）那你每天要送多少趟人啊？

（划船村民）最少要20趟。

（买菜的村民上岸后带着记者走到一个门户大开的旧木楼前）这个是我的家。

（记者向门里探视）哟，受灾很严重的啊。

（村民）受灾好严重的。

（记者指着二楼和搭在楼顶的一把旧木梯）你当时是把东西扔到上面是吧，这是梯子，那你受灾这么严重怎么办呢？

（村民笑着指着隔壁一座水泥楼房）我晚上都是在这边住。

（记者）在人家这边住。

场景四：记者坐在船上出镜报道。

（记者）这几天一直在受灾地区采访，穿行于受灾地区这样的水面上，最让我感动的，不是那些轰轰烈烈的巨大的事件，而是像我身后划桨的这位大爷这样的普通人普通事。大爷跟我说，我们这里平时就是一个低洼之地，所以堤坝垮了以后，自然也就是一个泄洪区，泄洪了以后，别的地方就安全了。同时还有一个感动的地方，就是这里所到之处，每一户人家，每一个人都在忙着清洗自己的家具，整理家园，开展生产自救，没有听到一句他们抱怨、他们在怨天尤人。

在这一部分，一个个场景的排列构成了记者的采访过程，事情不大，人很普通。但是现场交流的真实记录，不同村民的心态的自然呈现，让观众看到了灾区民众的真实心态。对出镜记者来说，与常规型新闻报道最大的不同是深度报道中记者主要面对的是人。人是活动的，这就决定了典型场景的不确定性，人在哪里典型场景就在哪里，记者就是要随时随地提问采访，跟着受访者的活动去发现具有报道价值的场景、物品和随时可能出现的细节与意外情节，随时进行现场报道。也正是这种充满着即时性和不确定性的现场报道，建构了深度报道的纪实风格，并成为报道中最生动、最重要的内容。

## 四、录播是电视深度报道的主要形式

因为侧重调查、侧重对新闻背景的深度解读和新闻材料的深度剖析，电视深度报道的制作与完成往往需要一个过程，这就决定了深度报道必然是录播的特点。目前，随着对新闻直播的力度加强，对一些大型新闻事件的深度报道也越来越多地采用直播方式，但是应该看到的是，这样的直播只是播出方式的直播，中间播出的内容并不都是直播。一般来说，要了解此时此刻现场情况，可以直播，但要了解事件背后的新闻解读，仍需要录播的方式，而且录播的内容往往决定着新闻报道本身的深度。

### 五、栏目化是深度报道的最高形式，直播化是深度报道的发展趋势

对电视来说，一种报道形式成熟发展的最高形式就是栏目化，中央电视台的《新闻调查》《焦点访谈》，山东卫视的《调查》都是这方面的代表。电视深度报道栏目化，往往可以成为电视媒体权威性、标志性的品牌节目，受到社会广泛关注，也体现着一家媒体的新闻报道水准。但是，深度报道的栏目化也往往具有节目形态相对固化、新闻内容因需要制作过程而在传播时间上略显滞后等局限性，这和当下很多习惯于快餐式解读的网民的信息接收习惯还有一定距离，因此即使是一些大牌的电视深度报道节目也面临着举步维艰的问题。对此，很多电视媒体探索着对深度报道引入直播方式，如中央电视台中文国际频道推出的《中国舆论场》，在直播的同时引入网络互动，深度解读最新热点新闻事件，是对电视深度报道的一种有益尝试。

## 第二节　常规新闻节目深度报道中的现场报道

深度报道有题材和内容上的区分，也有播出形式上的区分。从选题和内容上，可以分为调查性报道、解释性报道、人物专访类报道、纪实性报道等，因为现场报道主要运用于调查性报道，所以本节讨论深度报道时主要是针对调查性报道。

从播出形式上划分，主要分为常规新闻节目中的深度报道和深度报道新闻栏目。常规新闻节目中的深度报道是指在常规电视新闻节目中播出的以深度调查为主要内容的新闻报道；深度报道新闻栏目是以深度报道为内容的新闻栏目，如《新闻调查》《调查》。

常规新闻节目中的深度报道是新闻栏目对某一事件进行的记者调查或深度分析评论，因为在新闻栏目中进行日常播出，一般都篇幅紧凑，在2分钟以上，或是以连续报道、系列报道的方式进行播出。

## 一、现场报道注重事实的呈现

调查性深度报道是一种调查行为，"通过记者的调查揭示事件的真相，真正的调查节目是以怀疑为前提的"[①]，记者有所怀疑，并且通过调查破解怀疑的过程，就是还原真相的过程，所依据的，就是事实。"新闻的真实是事实的真实，新闻是事实的叙述，理论上讲，你的叙述与真实是否相符，事实是检验新闻真实的标尺。"[②]记者叙述的事实不能只来自记者的判断、分析与陈述，必须是具体而微的景物呈现、显而易见的对话互证、直接无误的逻辑演绎。对调查报道的记者来说，要比其他任何报道都更注重事实的呈现、细节的挖掘与表现，注重用事实说话。

2019 年 10 月 24 日，《第一时间》栏目播出了这样一条记者调查，如表 11-2 所示。

表 11-2　《洞庭湖：深夜出动 非法电鱼船密集作业》的部分报道

| 声音 | 画面 |
| --- | --- |
| （画外音解说）10 月 10 号晚上，根据环保志愿者提供的线索，记者从湖南省桃江县城驱车顺洞庭湖支流资江前行，刚过半夜，记者就发现江面有光点在闪烁。 | 车内拍摄顺江前行镜头。<br><br>江面光点闪烁。 |
| （女记者）我们通过这个夜视仪的热成像功能可以清楚地看到对岸有电鱼船，正在驶过。也能非常清楚地看到船上有电鱼的设备。 | 夜视仪拍摄的电鱼船画面。<br>女记者边观察夜视仪边说。 |
| （画外音解说）记者看到，电鱼船以两艘为一组，一艘船承载发电机，电鱼者向江中投掷两根带着电线的竹竿，而另一艘船则负责捕捞。他们非常警觉，当发现岸边有人接近，就立即关闭了灯光。 | 夜视仪中的电鱼船画面。<br><br>电鱼船上的灯光。<br>电鱼船熄灭灯光。 |
| （男记者）我们现在就在江边上，现在的时间是晚上的 1∶20，正好是电捕鱼非常集中的一个时段，在我们 200 米的位置，就可以看到一艘正在作业的电捕船，但是我们想要接近它的时候，他就马上把灯和电机关掉了，我们顺着上游这边望去，远处差不多一两公里的位置，还有两艘正在作业的电捕鱼的船。 | 另一位男记者蹲在挡板后面，轻声报道。 |

[①]　《新闻调查》栏目组：《"调查"十年：一个电视栏目的生存记忆》，生活·读书·新知三联书店 2006 年版，第 346 页。

[②]　陈力丹：《新闻理论十讲》，复旦大学出版社 2020 年版，第 73 页。

续 表

| 声音 | 画面 |
|---|---|
| （反电鱼志愿者画外音）前面的电鱼船把鱼电晕以后，用鸬鹚，也就是鱼鹰，用它把鱼捕捞上来。现在看到我们了，发现我们了，在收他们的鸬鹚了。 | 江上电鱼船灯光晃动。 |
| （画外音解说）非法电捕鱼者发现岸边有人后，立即将船藏到江中礁石后面，并时不时探出观望。这一幕都被记者记录下来。 | 电鱼船驶离画面。<br>夜视仪拍摄的礁石上人影晃动的画面。 |
| 沿江而上，记者在不到两公里的江岸沿线一共见到 4 组电鱼船正在作业，非常密集。 | 沿江画面。<br>电鱼船作业画面。 |
| （另一位反电鱼志愿者）一个晚上一对船可以打到几千斤鱼。我们这边当地的市场价格，你就算 10 元钱 1 斤的话，那也是好几万（元）了。传统的捕鱼工具，现在一个晚上就几百元钱，能搞到几百元钱就不错了。 | 面部马赛克处理的志愿者接受采访的画面。 |
| （画外音解说）在我国渔业法中，电捕鱼是明令禁止的捕鱼方式。电鱼工具，小到背包式电鱼设备，大到电鱼船，甚至还有大型电拖网。中国生物多样性保护与绿色发展基金会反电鱼联盟提供的这份地图显示，湖北的荆州监利县、湖南的益阳、岳阳、株洲等地，以及江西新干县等地，电捕鱼情况最为严重。 | 江中电鱼船作业画面。<br>电鱼船作业画面。<br>反电鱼提供的地图画面。 |

要揭露非法捕鱼的行为，就必须有非法捕鱼行为的展示。在这篇报道里，正是为了抓到非法捕鱼的现场画面，记者才会夜行追踪，才会使用夜视仪观察并现场陈述非法渔船的情况，才会有特殊的画面呈现。这种过程的展示，就是要通过"我在现场"的方式，说明记者是调查过程的亲历者，这些事实是记者获得的真实记录，从而以令人可信的方式呈现真相，让报道具有公信度。

在调查性报道中，出镜记者不仅要深入现场，更要注意尽可能保证现场过程的完整和环境的全面展示。过程的完整是指整个调查过程应当符合正常逻辑，特别是质证链条要完整。比如，《新闻直播间》节目 2024 年 4 月 11 日播出记者调查《长江禁捕 市场上的长江刀鱼从哪里来？》，先是记者在一家餐厅出镜："每年三四月份都是吃刀鱼的旺季，我现在所在的崇明这家餐馆此刻也是人气十足，不少顾客都点了一盘刀鱼来尝尝鲜。但是从长江禁捕以来，餐桌上的刀鱼从哪儿来，又如何确保不会有非法销售长江刀鱼的情况发生呢？"2021 年国家设定了禁捕区域，在禁捕区域以外的海域才允许渔民捕捞刀鱼，那么上海这些餐厅的鱼是不是来自海上的"海刀"呢？记者接下来就开始了和监管部门的调查，先是突击检查餐厅台账，再突击检查提供货源的市场经营者，证实货来自浙江温岭后，又和当地部门对捕鱼船进行检查，最终证实上海的刀鱼确实来自浙江的海上，一条刀鱼的销售捕捞溯源链也清晰呈现在消费者面前。之所以清晰，是因为记者调查过程层层推进、完整有序，特别是每一个环节都有执法的现场展示，大量的现场画面和同期声呈现追踪采访的真实性，令人信服。

除了过程完整，调查报道有时也需要注意环境的全面展示。比如，《新闻直播间》节目 2024 年 3 月 17 日播出的记者调查《密室藏隐患 遇险难逃脱》，报道了目前密室游戏经营场所存在的安全隐患。为了证实这些隐患，记者以消费者的身份进入这些场所，从入门到消防疏散口的大门紧锁，以真实全面的影像记录，让观众看到了隐患的真实存在。在与环境有关的报道题材里，环境交代至关重要，当无法预先进入相关场所时，可以按照行进的空间顺序，放慢速度进行拍摄，以确保拍摄成功。

无论是确保过程完整还是环境交代全面，出镜记者都需要牢记：调查性报道最不能少的是事实呈现，注重现场记录不仅是为了节目好看，也是用事实展示真相的必要方法。在使用这个方法时还需要注意叙事逻辑。调查有时就是对问题的质证，质证需要真实全面的证据链条，因此记者在开始调查前就应该弄清自己调查的逻辑顺序和证据链条，确保报道全面公正。

## 二、记者的叙事角度：限知性

调查性深度报道是通过记者的调查活动和现场叙述来建构事实。在调查中，记者既不是事件的当事人和参与者，也不是事件的体验者和观望者，而是作为公众代言人和破解疑问的第三人，用自己的调查行为带领观众到现场去看、去提问、去分析，通过一个个问题破解过程的展现，一步步还原事件的面貌，一层层揭开事件的真相。正因为这种角色形态的特殊性，出镜记者的现场报道也不同于其他类型新闻的现场报道。

### （一）保持限知的叙事角度

对调查性报道的出镜记者来说，有问题出现才会有调查，有疑问才会去破解。在新闻调查前，对事件的发展和事件的真相都是不可预知的，这种不确定的未知的状态决定了记者的叙事角度是限知的，即记者作为叙事者，往往在现场获得的信息是局部的、有限的，只是事件全局中的一个环节，这就要求记者只能立足现场，从当下的情况，从自己的角度来进行现场报道。那种全局性、概括性、定论性的信息应该避免出现在记者的现场陈述中。比如前面的"洞庭湖非法渔船"报道中，记者的出镜报道都是针对眼前看到的景象进行客观描述，让观众更清晰地感知现场场景。这种客观性描述就是调查型报道中现场报道的常见形式。它需要记者有猎人般的沉静，在叙述过程中保持平静、客观、准确、简洁的状态，在情绪上不能一惊一乍，在语言表达上简单直白，只介绍眼前看到的，不过多修饰，不添枝加叶，不到最后结论明确时不急于评论。

### （二）提问是调查的主要方式

调查是了解真相、查明原因的过程，提问是调查的主要方式。在调查性报道中，记者主要的出镜方式就是提问。提问既是记者调查的主要方式，也是展现真相的过程。好的提问会起到四两拨千斤、直击人心的作用。2024 年 3 月 16 日，《东方时空》栏目播出记者调查《梅菜扣肉预制菜隐藏的秘密》，揭露安徽阜阳市部分企业用未经处理的劣质槽头肉替代五花肉做梅菜扣肉预制菜。槽头肉是指猪头与躯干连接部位的肉，由于淋巴较多，按规定必须处理才能销售。在报道中，记者深入企业车间秘密采访，在和企业主周旋的过程中，不仅拍摄到了企业用未经处理的槽头肉制作预制菜的过程，更用周密而机智的现场提问展示了企业主在道德与人性上的黑洞：

（记者指着槽头肉）这些都是属于腺体。

（公司负责人）工人修得不是很干净的话，还会有一点。

（记者）像这个（甲状）腺体能尝出来吗？

（公司负责人）尝不出来。

（记者）（甲状）腺体吃了不会对身体有伤害吧？

（公司负责人对记者摇手）我不吃！

调查性报道的记者总会面对出现问题的当事人的抗拒与回避，即使记者进行了身份上的处理，当事人也会对陌生人有所防范和抵御，因此记者必须完全放下

"道德审问者"的角色意识和身体姿态的同时，还要精心策划和酝酿自己的问题，让整个提问过程平静、自然，但又暗藏玄机，随时捕获自己想要的信息。像刚才这段对话过程中，企业主一句"我不吃"让他最终落入了记者用问号埋设的伏击圈，它让观众看到了企业主的心到底有多"黑"，而所有的对话都是在一种当事人在没有防备的自然状态下的真实呈现，这种真实也更让观众震撼。有力量的提问有时能直击事实的心脏，但好的提问一定是来自积累与准备。正是记者的不断周旋，适当的提问，才最终捕获这些鲜活的回答，让企业主的恶劣程度暴露无遗。

### 三、调查行为具有隐蔽性

讨论现场报道，记者出镜是一个关键性元素，但是在很多调查性报道中记者可以"隐身"——在《梅菜扣肉预制菜隐藏的秘密》报道中，记者不仅更换身份扮作购货商，而且几经周折才进入车间，在车间全部使用隐蔽式拍摄，记录下了企业使用槽头肉的真实场面。在这一过程中，记者始终没有在镜头前正面出现。在《密室藏隐患　遇险难逃脱》报道中，记者虽然出现在了镜头前，却是一个戴着帽子的背影，引导着隐蔽拍摄设备的镜头拍到了营业场所入门前狭窄的走廊，场内狭窄昏暗的环境、安全出口紧锁的大门，让"隐患"尽显无遗。

调查报道是具有舆论监督作用的新闻报道，往往带有"揭丑"性质。因此，记者的调查行为也常常有隐蔽性，在一些极端情况下甚至要乔装暗访、隐蔽拍摄。在这样的拍摄过程中，记者往往并不出现在镜头里，但记者的"隐身"并不意味着消失，记者仍然在现场，用运动引导镜头拍摄，用提问一层层展现事实与真相。这种隐身使现场记录更具有客观性和真实性，更具有悬念感，更符合"揭丑"所需要的"解密"感，因而也更具有可信度。

因为这个原因，隐蔽拍摄有时也用于一般调查中，如2024年8月13日播出的记者调查《热门景点预约难　免费景点被"黄牛"牟利》，反映了北京热门景点本该免费的门票被"黄牛"倒卖牟利的现象，为了调查真实情况，记者化身游客混迹在景点门前排队的游客中，通过询问他们的门票来源来获取"黄牛"线索。虽然被询问的游客并非记者所要"揭丑"的对象，如果面对镜头正常采访他们也大多能正常回答，但是记者仍然采用隐蔽拍摄方式记录了询问过程，而这一方式让整个采访过程更具有客观性和真实感，让观众更有认同感，增强了节目的可信度。

# 第三节　深度报道新闻栏目中的现场报道

深度报道新闻栏目是指有固定化播出形式的以深度报道为主要内容的新闻栏目。所谓固定化播出，是指有固定的播出时间、播出时长和节目包装，甚至有固定的主持人和记者团队。除了这些电视节目的共有特征，深度报道栏目的自身特点是以深度调查为主要内容，以展示记者的调查行为和过程为主要表现形式，在这个过程中，记者往往扮演着重要角色，他不仅是新闻事件的见证者、报道者、调查主体，还是节目的一个构成元素，是调查行为的实施者，调查过程的表现者，其调查行为与过程是节目的重要表现内容。因此，在镜头前大量出镜的记者往往会成为这个栏目的外化标志和品牌形象，成为观众关注的栏目重要的标志符号，记者在调查过程中所进行的现场报道也有着鲜明特色。

## 一、深度报道新闻栏目的特点：记者的调查行为是节目的重要内容

深度报道栏目的主要形式是调查报道，调查的过程是节目的重要内容，如记者都调查了哪些问题，调查了哪些人，是如何对不同的被调查人进行相互对比论证的等。为了表现记者的调查行为，深度调查栏目通常会采用双机位，甚至是多机位拍摄方法，即在拍摄时使用至少两部摄像机同时拍摄，一部摄像机按照正常方法跟随记者拍摄采访，另一部摄像机则记录整个拍摄过程，记者的反打镜头、采访的全景镜头，甚至第一部摄像机及摄像记者往往也会被记录下来，甚至出现在节目中。

把另一部摄像机拍入镜头，甚至拍摄整个采访场景的全景镜头在摄像中本来被称为穿帮镜头，是一种缺陷镜头，但是在栏目化调查报道中，恰恰因为这种穿帮镜头记录了记者调查场景的全貌而被频繁使用，并收到了意想不到的效果：一方面，这些镜头形象地呈现了记者调查过程的真实状况，强化了调查行为本身的可信度；另一方面，它展示了记者对被调查人的平视姿态，强化了调查过程的客

观性和栏目的公正性。这种平视与客观性是记者能够取得被调查人的信任、获得有效信息的重要前提，也是屏幕上记者职业素养和人文情怀的外在展示，对受众有接近感。

　　这种全记录的拍摄方法对记者的现场报道也提出了更高的要求，只要调查在进行，记者就时时在出镜，时时在报道。记者必须有良好的现场掌控能力，主导调查行为的顺利进行，捕捉现场出现的意外情节，应对调查中出现的预想不到的情况，引导调查过程的顺利拍摄，让调查行为成为寻找答案、呈现事实的方法的同时，成为新闻报道的重要内容。

　　还是以《决堤之后》为例，江西抚河唱凯堤决口后，记者赶往灾区首先采访了抗灾救险的部队指挥员，抢修大堤的部队领导告诉记者，他们会克服困难尽早完成大堤合龙。进村营救群众的领导告诉记者，他们会克服地形困难，全力营救群众。那么，还有什么困难呢？记者决定跟随部队进村看看，现场报道如表 11-3 所示。

表 11-3　《决堤之后》现场报道

| 声音 | 画面 |
| --- | --- |
| （解说）25 日上午，舟桥营官兵还要进唱凯镇的各个村子再巡逻一遍，记者也随他们的冲锋舟进入洪水中的村庄。<br><br>（记者现场报道）此时此刻，你可能刚刚吃过晚餐，或许正准备和家人一起去散个步，也许还准备看一场精彩的足球比赛，但是，也就是在这个时间，很多人的家园已经在洪水中被浸泡了很多天，他们就是江西抚州的 10 万受灾群众。<br><br>（记者画外音）还有这么多人啊？那我们一起去看一看。<br>（同行官兵画外音）看看，看看。<br><br><br><br>（记者）可以看到，我们进到这户人家的堂屋里面，水深现在仍然有小腿这样的深，可以想象当时的水有多深。 | 　救援人员乘冲锋舟水中前行。水边被水漫过半屋高的村舍，船边翻起的滚滚浪花。<br>　记者身着救护衣坐在船头，在行进中出镜报道。<br><br><br><br><br>　镜头慢慢向记者右边移动，落在水里浸泡的村民住宅。<br>　水边二层楼上，几个村民在观望。<br>　一座进水的民房，女房主赤脚站在门口泡在水里的门板上向外观望。<br>　记者在一个村民家中出镜报道，身后的大爷几次想上前说话，记者弯腰比画小腿，大爷上前打断他。 |

| 声音 | 画面 |
|---|---|
| （记者）当时的水最深有多深啊？ | 记者回身问大爷。 |
| （村民大爷）浸到这里了。 | 大爷指着身后快比他高的墙线。 |
| （记者）一直到这里了？ | 记者也指过去，墙线到记者胸前。 |
| （村民大爷）嗯，浸到这里了。 | |
| （记者）哎哟，那是太深了。是不是堂屋里的东西已经好多都转移了？ | 记者回身，指着楼上问。 |
| （村民大爷）都转移到楼上了。 | 大爷指着楼上，示意记者上去。 |
| （记者）好了，走，去楼上看看。 | 记者上楼镜头。 |
| （记者）想不想出去，运出去，转移出去？ | 二楼，村民大妈跟着记者往阳台走。 |
| （村民大妈）没衣服，我衣裳都没有。 | 大妈边走边回答，背朝镜头。 |
| （指挥员）带上衣服走。 | |
| （村民大爷大妈）还有牛呢，两头牛没了。还有牛呢。（哭） | 镜头从阳台上做饭的锅转向大爷大妈站在记者前面，一起面对指挥员，反复叨念着牛，抹眼泪，哭。 |
| （指挥员）牛现在顾不上了，咱们现在把人先救走。 | |
| （记者）先救人要紧。 | |
| （大爷沉默、抽泣） | |
| （记者）没有水，没有电，还要打着地铺，像这样的受灾群众在抚州千千万万的受灾群众中，他们只是一个最普通的家庭，他们把所有的家里的物资，最值钱的电视、冰箱，看这有两台冰箱都搬到了二楼，因为一楼已经完全被洪水淹没了，我们再到阳台上去看一看。这里更明显，所有的生活物品，他们所有的生活都在这里解决，还能看到还有刚刚洗净的这样的豌豆，但是怎么来解决每天的伙食，现在都是一个大问题。我们刚刚跟着解放军解救了两户一直不愿意离开家庭，一直故土难离的两位老人，现在我要跟着冲锋舟把这两位老人送到紧急安置点去。 | 战士们背着大爷大妈蹚着屋里淹没小腿的水，把他们送到屋外冲锋舟上。<br>镜头拉回记者身上，记者站在二楼屋内，指着家具进行现场报道。<br>记者边说边走向阳台。<br>记者弯腰拿起盛着豌豆的盆子。<br>记者一只手端着盆子，另一只手指向楼下的冲锋舟，镜头摇向楼下：老人已经上船，大家正准备出发。 |
| （记者）像他这样的情况，这几位、三位老人是不是在救助中也是很普遍的一种状况？一开始不愿意走。 | 冲锋舟的一侧，指挥员面对记者，旁边并排坐着两位老人在吃面包，看着记者。 |
| （指挥员杨茂明）应该说是一个普遍现象，开始都不想离开这个家，故土难离，后来一看自己的房子不行了，水涨了，主动要往外走，这个现象是比较普遍的。 | 指挥员回答。<br>旁边老人吃完面包喝罐装粥。神情已经稳定。听指挥员讲话，点头。 |

这是一段情节完整的现场报道，它记录了记者在随军进村过程中帮助两位老人转移的基本过程，以鲜活的现场呈现了灾区村民的故土难离和面临灾难的无助，而这恰恰是救援工作面临的现实难题。这段过程层次清晰，立意明确，记录的真实感看点十足，之所以有这样的效果，同记者的几个意识有关：

（1）主导意识。记者的调查是自己向外的主观行为，必须体现记者的意识与目的。对深度报道的记者来说，调查过程往往是不可预知的，需要随机应变，时刻主导调查过程的顺利进行。在前面的例子中，记者即使希望拍摄村民拒绝救援的内容，但无法预知会遇到怎样的村民，村民又会有怎样的表现。而通过节目可以看到，从记者想记录灾情被打断，到村民意外哭泣，再到记者在舟上采访指挥员，记者面对着变化的情况不仅能从容应对，而且主动引导，通过具体的过程呈现，很自然地引出调查结论。这种主导意识来自记者良好的新闻意识，只有对自己的调查目的有着准确的认识，对出现的意外情节有着准确的新闻价值上的判断，在拍摄环节能够有序地操控，才不会与发生在现场的新闻失之交臂。

（2）情节意识。过程是众多情节的组成，要记录过程，必须得有情节，而情节是由人演绎的，因此在采访中要注重对人的表现。记者调查的是事件，面对的却是事件中的人，记者在调查过程中既要关注被调查者的回答，也要关注在调查过程中人的表现。一个不敢回答问题却侧倚着门斜眼瞟记者的村民，实际上是在用自己的身体姿态告诉记者，他有隐情；一个对记者怀有抵触情绪的人却不离开现场，反而停下脚步听记者怎么说，说明他也有话要说……当记者细心地发现了人的这些情绪符号，策略性地接触对方、引导对方，就有可能获得意想不到的情节内容。在前面的例子中，记者的报道被老人打断，记者很自然地顺着老人的话往下聊，和老人一起上楼，没想在二楼面对记者关于生活环境的询问竟让老人流下眼泪，从孤苦无依的哭泣到坐在船上大口吃喝，对老人这些真实场景的记录让"困难"这个词有了形象化的展示，让这个调查过程注入了人性的温情，增强了报道的厚度与温度。

对人的关注，需要记者保持平静的心态，讲究和人打交道的策略，冷静对待抗拒采访的人，带动羞于在镜头前表达的人主动进行交流，还需要记者保持一种接地气的姿态，在田间地头、街头巷尾能够蹲得下去、坐得下去、听得下去。

（3）报道意识。在深度报道中，调查过程就是报道过程，但这并不意味着记者在调查过程中只管提问。出镜记者的职能就是面对镜头现场报道，即使现场有很多不可预测的情况，也要求记者根据现场情况及时出镜报道，这种出镜报道主要有两个目的：一是对现场情况进行说明，像前面例子中记者对村民家中受灾情况的陈述；二是进行说明，对现场发生的一些情况进行解释说明，像前面例子中记者在二楼对村民生活现状的描述，实际是在解释转移村民的原因和必要性。不管是从哪个角度进行出镜报道，记者都要注意，当身处调查过程的现场时，要从限知的角度去描述事实，尽量避免使用宏大叙事语言、全局性信息、确定性结论，同时注意在表述准确的同时，语言要简洁明白，可以适当运用形象化表达，如用自己的身体去对比，展现积水曾经有多深。

## 二、深度报道中应注意的问题

### （一）用细节表现构建故事化叙事结构

对深度报道来说，事件过程的真实呈现使故事性成为节目的自然属性，一篇长达十几分钟甚至几十分钟的报道，如果没有抓人的故事，很难想象它能靠什么来吸引观众。因此，讲述一个好故事的新闻叙事传统在深度报道制作方法中备受重视，"事件故事化，故事人物化，人物情节化，情节细节化"，成为很多记者完成深度报道的制作路径。

英国记者大卫·兰德尔说过："在很多情况下，细节就是报道。"[①]对栏目化的深度报道来说，尤其如此。从某种意义上说，深度报道的调查过程就是进行细节的展示。这些细节在很多情况下是记者在镜头前对当事人进行提问、质证过程中出现的，有时表现为小的动作，有时是小的物品，通过记者的发现与放大，往往具有了更深的意义，如《决堤之后》记者端起来的村民盆中的豌豆、村民们从镇上购物回来背包里的蔬菜、村书记一边和村民们讲道理一边捂着输液孔的手等，它们或是通过记者的陈述，或是经过记者的提问，或是通过镜头的捕捉，在经记者的特有视角放大后，都成为报道内容情节化的细节，成为使整个新闻故事丰满而有厚度的聚塔之沙。

细节，就存在于现场，需要的是发现。《新闻调查》2010年1月21日播出的《厦门特大走私案——罪恶陷阱》，揭露了以赖昌星为首的犯罪集团腐蚀干部、打造权色、权钱交易链条的犯罪行径。在记者调查走访主要犯罪场所"红楼"的过

---

① 大卫·兰德尔：《全球新闻记者》，邹蔚苓译，复旦大学出版社 2013 年版，第 53 页。

程中，有这样一段出镜报道：

（记者出镜）这是挂在赖昌星办公室门口的一幅画，我们可以看到，在画上有一只鱼鹰盯住了一条肥美的鱼，这还有四个字——"天下唯我"，意思好像是说，普天之下所有的鱼都是鱼鹰的口中之物。那么，在这幅画的主人赖昌星的心目当中，什么样的人可能会成为他的猎物，什么样的人可能会成为他的目标呢？

一幅很可能被一带而过的画，能够这样很好地被运用，关键在于记者的发现。对深度报道的出镜记者来说，要带着问题去调查，但不能只带着问题去现场，还要带上自己的眼睛，去发现那些让报道更有质感的细节。

### （二）均衡采访

均衡是指各方面的平衡，均衡原则是记者采访应当遵守的一种基本原则，它是指记者在采访过程中，应当平等地、平衡地采访事件涉及的各方面当事人的意见，避免偏听偏信情况的发生。陈力丹提出的新闻专业原则就包括"新闻客观、平衡原则"，并指出"平衡呈现事件所涉各方的事实和观点，不使用片面的消息来源。对报道中受到批评的当事人，给予答辩机会"[①]。在深度报道中，调查过程往往会涉及很多当事人，这些当事人有着错综复杂的关系，有的甚至是对立关系，他们也会有各自不同的理由和意见。记者采访一方时，另一方可能会认为"你是对方找来的"而对记者采取抵制态度，如果不能采访到他们，展现他们的态度，就很难准确地把握事情的全貌。"偏听则暗，兼听则明"，越是遇到当事人不配合的情况，越需要记者沉下心，耐心做工作，深入进行交流，捕捉双方的真实声音，只有这样，事件的全貌才会完整，报道才会有说服力。

获得 2002 年度中国广播电视新闻一等奖的《"造林"还是"造字"》，通过记者深度调查，反映了湖北省郧西县的一些乡镇在植树造林、绿化荒山过程中，搞形式，做表面文章，不惜花费巨大的人力、物力造出了近百个巨大的山体标语字，把"造林竞赛"变成了"造字竞赛"。报道通篇没有记者的主观评判与批评，而是通过大量的采访调查，让观众通过对不同声音的对照与撞击来得出自己的判断。在调查过程中，受访群众真切地表达了不满，基层干部用朴素的数字算出造字的

---

[①]　陈力丹：《新闻理论十讲》，复旦大学出版社 2020 年版，第 302 页。

不值，但是，这些都是一方的意见，如果没有造字决策者面对镜头，这些意见都显得不够全面。于是，记者找到当地领导进行了采访，让他的意见和群众的意见直接发生碰撞：

（郧西县店子镇党委副书记）整个4个字的用劳力、用工大概是1800个，用了60方沙石，用了2吨水泥，总共字的成本价，就是5200块钱左右。要是按每个劳力10块钱折合，整个（4个）字花了12000块钱。

（记者）这个钱如果用在真正植树造林方面会植多少树呢？

（郧西县店子镇党委副书记）植树至少按照这1万多块钱，我们这个地方植树从树苗成活率的保证，大概可以植树30亩。

（记者）你感觉花这么大的代价值不值得呢？

（郧西县店子镇党委副书记）花这个代价我们认为还是值得的。因为我们做这几个字不仅仅是为了我们这一座山，而是为了整个全镇的农民，为了增强他们的造林意识。

（记者画外音）那么村民们是如何看待这种造字运动的呢？

（村民）从（河）对岸可以看到这边一排字好看，只能说对岸来去过车，当干部的看了好看。

（村民）要依老百姓说都不值得，那山上啥东西都不长，搞了没意思。

（郧西县景阳乡林业站干部）我认为造林应该是实打实地造林，不应该把这个造林运动变成一种造字运动。当时以为恐怕将来会有一个很好的宣传效果，可是4年过去了，荒山还是荒山，这么一看就是一个劳民伤财的工程，也是一种形式主义做法。

均衡全面地采访，不仅是记者的一种姿态和态度，还应是记者主动追求的一种采访结果。只有均衡全面，事实真相才能得到真实的还原，记者才能体现出客观公正的新闻原则。

## 第四节　深度报道对记者的素质要求

与其他新闻报道相比，深度报道有着鲜明的叙事特点和题材特殊性，对深度调查记者来说，做好深度报道，仅有出镜报道的能力是不够的，还应该具有敏锐的觉察能力、良好的沟通能力、精准的判断能力和优秀的表达能力，甚至在面对危险境况时，还要有无畏的勇气和无私的奉献精神。正如沃尔特·福克斯所说的那样，深度报道是"一个记者能够写出的一些最重要的报道"[①]。同样，对电视新闻记者来说，这样的深度电视报道也是一个电视记者能够拍摄到的最重要的报道，往往集中反映了一个记者的各方面才能，是一个记者综合素质的试金石和放大器。一个优秀的深度报道记者，一定有着良好的素质基础。

### 一、勇气与热忱

"记者是新闻领域里的英雄。他们要做的是把事实的真相找出来。他们冲锋陷阵，在新闻的最前线，在事实的大门外攻城拔寨，有时为了获得最原始的真相甘冒风险。如果他们不这样做，还有谁会这样做呢？"[②]

这是英国记者大卫·兰德尔在《全球新闻记者》一书中的开篇语。他形象地指出了记者的天然职责就是发现事实、发现真相。一个好的记者，要培养自己的新闻敏感性，要运用自己的眼睛和执着的热情去发现事实和真相，这种热情，有时意味着冒险与付出。灾害、战争、冲突，哪里有事故，哪里就有记者在现场，"记者永远在路上"。对调查报道记者来说，经常面对的是隐藏在种种表象之下和黑暗之中的新闻真相，为了揭露真相，记者需要面对各种困难，甚至是阻挠、威胁和各种陷阱。因此，作为一名调查记者，首先要有对新闻的热爱、对正义的追求和敢于面对各种困难的勇气。在《决堤之后》中我们看到，记者连续多日坚持在灾区现场，随着时间的推移，镜头前的形象从最初的面色红润到最后已经是嘴唇干裂、裤脚带泥；在《梅菜扣肉预制菜隐藏的秘密》报道中，企业主防范心很强，车间大门紧闭，但是记者几经周折，乔装孤身进入车间，沉着与企业主周旋。

---

① 沃尔特·福克斯：《新闻写作：报刊记者指南》，李彬译，新华出版社 1999 年版，第 153 页。
② 大卫·兰德尔：《全球新闻记者》，邹蔚苓译，复旦大学出版社 2013 年版，第 1 页。

勇气，让新闻更有力量，只是因为有人坚持在追光的路上。

记者的勇气值得点赞，而这种勇气还蕴含着一种职业素养：他没有因为这项任务的特殊而表现出任何激动与亢奋，所有的出镜报道都语速平稳、神态自若，他也没有为眼前没有见过的景象而大惊小怪、用主观情绪去表达自己的内心感受，而只是观察、拍摄、交流，像对待一个正常采访对象一样平静地进行采访，让人们看到了一个记者应有的不卑不亢的职业尊严，看到了人们所说的"勇气"对一个新闻记者来说应该具备的更深的内涵：不因勇敢而傲慢，不因冒险而盲动，不因无畏而激动。

## 二、技能与素养

带着勇气进入有一定危险性的现场，只是采访任务完成的第一步，能否采访好、报道好，考验的是记者的职业素养和采访能力。在自媒体时代，新闻生产从单元走向泛社会化，人人都可以成为新闻发布者，都有机会博得眼球引发关注，"记者还在路上，新闻已经传遍全球"，如何让自己的新闻占得先机，如何让自己的媒体保持权威性和关注度，是所有媒体面临的一大困境。破解这一困境固然需要从体制上去解决根本问题，但人才更是竞争的关键要素，记者素质的不断提高和能力的不断加强是新闻媒体突出重围、赢得战机的一个重要因素。

在记者的众多能力中，现场报道能力是专属于电视记者的一种职业能力，也是超越自媒体的优势能力。对电视深度报道的记者来说，面对纷繁复杂、不可预知的调查现场，要在镜头前完成新闻报道，这种现场报道的能力常常会转化为自己传达新闻的行为能力，在整个调查过程中的诸多方面发挥重要作用。

第一，时机的掌握。深度调查的现场很多都是事件进行中的现场，事件的进行不以记者的意志为转移，记者需要紧盯现场，随时观察，及时应对，见缝插针，在合适的时机完成自己的报道。比如，在《决堤之后》中，记者在受灾老人被送上船后留在二楼抓紧出镜，说明转移的必要性；在老人上船后，利用指挥员和老人同框的机会抓紧采访，证实像老人这种情况并不少见；看到村民从镇上买东西回来，拿起蔬菜询问价格等，都体现了记者时刻处于搜索状态，不放过任何一个可以获得有价值信息的机会，而且时机的把握也恰到好处。这种能力，是一个优秀的调查记者特有的能力。

　　第二，位置的选择。现场报道对位置的选择原则是在典型场景中选择镜头效果最好的位置，但在深度调查中，现场的特殊性不会给记者太多选择的机会，记者只能像摄影师抓拍一样，凭借自己的经验、自己报道的理念、个人出镜的风格等快速做出判断，适时进行出镜报道。比如，在《决堤之后》的报道里可以看到，深度报道因为是对重大复杂题材的调查报道和深度解读，采访对象多样化，采访场景也复杂多样。在一场巨大的洪水灾害中，灾民的家、政府的安置点、水中的冲锋舟、堤上的岸边路旁等，随时都可能成为记者的采访和出镜现场，要应对这些复杂多变的场景，需要记者具备良好的判断力和镜头表现力：判断力要求记者有良好的应变能力，能迅速对出镜位置做出反应；镜头表现力要求记者时刻牢记电视的基本语言符号是声音与画面，而画面是其独特的语言表达优势，记者对任何新闻信息传播的第一反应是脑海里出现镜头画面的景别与构图，这个虚构的画面也往往成为记者对位置选择的重要因素之一。

　　第三，交流的方式。沟通能力是记者的应有能力，对深度调查记者来说，沟通能力的重要性要更加突出一些。调查就是要跟人打交道，从对方那里获得信息，因此对调查记者来说，沟通不只是有技巧地提问题，更重要的是能有效地建立信息交流渠道，让对方自愿地打开心扉，开诚布公地进行交流，透露信息。这需要记者找到一把钥匙，打开对方的心门。这把钥匙不只是技巧和方法，还有公平对待对方、平等看待对方、平和接触对方的心态。这种心态是记者发自内心的、对方可以感觉得到的内在力量，是心理学上所说的"正能量"。这种能量的积聚来自记者日常人文情怀的养成，当平等、开放、多元、自由、公正这些概念在记者的脑海中被反复思考和不断认知，就是储蓄这种能量的过程。一个能够正视他人的选择、平等地对待不同的生活状态且充满开放性正能量的人，也往往是一个容易赢得他人信任、愿意和他人交流的人。因此，与人的交流不仅是一种技巧，也是一种心灵信息的接触与碰撞。

　　在《决堤之后》中可以看到，记者在和灾区村民的交流过程中，既没有高高在上悲天悯人的施舍感，也没有故意放低身价表示亲近的讨好感，而是以一种平视的姿态，和村民正常打招呼、寒暄问家常，像聊天一样问问题，即使村民们在分矿泉水这样的小纠纷中有个人意见，记者都不介入、不评判。记者的这种姿态让村民们感到亲近，也感到了尊重，所以他们在镜头前可以放松地回答问题，甚至和日常聊天一样不会停下手里的活计，就是发现了镜头，也可以抱着胳膊自顾自地晃来晃去。这种自然平实的表现，恰恰让节目具有了一种真实的力量。

2016年，《东方时空》栏目播出了一组反映巴西社会现状的报道，关注了巴西贫民窟、青少年持枪械斗、毒品等问题，其中最引人关注的是记者深入毒贩控制区的报道《走进上帝之城》，记者以冷静、从容、客观、专业的方式完成了对毒贩的采访和部分生产场景的拍摄，留下了非常珍贵的影像资料。在报道中，记者面临的交流对象不同寻常，是荷枪实弹的毒贩，是道德与正义的对立方。对待这样一群人，无论是站在道德制高点用审视的眼光去观察他们，还是谨小慎微用防范的态度对待他们，都不会获得对方的信任与尊重，更不可能获得真实客观的信息。记者始终把自己放在采访者和观察者的位置，从容自然地对待每一个采访对象，即使是面对向他炫耀手中武器的毒贩，他也只是平静的询问，以讨论的口气提问，所用的词语完全是中立的，没有任何评判与冒犯，让人感到他把对方当作一个正常的采访对象在交流。也正因如此，毒贩对他始终处于不设防的状态，不仅自然地回答问题，而且自然地和他交流其感到迷惘和没有希望的内心感受。也正是这样的交流，让观众从年轻毒贩的身上看到，贩毒不仅是一个犯罪问题，也是一个深层次的社会问题、教育问题，让这篇报道有了新的高度。

1954年，国际新闻记者联合会通过的《记者行为原则宣言》第四条规定："只用公平的方法获得新闻、照片和资料。"这种公平，包括行为的实施过程和程序上的公平，更包括内心观念上、社会认知上对公平的真正理解。只有让这种公平观真正成为自己内心的价值观和新闻观，记者的采访与报道才会体现出公平的态度，展现出客观的力量。对一个记者来说，探索人心、探索真相是记者的职责，而在开启探索之前，必须在心里带上"公平"这个指南针。

# 第十二章 出镜记者的现场采访

## 第一节 出镜记者现场采访的目的、特点与主要形态

采访是新闻记者通过观察和访谈等方法，搜集有价值的新闻信息，寻找事实真相的过程，目的是获得可以公开传播的新闻事实。对出镜记者来说，采访的主要方式是在镜头前对采访对象进行访谈，且因为是在镜头前进行，所以这一方式具有自身的特点。

### 一、记者现场出镜采访的目的

采访的根本目的是搜集和寻找新闻信息，在现场进行电视采访的过程是通过镜头把受访者直接呈现在观众面前，通过展示信息源增强新闻可信度。出镜记者采访当事人的主要目的是还原事件、解释事件和评价事件，从而回答三个问题：发生了什么，为什么发生，有什么影响。

#### （一）还原事件

还原事件主要是指通过采访了解发生了什么，用回答者的叙述还原事件过程。比如，在交通事故报道中采访当事人经历了什么，采访目击群众看到了什么，通过受访者的回答还原事件发生时的场景。有时，记者的采访只是表现受访者此时此刻的心态与认知，从而表现受访者的某种状态以及相关环境的状态，这也是对事件的还原，如《决堤之后》记者对大量村民的采访，其实就是还原他们的精神状态和生活状态。

### （二）解释事件

解释事件主要是指通过采访解释事件发生的原因和深度背景。比如，交通事故发生的原因可能是刹车失灵，但为什么会失灵，有没有前兆，是产品设计缺陷还是驾驶者疏忽大意，事故带给我们的教训是什么等，则需要通过采访进行了解。一般采访对象是事件当事人、知情人、参与人（如处理交通事故的警察）和相关专家等。

### （三）评价事件

评价事件是指通过民意调查或专家访谈对某一事件或社会现象进行社会评价，分析其社会影响。比如，交通事故发生后请专家分析如何避免"带病车"上路，通过"海采"方式了解民众对"小学生是否应该出国留学""大学毕业生应该先就业还是先创业"等问题的看法等。此过程中，采访对象一般是相关专家学者或不特定人群。

在这里需要注意区别的是，有一些"海采"也是面向不特定人群进行调查式采访，但其目的不是进行事件评价。比如，曾经轰动一时的《你幸福吗》采访，听起来像是评价性的调查，但其实是一个基于"中国人多样化幸福观"的新闻话题的还原性调查，目的是呈现民众的幸福感与幸福观，折射社会发展的多元性，而不是对事件进行评价。

在出镜现场报道中，上述三种调查目的可能会侧重于某一项，也可能会同时存在于一起新闻事件的报道中，只是不同的采访目的有不同的采访对象，所以记者需要准确选择采访对象，以实现自己采访的目的。

## 二、记者现场出镜采访的特点

现场出镜采访是在现场进行的采访，有很多甚至是在直播过程中进行的采访，而且电视采访都是在镜头前进行的，因此它具有自身的一些特点。

### （一）即兴性

即兴采访是记者对眼前的场景与人物有所感触时，临时起兴进行的采访。虽然记者对每一次采访都应该做好事前准备，但采访过程中意想不到的场景与氛围、突如其来的变故、采访对象的情绪变化等都会影响记者的思路，让记者产生临时发问的灵感，从而进行即兴性采访。

即兴采访对采访记者和被采访者会形成一定的压力——"一种在摄像机前表现并会被立马记录下来当众展示的心理压力"①。面对这种压力，记者既需要自我调适，提高控场和表现能力，也需要应对不同采访对象的不同反应，调整问题，调动对方，让采访过程始终沿着客观真实地展现事件事实的轨道进行。而这种压力，往往会转化为纪实感的魅力。中央电视台组织过"你幸福吗"系列走访活动，一次在北京街头采访时遇到一位老人，采访过程中得知对方是新加坡华侨，老人在盛赞祖国发展后，突然推荐旁边和自己同来的另一位老人接受采访，令人意想不到的是，面对记者的即兴提问，另一位老人回答得更好。在剪辑过程中，记者最初剪掉了第一位老人推荐第二位老人接受采访的过程，但是栏目组在审看后一致决定恢复被剪掉的这一段，因为它凸显了街采的即兴特点，让整个采访更有真实感，更有故事性。这就是即兴采访所具有的魅力。

### （二）即时性

从播出时态上划分，电视现场采访也分为录播型采访和直播型采访，而且电视直播中的现场采访难度要大于录播型的现场采访难度，因为它给予记者的容错空间几乎为零，记者必须做到"一次过"，即一次完成整个采访过程，这样才会体现整个采访过程的完整性。而对突发性新闻事件直播过程中的现场采访来说，很多问题还带有即兴性和即时性，采访的难度会进一步加大。但是难度越大，这样的采访就越有必要，越能彰显直播的即时性特点。

即使对录播型采访来说，因为电视采访有面对镜头的特性，镜头的记录过程也要求记者尽可能"一次过"，以保持采访的真实感和现场感。比如，在《决堤之后》中，记者在灾区要采访受灾村民，面对的就是不特定的采访对象，如路边洗衣服的村民、正在清理房屋的村民、买菜回来的村民等，每一个采访对象都是记者遇见的，对他们的采访既是即兴的，也是即时的，而且正是因为即兴的提问、即时的记录，人们看到了当地群众真实又朴实的回答，感受到了他们面对困难表现出的平和心态、面对灾情迸发出的精神韧劲。

### （三）不可预测性

现场采访的不可预测性是指采访过程以及获得的信息具有不确定性，这是由现场采访的即兴性和即时性特点决定的。

---

① 吴信训：《新编广播电视新闻学》，复旦大学出版社 2018 年版，第 182 页。

现场出镜采访要采访的是人，而人是采访报道中最难掌控的因素，他会不会接受采访，会不会如实回答，会不会紧张失控等问题在采访没有结束前都不会有一个明确的答案。2016年6月22日，某足球运动员备战法国欧洲杯，训练途中遇到一名电视记者突然冲上来采访提问，没想到该足球运动员一把夺过话筒扔进了旁边的池塘。虽然经事后了解，这名记者作为新闻主播曾在节目中多次批评过该足球运动员，但被对方夺过话筒扔进水里是他万万没想到的。

采访对象有时会拒绝采访，大多是事出有因，其中记者的提问很关键。比如，某次羽毛球男子单打半决赛中，某运动员以超常的发挥战胜劲敌闯入决赛，比赛刚一结束电视记者就对他进行了直播的现场采访，但是他在回答完一个问题后，丢下还在提问的记者扬长而去。究其原因，是记者的问题不合适。记者问的第一个问题是他在胜利之后对场外的飞吻是献给女朋友的吗？对记者并不合适的提问，该运动员当即表示不想接受采访，被记者挽留后提出只回答一个问题，不承想没有意识到问题严重的记者又问了一个无关痛痒的问题，在寥寥数语后，该运动员才丢下还在问第三个问题的记者扬长而去，直播也随即切断。通过这一事件，记者应意识到，采访前一定要有被对方拒绝的心理准备，同时绝不能用挑衅、揭秘、窥探隐私等不当方法提问让对方感觉不适。记者采访的目的是让观众了解真相，因此不论自己对采访对象有怎样的道德评价，当对方站在自己的话筒前，都应视为是对记者职业的一种尊重，记者都应该放下个人评价和个人观点，问观众最想问的问题，展示给观众最想看到的内容，确保采访的顺利进行，确保事实的客观呈现。

除了避免由记者提问技巧等造成采访中断等不可预测结果的出现，还应考虑采访对象的特殊性，确保采访对象可以在最合适的时机、以最舒适的状态完成采访。比如，交通事故刚刚发生，记者就把镜头堵在正在处理事故的交警面前，是时机的不合适；采访对象每天都有定时到医院探望亲人的作息习惯，记者一定要在探视时间约定采访时间，造成采访对象心不在焉，是采访条件的不合适。至于出现紧急情况、恶劣天气等，都是造成采访对象可能无法按照原有计划提供有效信息、出现不可预测性的原因。

采访对象的不可预测性并不是只能带来负面效果，采访对象自身的性格特质、语言风格有时也会让采访出现意想不到的场面，获得意想不到的效果。面对记者"你幸福吗？"的提问，回答竟是"我姓曾"；面对"对灾情有何感受"的提问，回答竟是"咋，你哭？"；面对夺冠之后感受如何的提问，回答竟是"用尽洪荒之力"。这些意想不到的回答都使采访具有了别样的效果。

在采访中无意遇到一个有效信息的提供者，像弹药库一样不断提供"重磅武器"，更会使采访出现别开生面的效果。2024 年巴黎奥运会上，中国游泳运动员潘展乐获得奥运会男子 100 米自由泳冠军，为中国游泳首夺该项目奥运会金牌，并打破自己保持的世界纪录。四天后，他又和队友一起获得 4×100 米混合泳接力冠军，打破了美国游泳队在该项目上超过 40 年的金牌垄断。赛后，潘展乐在电视采访中的表现同样引发关注，一句"这话能说吗？"展现了率真底色，一句"冠军是我们了，不满意的应该是别人，不会是我们。"彰显了自信与底气，迅速把他推向热搜榜，采访内容在网络上广为传播。这样的采访效果，可能是比赛前无论如何也想不到的。

对出镜记者来说，对产生负面效果的不可预测性要积极应对，对产生正向效果的不可预测性则要乘胜追击，追求效果最大化，获取更多的有效信息。有时候，意想不到的受访者回答会改变采访的主题、报道的角度和报道的结构布局，从而产生正向报道效果。现场采访中的不确定性，恰恰是采访的一种魅力。

### 三、记者现场出镜采访的主要形态

采访是记者与采访对象进行的交流，根据采访过程中采访对象所处的时态以及和记者的关系，出镜记者的采访形态大致分为以下三种情况。

#### （一）直击式采访

直击式采访是指在现场报道过程中，记者直接向事件当事人或关系人提问采访，了解事件的真实情况。一般来说，直击式采访都是在事件发生过程或处置过程中进行的，采访对象主要有两类：一类是事件当事人，包括事件责任人、受害人或直接参与人；另一类是事件关系人，包括事件目击者、事件处置者、与事件当事人具有利害关系的人（如亲戚、朋友）等。以一起两车相撞的交通肇事为例，其中涉及的采访对象有：

事件当事人：两辆车的司机（事件责任人）、同乘人员（直接参与人）。

事件关系人：案发时在场的过往行人（现场目击者，讲述目击情况）、现场交警（事件处置者，讲述现场情况）、受伤人员的家属（直接关系人，讲述伤员在医院情况）。

直击式采访的对象都具有特定的指向性，即与事件有关，其采访内容一般具有能够在一定程度上还原事实的作用，采访也带有一定的随机性特点。来自现场的随机调查式的问答会给人以真实可信感，这是直击式现场采访具有的优势。在前面提到的例子中，无论是在喷发火山附近的小镇中记者对当地居民的采访，还是在海南大雾中体验离岛过程中记者对乘客的采访，都是直击式现场采访的运用，也都体现出真实生动的特点。

（二）随机街采

"你幸福吗"是中央电视台多年前策划的一次电视采访活动，记者深入街头巷尾、田间地头，把镜头对准普通民众，主要采访一个问题："你幸福吗？"虽然这次采访活动因为"这是否算新闻采访"而引发业内热议，但是大量的百姓面对镜头各种各样的回答，甚至"你幸福吗？——我姓曾"这样因误解而令人喷饭的回答也被原汁原味地直接呈现，还是让观众看到了一种新鲜的采访样貌和电视理念，看到了当下中国普通民众对幸福的理念与解读，以及一定程度上呈现的百姓众生相，从而引起了社会的广泛关注与热议。笔者暂不讨论这次采访活动的得失与意义，但单从采访样态来说，它让人们看到了一种采访样式的独特效果与魅力，这就是街头采访。

街采是就某一问题面对大多数人以随机方式进行的采访，它有两个特点。一是面对大多数人，采访对象有很大的随机性。虽然街采不是无范围的"盲采"，也有一定的采访范围，但是这个范围一般是开放的、广泛的，具体的采访对象往往没有事先约定，合适的采访对象像大海捞针一样可遇不可求，有意思的答案往往是在众多采访中不经意遇到的，所以这样的采访形式在电视业内又被称为海采。二是回答内容的不确定性。由于是在一定范围内的随机采访，所以采访对象的回答内容是难以预测的，如"今年暑假怎么过？""你今年的心愿是什么？"等开放性问题可能会引出意想不到的答案，"禁止在公共场所吸烟，你是否赞同？""行人不遵守交通规则是否应该加大处罚力度？"等看似闭合式的提问，如果再追问一句为什么，得到的答案同样是多种多样。

上述两个特点导致街采的质量往往难以掌控，但是意外的采访效果往往也会在无意中发生：直白真实的回答可以再现来自基层民众的真实心声，面对镜头的不同表现会带来生动有趣的收视效果，来自民间语言的鲜活与朴素也会让采访充满接地气的"泥土"气息。在"你幸福吗"系列采访活动之后，中央电视台又推出了一系列"记者走基层"采访活动，其中相当一部分街采内容成为网络关注话题。

记者要做好街采，要注意以下几点。一是目标要明确，因为每一个问题都针对一类人群，所以记者要紧紧抓住这类人群的特点，快速寻找到合适的采访对象，及时判断出对方能否给予满意的回答。比如，在做一个化妆品的调查采访时，记者要明确采访对象主要为女性，女性中这类产品的主要使用者是什么年龄段，这个年龄段中的女性有哪些能够从外表上看出常用此化妆品，有了这种层层细化的思路，在街上找到满意的采访对象就相对容易多了。二是问题要明确，即提问应让采访对象迅速抓住问题的核心，从而快速给出有效回答。三是善于调动对方情绪，能够即兴和对方交流，在遇到满意的采访对象时能充分挖掘其应答能力，丰富信息资源。

### （三）预约式采访

预约式采访是指对确定的采访对象进行的现场采访。这种确定是指事先确定了采访者的身份、采访什么问题，这种确定性是与直击式采访和街采最大的不同之处。比如，2020年1月10日全国春运开始，中央电视台《第一时间》节目在早间推出了一组春运报道，其中多名记者在各地火车站进行连线直播，其中一则关于上海虹桥火车站的报道是这样的：

（记者 火车站现场报道）今天是春运的第一天，上海虹桥火车站一早就有很多人来到这里乘车……长三角今年春运针对返程空位进行了车票的打折，最高的时候可以打到5.5折，这也是在给大家进行一个反向过春节这样一个引导。（记者向左移动）我身边这位是上海虹桥火车站的工作人员罗晨曲，来给我们介绍一下今年上海火车站春运的特点。

（罗晨曲 中国铁路上海局集团有限公司上海站虹桥车间党总支副书记）好的，今年的春运期限是从今天，也就是1月10号到2月18号共计40天，铁路上海站预计发送旅客是1362万人，同比增长4.8%。和往年相比，旅游过年或许成为今年上海地区春运的一个大的趋势。为什么这么说呢？因为我们知道去年年底陆续开通了郑阜、徐盐等四条高铁新线，这些新线的开通一方面为长三角铁路的运营提供了保障，另一方面拉近了上海与这些长三角城市之间的距离。同时也为沿线城市旅客出行提供了极大的便利。

这是一个在直播过程中的现场采访，记者在介绍了现场了解到的一些情况后，直接走向采访对象进行采访，无论是从对方的身份还是回答的内容都可以看出来，这个采访显然是经过了准备。在采访过程中，记者会预先邀请部分人员接受采访是一种常态现象，不是每一次采访都会在事发现场完成，特别是一些调查性报道，更需要在事件发生之后预约采访对象完成镜头前的对话交流。对刚才看到的新闻直播来说，完成直播中的对话交流，更需要找到掌握关键信息的关键人物，确保沟通交流的顺畅。这样的人物记者未必事先认识，但是对他的职务及其掌握的信息范围是有一个大致了解的，针对他应该问什么问题也是可以提前交流的。这种提前预知，是直击式采访和街采都不具备的特点。

预约采访虽然已经知道了采访对象的基本信息，但也不能想当然地面对镜头举起话筒就问，可以用以下方式：要事先了解对方的基本情况，看能否获得更多的新闻信息；观察对方的表达能力，看能否正常完成拍摄；看对方的服装与妆容，看是否适合出镜；选择具体拍摄位置，看能否获得最佳拍摄效果。这样才能达到满意的报道效果。

# 第二节　记者现场采访注意事项

记者在现场进行采访的目的是通过采访了解事件的相关信息并通过镜头传达给观众，因此采访是否成功往往决定了观众能否准确全面地获得信息，了解事件真相。要做好现场采访，应该注意以下问题：

## 一、采访前的准备工作

记者的采访在播出过程中往往只有几分钟甚至几十秒钟，但就是镜头前短暂的呈现也需要记者付出努力才能做好。"台上一分钟，台下十年功"这句戏剧界的老话同样适用于出镜记者。对出镜记者来说，要把每一次采访当作一场战斗，时刻做好出发的准备，不打无准备之仗，不打无把握之仗。

### （一）核实信息源

记者在采访前一般会获得采访信息，这些事先获得的信息大体分为两类：一类是预发型新闻事件的信息，即采访的新闻事件是预先知道的，这些新闻事件不一定都是媒介新闻事件，一些突发事件在进展到一定阶段后也会转变为媒介事件，如地震后的救灾工作、疫情后的预防工作等。这主要从记者在接到采访任务时新闻事件的状态来区分，只要记者事先知道要采访的事件，采访目的比较明确，获得的采访信息就属于这一类。另一类是突发性新闻事件的信息，主要是指面对突发事件接到的采访任务获得的信息，因为事件突然，所以获得的信息非常有限，而且不能保证准确，对采访任务只有一个大致方向，对会采访到什么并没有确切的目的与目标。

相比较而言，预发型新闻事件因为有确定的发生时间，记者获得的信息会更详尽丰富一些，所以应注意把准备工作做得细致一些，如在掌握了时间、地点等基本信息后，应该了解事件的规模、性质和社会意义等，了解要采访的人物的有关情况，设计采访提纲。这些工作可以通过互联网查询、向相关部门了解等方式来完成。如果自认为一切都准备好了，不妨问自己一个问题：我这样采访出来的作品一定是个好新闻吗？还有没有别的采访方式？一个记者在出发前的最佳心态应该是：我已经准备好采访提纲了，但是，我更期待着意外的出现。

对新闻突发事件来说，记者能够获得的信息要少得多，虽然互联网时代会让信息传播的速度越来越快，但对记者奔赴现场发出报道要求的速度也是越来越快。怎样在抢速度的过程中核实信息，获得更多的信息支持是摆在记者面前最紧要的问题。当记者在接到任务马上出发去采访，在奔向现场的途中发现自己只是知道在哪里突然发生了什么事件，如某地一家化工厂发生了爆炸，或者是某地发生了一起严重的交通事故，而别的情况都有待核实，这时最应该做的是什么呢？

在回答这个问题前，需要先了解新闻现场人物关系（图 12-1）。

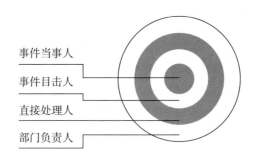

事件当事人
事件目击人
直接处理人
部门负责人

**图 12-1　新闻现场人物关系示意**

这是在一起新闻事件中与事件有关联的人物关系图，越处于中心，与事件的关联程度越紧密，这些人物也是记者在报道过程中会采访到的人物。那么，当记者奔赴现场的过程中，应该将核实信息的目标放在谁身上，采访的第一目标应该是谁呢？

1. 事件当事人

这是事件发生的直接参与人或受害人，与事件发生有直接关系，是最能证实现场发生了什么的关键人物。比如，爆炸现场正在作业的工人、交通事故中的司机和车上乘客等，是记者最希望采访到的人物。但在实践中，这些人物往往也是最难采访到的，因为记者很难赶在处理人员之前到达现场，而处理人员会按照程序将当事人进行疏散处理，或集中起来，或暂时限制行动，或送往医院等，使这些人员可能成为最早离开现场的人。这时，如果记者去追踪当事人，可能会面临当事人拒绝采访的情况，同时远离了第一现场。所以，某些时候追踪采访当事人的做法并不可取。

2. 事件目击人

这是事件发生时看到现场情况但与事件发生没有直接关系的人，如爆炸现场附近的居民、着火工厂外的小商贩、交通事故发生时正好路过的行人等。虽然不是事件的直接关系人，但是因为亲眼看到了事件的发生，所以他们的讲述也具有很强的证明力。但是，他们的特点是不确定性，一是自身情况不确定，未必会长久停留在现场，也未必会愿意直接面对媒体；二是目击人在陈述自己看到的情况时，由于不是直接关系人或受认知水平的限制，个人的判断与猜测包括记忆的准确性都会影响信息的准确性。因此，将采访第一目标对准他们，多少带有碰运气的成分，并不十分有把握。

### 3.事件处理人

这是指事件发生后现场负责处理事件的相关部门和机构的负责人，这个人未必是相关部门和机构的主要负责人，而是现场负责处理事件的负责人。这个人未必完全能够阻挡记者进入现场，但对事件的性质、现场的基本情况、下一步的处理等问题可能是最心中有数的。如果现场只采访他，得到的回答也只是第三方的，一定没有当事人和目击者的生动，真实感强。

### 4.部门负责人

这是指处理、处置新闻事件的相关部门或机构的主要负责人，在重大事件发生时，这些负责人也会到现场进行指挥和处置，但因为事件重大，他们更多的责任是处理和指挥现场，不一定便于采访。

以上就是现场事件主要相关人物的关系与特点，正是由于以上特点，对出镜记者来说，在不同的时间段应有不同的对待方法。在赶往现场并核实情况的阶段，记者应把联系目标对准事件处理人，因为他可能是记者进入现场的通行证，是得到最新、最确切信息的主要来源。因此，遇到突发事件后核实信息时，首先要核实好准确地点，保证以最快速度赶往现场，在路上利用自己的人脉关系或通过单位同事尽快了解事件的确切信息：事件的严重程度、有无人员伤亡、事件的性质等。其中，这些信息必须核实：谁在现场指挥？怎样找到这个人？能否以最快速度通知他记者赶往现场的消息，如果可能，可以和他取得联系，看能否获得确切信息。之后，利用手机等多媒体获得更多信息，了解相关情况。

当然，这样做的前提是事件本身适于报道采访，如果事件事态不明，对方可能会拒绝采访，就不要提前通知对方，但仍要尽量通过权威部门获得更多信息。这种核实信息的顺序，既可以提高效率，又可以提高对报道内容的掌控度，减少报道失误，记者应做到心中有数。

到达现场后，记者应该先采访谁呢？图12-1清楚地展现了采访顺序。即使记者先找到了事件处理人，也应该在他的帮助下按照这个顺序去采访。这样做的目的是最大限度地获得第一手材料，让采访更加真实生动。

### （二）准备采访提纲

采访有即兴提问的特点，但不是一切问题都应该寄希望于现场的灵光闪现，特别是对直播的现场采访，更应该重视事前准备，列出采访提纲，做到心中有数。

准备采访提纲，可以加快采访的进度，也是对接受采访的人的尊重。准备采访提纲应该在核实信息的基础上进行，已知和应知的问题则不应出现在采访提纲里，如预约采访一个人物时，不应问对方是哪里人、今年多大岁数、什么学历等，因为这些问题在核实信息时就应该了解了，除非有特殊设计，否则不应该在采访过程中出现。例如：1960年，新华社记者郭超人采访我国运动员登珠穆朗玛峰，由于登山运动本身的特点，决定了记者采访常常是没有节奏、突击式的。登山运动员上山，记者没有能力跟着，只有下到大本营时记者才能采访，而运动员下山的时间是非常短促的，况且还要休息治疗。了解到这一点，郭超人在采访前用了四个小时做准备，然后抓住运动员在医务室里包扎伤口这一时机用一小时完成了采访，写出了著名的长篇通讯《英雄登上地球之巅》。这个例子虽然是报社记者的经历，但同样说明了前期准备采访提纲的重要性。

准备采访提纲还要用心、细致，但这不是说准备得越多越好，不管是谁面对镜头长时间接受采访都是很疲惫的一件事，会造成信息的流失和错漏。因此提纲一定要精简，要不断地问自己：如果只让你问一个问题，你会问什么？如果只让你问三个问题，你会问什么？你的采访能在十分钟之内就结束吗？这不是准备采访提纲的唯一方法，却是让自己的采访更有效率的一种方法。使用这种方法，可以让记者删繁就简，去除那些寒暄性的、铺垫性的、边缘性的问题，在现场采访中直接切入主题，抓住关键，问必要的问题，问应问的问题，问与对方身份相符的问题。这既是对采访对象的尊重，也是对记者职业的尊重。

美国新闻学教授肯·梅茨勒曾提出，要重视第一个问题的提出，不管第一个严肃的问题是什么，它必须具备四个特性：

（1）比较好回答，电视采访更应如此。

（2）能增强采访对象的自尊心，敏感问题稍后再问。

（3）显示出采访者为此已经做了充分的准备。

（4）在逻辑上符合采访者已经阐明的采访目的。[1]

---

① 肯·梅茨勒：《创造性的采访》，李丽颖译，中国人民大学出版社2004年版，第39页。

### （三）记者的日常准备

工作在新闻一线的记者，工作有很大的随机性、常常会突然出发奔赴现场，因此平时就要做好准备，配备一定的"装备"。

装备之一是服装，即在办公室要常备一套可以拿起来就走、在现场就能穿的服装，这样的服装一般是中性特质突出，适合各种事件，适合各种场合，适合各种光线，和记者的气质比较吻合。

装备之二是日常生活用品，经常去外地的记者还应准备简易睡袋等应急用品。

装备之三是充电设备，需要带在身边的充电器、手机等，总有一套随时可以拿起就走的充电设备等待备用。

## 二、现场采访中的具体操作

进入现场，如同进入战场，在战场上，知己知彼，才能百战不殆，记者在自己做好准备、尽可能掌握对方信息的同时，还要根据现场情况采取相应的应对措施，以采访成功为目的，克服各种不利因素，完成现场报道。

### （一）注意采访顺序

前面已经提到采访的顺序应当按照当事人、目击人、处理负责人这样的顺序去采访，这主要是突发事件报道中的采访顺序，而且一般是指录播状态下的采访顺序。因为预发事件一般都会事先知道事件的进程，采访也大都是预约式采访，可以对采访事件不做过多考虑。而对突发事件来说，如果是录播，则需注意按照对象的不同确定顺序。如果是直播，而且是到达现场后马上冲向现场的直播，就只能按照自己前进的顺序采访，遇到身边的人可以随时根据情形需要进行采访。行进时注意路线选择，按照一个方向的路线进行采访。

### （二）注意采访时的服装仪容

服装仪容是记者报道时的非语言符号，它的重要性在前面已经说过，在这里还要强调，是因为除了要考虑现场采访的服装仪容与事件性质是否符合、与现场氛围是否符合，还要考虑与对方的身份职业和服装是否符合。

仪表与妆容在很多人眼里是小事、是私事、是不用那么在意的事，但是对记者来说，镜头前面无小事。小的细节，可能会带来意想不到的传播效果。因此，记者必须认真对待自己的服装仪容等形象问题。

### （三）注意提问的方式与目的

提问是记者的天职，但这并不意味记者有权利能够随意按自己的方式进行提问。作为被采访者，他们是事实信息的提供者、验证者和证明者，记者的采访过程就是通过信息的交流发掘真相，呈现事实。从这个意义上讲，每一个被采访者都应获得记者平等的对待。在采访时，记者不应成为灵魂的拷问者、道德的审判者，而应把自己定位为问题的提出者。

本书虽然也提出现场报道应该有所设计，设计的目的是更好地进行新闻传播，但这并不意味着记者只把收视率放在第一位，让收视效果优先于事实传达。记者应牢记的是，设计是为了更好地传播，提问是为了呈现事实，而不是为了煽情。比如，在采访在大凉山大火中做出突出贡献和重大牺牲的消防队员时，有记者向一位幸存消防员提问："你跟那个战友关系好吗？你想救他吗？你自责吗？"在记者的连续追问下，被采访的消防员既无措又茫然。这个采访暴露了一些记者下意识的高高在上的优越感：在把自己当作记者的同时，把自己当成了主持人，当成了道德审判官；在把对方当作采访对象的同时，把对方当作了煽情工具。但是，记者不是主持人，煽情也不应成为采访的目的，不能为了收视效果问一些引起对方强烈情感反应的问题。就像一些网友对此的评价：在挖掘事实真相、反映客观事实的同时，如何兼顾新闻的温度与人文关怀，同样值得思索。

所以，记者需要思考：我该以什么姿态进行提问？该以怎样的客观提问来引出事实？该怎样用问题让事实抽丝剥茧般显露无遗？记者在镜头前是表现，但不是表演，表现的目的是更好地展示调查事实的过程，事实只有在客观、平等、冷静的调查下展现，才具有真实性，任何想表演的冲动都会带来损害新闻客观性和真实性的危险。要获得客观采访的效果，记者首先要平静问出自己的问题、问清自己的问题，每一个问题指向明确，不带暗示和诱导，只指向具体事实，受访者只需客观回答，就会还原相关事实真相。

2011年3月11日，日本东北部海域发生9.0级强震，并引发海啸、核泄漏等状况，成为备受全球关注的一场复合式灾难。中央电视台《新闻直播间》策划了日本地震系列报道，采用多地、多人的报道方式，深入完整地报道了事件全貌。其中，有这样一段记者对正在避难的居民的采访：

（记者）什么时候开始入住的？

（受灾民众）从昨天开始入住的。

（记者）家里怎么样了？

（受灾民众）外观还行，但里面已经乱七八糟。家里已经彻底完了，电视机等滚得到处都是，回家很危险。

（记者）能领到食品吗？

（受灾民众）领不到。只有小学以下的孩子和75岁以上的老人能领到食物。

记者虽然只问了3个问题，但问题清晰、循序渐进，符合生活逻辑，直观地展示了灾情情况，让受众在准确接收信息的同时有所触动，感受到新闻报道真实客观的力量。输导出这种力量的，就是记者的提问方式——客观、冷静、平和，自然。

**（四）要疑问，不要质疑**

记者的提问方式要客观中立，可是，记者也是血肉之躯，面对苦难会心生恻隐，面对不公会心生愤怒，面对黑暗会心生斗志。但是，所有的这些情感，都应该成为做好采访的动力，而不能成为在采访中宣泄情绪的理由。记者是事实的发现者和传播者，采访是记者发现事实的重要手段，目的是通过对话还原事实情节，表达人物情感和观点。采访不是用来评判，而是用来了解；不是用来改变事实，而是用来认识事实。记者的"道德"，是让人看到事实、看到观点，从而形成自己的判断，激发改变不良状况的行动。新闻之所以有社会整合和社会环境监测作用，不仅是因为它在呐喊，也因为它牢牢把事实作为基石，这基石把它托得很高，声音才能传得更远。

在采访过程中，记者提问的目的是提供事实，不是情绪。记者要用问题提出疑问，但不应该质疑。要让提问的过程成为刺穿谎言、呈现事实真相的过程，要让掩盖真相的受访者在富有逻辑性的提问面前自相矛盾，难圆其说。

中央电视台《焦点访谈》栏目播出的《安置房成了商品房》，反映河南省淮滨县出台政策，为部分区域居民下发补助金和建安置房，几年过去了，村民没有得到补助金和安置房，安置房却变成了商品房。在调查过程中，记者用细致周密的采访，调查了补助金去向和政策执行情况。

（记者）那就是说每户要补助多少钱呢？

（河南省淮滨县台头乡党委书记 李怀科）每户按照国家的中央财政补贴是20400元。

（记者）那这个补助了没有？

（李怀科）补助了，国家财政补助的这一块，国家财政补助已经到位了。

（记者）那目前这个补助到户了吗？

（李怀科）没有。

（记者）还没有？

（李怀科）一部分用于征地了，要是他本村有地方的话，可以通过自己用地的置换，采取这个办法，在自己的地方盖房子。但是他本村的没有，在其他村的，必须通过征地的方式。

村民的权益受到损害当然让人气愤，但是表达气愤不是记者的职责。记者要通过客观调查，发现发生问题的原因，找到问题症结所在。这段提问，记者思路清晰，通过细致的层层追问，迅速找到了发生问题的环节，为下一步的调查和事实的清晰呈现开了一个好头。在整个采访过程中，记者沉着冷静，都是以疑问的方式平静地发问。正是这种疑问的姿态、平静的语气，反而让记者的提问充满了力量，像子弹一样射向事实的靶心。

# 第十三章　现场报道的泛化运用

现场报道是新闻报道的一种常规方法，发源于广播新闻，发展于电视新闻，普及于现代媒体，在发展中不断自我更新，也在被广泛运用。特别是在媒体融合发展和节目创新多元化融合的大趋势下，随着全媒体融合发展和节目多种类、多元化和融合化的发展，现场报道这一方式也被用于多种平台、多种节目类型中。

## 一、美食节目

美食节目因为更贴近受众的生活与爱好而一直备受欢迎。在更注重个性表达和互动交流的网络传播语态影响下，近年来的生活服务节目在注重网络传播的同时，用"美食＋"的思维将美食与地方民俗文化、旅游地理文化相结合，更强调主持人向体验者的转化，室内传播向室外体验的转化，美食展示向民俗故事的转化。在这个过程中，体验者的体验过程往往是节目的成功秘诀，为了让体验过程更加真实可信，充当体验者的记者变身各种角色，大量现场报道的方法被引入节目当中。下面看一下现场报道在美食节目中的运用。

（美食侦探出镜，在附近街道，边走边说）据说，在张自忠路附近有一条小胡同，里面有一家专门做门钉肉饼的小馆子，别看门面不起眼，但是已经开了小20年了，而且这个名声大到周围的人是无人不知，无人不晓。真的有这么出名吗？咱去问问。

（记者街头采访群众）

（群众一）就那个口儿，那儿好像就是。

（群众二）往里走，向右拐。

（群众三）就在那边，就在那边第二个。

（美食侦探掀门帘进入饭店）听着好像还挺热闹，哟，还真是，这店面虽然不大，但是全坐满了。

（顾客吃肉饼的画面。在饭店采访顾客）

（顾客一）一咬就滋油，我还特别喜欢吃里面这油。

（顾客二）里面都是肉，4块钱，特别大，特别厚。

（美食侦探采访顾客）你一顿能吃几个呀？

（顾客）我要敞开吃，是不是能吃俩呀？

（美食侦探坐在饭店内）今天的这家门钉肉饼，是刷新了我对门钉肉饼的认识了，首先看它这个外观，就特别有豪放不羁的感觉，而且这个大小在门钉肉饼里面算是很大很大的。我旁边准备了一个秤，上秤来约一下，150 克！这一个肉饼就 150 克。

这是北京电视台生活频道《美食地图》节目中的一段，所谓的"美食地图"，就是美食侦探以记者探访的形式，向大家介绍民间美食。这虽然是个生活类的美食节目，但在探访的过程中，"美食侦探"像记者一样使用了大量新闻现场报道、采访的方式，让这个美食节目更加真实、亲切。这也是目前美食节目的突出特点，像中央电视台美食文化探索类全媒体栏目《味道》，运用"美食+"思维，以各地的美食及美食背后的风俗文化为内容，由类似记者的"味道调查员"以实地体验发现的方式，去各地品尝特色美食，展现风土人情。节目中的"味道调查员"虽然不以记者的身份出现，但实际上是将记者与主持人的功能合二为一，在风格上更靠近于网络直播的主播。"味道调查员"调查美食的过程和调查性新闻报道的记者一样，注重过程的记录、情节的呈现、细节的表现和形象化的表达，不过在全媒体传播语境的影响下，更注重记者的个性表达和生活化表现，用更加网络化的人设形象凸显融媒特色，更适合全媒体传播。

## 二、旅游节目与旅游新闻

因为可以给更多的旅游爱好者提供图像索引和攻略指南，所以旅游地理节目成为近年来的热门节目类型。在节目中，景点的广阔空间、风土人情的丰富内容，都给现场报道方式的运用提供了广阔舞台。一般节目中都有个记者型的人物，以体验者的身份带领大家游山水、品美食、聊民俗，多样化的出镜方式、深度体验的方式使这类节目大行其道。正如中央电视台大型旅游栏目《远方的家》一样，其以行走、体验、发现为节目宗旨，主要形式就是记者带领观众行走四方，随着各种美景的不断呈现，记者的现场报道方式也会千变万化，趣味无穷。记者不仅像导游一样游走在山水之间，而且通过采访、交流、参与等多种方式，或体验当地风俗，或品尝美食，或与当地群众同歌共舞、一起劳作，将记者、导游、探访者、体验者等多种角色集于一身，让节目充满了流动性和可看性。

对这样的热门题材，新闻节目自然不会错过，一些新闻节目还专门开设了旅游版块，如中央电视台《第一时间》的《看天下》，有的则推出系列报道，如中央电视台《中国新闻》从 2024 年 8 月 24 日起推出系列报道《坐着火车去旅行》。在这些节目中，记者化身导游，带着观众去不同景点看风景，节目的出镜报道也在向旅游节目和网络直播进行借鉴，运用多种手段放大记者的个性特征和形象化表达，注重节目的趣味性。

2024 年 8 月 27 日，中央电视台《中国新闻》播出了《乘着贵南高铁 走进地球绿宝石——荔波》，记者以自己的方式带领观众进行了一次视觉旅行，如表13-1 所示。

表 13-1　《乘着贵南高铁 走进地球绿宝石——荔波》的现场报道

| 声音 | 画面 |
| --- | --- |
| （记者）我现在就是在贵南高铁的始发站贵阳北站了，这里是整个西南地区的高铁枢纽，每天从这里发出的列车超过了 400 趟，今天，我们就坐着我身旁的这辆连接着贵州和广西的高铁列车，一起来领略一下沿途的风光。走，上车！<br><br>（音乐响起，画外音解说进入）作为我国八纵八横高铁路网的重要组成部分，贵南高铁设计时速 350 公里，从贵阳到南宁原来要五个多小时，现在只要不到两小时。<br><br>（记者）我现在手里拿着的就是一份由贵阳客运部门制作的贵南高铁的手绘地图，它上面标注了沿线很多的著名旅游打卡点，那可以说整条线路呢，一共有 13 个站点，可以说是站站有景点，处处是风光。 | 手机横幅拍摄的记者出镜画面。<br>记者手持自拍手机在列车前边走边说。火车站内旅客进站画面。<br>记者手持自拍手机的全景画面。<br>手机横幅拍摄的记者出镜画面。<br>高铁车站全景、俯拍镜头。<br>多个列车在大桥上奔驰的俯拍镜头。<br><br>记者坐在列车上，手持展开的手绘地图。地图近景画面。<br>记者出镜画面。 |

| 声音 | 画面 |
|---|---|
| 列车从贵阳出来的第一站是龙里北站，在龙里，您可以在龙里大草原领略高山草原的别样风光，还可以打卡云从飞瀑、双龙镇的巫山峡谷，尝尝特色美食肉饼鸡。而经过50分钟，我们就到达都匀东站。都匀是黔南布依族苗族自治州的首府，被称为高原桥城。当地美食是万物皆可酸汤，虾酸牛肉、白酸汤牛肉，鲜美酸爽。另外，秦汉影视城、西山大桥也都是人气打卡点。从贵阳出发，最快只需要一小时零几分，我们就能到达贵南高铁贵州段的最后一站，也是人气最旺的荔波站。这里是世界自然遗产地，因为它绝美的喀斯特地貌、自然风光，被称为地球绿宝石。<br><br>（记者）从荔波高铁站一出来，对面就是通往小七孔景区的大巴的发车点，只有不到15分钟的时间就可以抵达小七孔景区了，非常方便和快捷，那我们现在就出发进景区。<br><br>（记者）我现在就是在小七孔景区的核心打卡点小七孔古桥了，这座建于1835年，用青石砌成的七孔古桥，可以说见证了贵州和广西两地数百年商旅往来的历史，那你看桥下面呢，就是标准的玻璃水了。似乎呢，水下这些小鱼、水下的植物都能够清晰可见，触手可及。当然不仅是清澈，水中含有大量的钙镁离子，在自然光的照射下，呈现出这样一种独特的蓝绿色。应该说，站在桥上望向水里，映衬着两岸的森林，能够感觉到这是实实在在的一块绿宝石。<br><br>在荔波，不仅可以观水，还可以玩水，那我现在呢，就是在鸳鸯湖的上湖，坐在一艘这样的透明船里，那这个船体呢，它是用金属铝和一种类似塑料的材质打造而成，可以非常近距离直观地感受到这里的水质有多好，划一划桨，泛舟湖上，非常惬意。<br>（音乐起）<br>（记者）确实感觉非常的凉爽，透心的凉！<br>然后呢，可以稍微试探性地找一找这种比较固定的，不是那种可以滑落的石头。 | 列车行进镜头。<br>草原美景镜头。<br>当地景点镜头，美食镜头。<br>列车奔驰镜头。<br>都匀城市俯拍镜头。<br>酸汤火锅镜头。<br>影视城镜头、大桥镜头。<br>列车在丛林中穿行的俯拍镜头。<br>记者在车上用手机拍窗外，记者手机拍摄画面的近景镜头。列车进入隧道镜头，荔波车站镜头。荔波风景镜头。<br>记者在车站外候车处出镜。<br>荔波车站镜头。<br>记者手持自拍手机，用自拍杆出镜的全景画面、近景画面。大巴出站，景区内游人戏水、过独木桥等镜头。<br>记者站在桥上用自拍杆出镜。<br>不时插入景区内美景画面。<br>湖水画面。<br><br><br><br><br><br><br><br>镜头从水面摇向记者，记者坐在船上，边划船边对着镜头报道。<br>鸳鸯湖俯拍镜头。<br>游人湖上泛舟镜头。记者在船上对摄像机出镜的全景镜头。<br><br><br>记者头戴安全头盔，腰系安全绳前行，荡过吊绳、经过绳索桥，穿鞋走在河里的镜头，对着镜头说话。<br>记者用脚试探着河里的石头前行。 |

续　表

| 声音 | 画面 |
|---|---|
| （音乐起）<br>　　一会儿，我就要进行瀑降的项目，山顶的高度是160米左右，洞口瀑降下去的高度是80米左右，一会儿看看能不能成功。<br>　　开始瀑降。<br><br>　　哦，没问题，瀑布的水就在我旁边。好，接着往下。<br><br>　　哎呀！这个下来这一下子，腿都有点儿站不稳。<br>　　你看，从看山看水到游山玩水，小七孔景区呢，随着业态不断地丰富，吸引了越来越多的游客。确实在今年的暑期，成为整个贵州特别火热的景点之一，其实在贵州啊，类似这样的景点还有很多，不妨我们一起坐上火车，跨越山海，来一趟贵州。 | 　　记者上岸向森林里走去。<br>　　记者将安全扣挂在路边安全绳，顺着台阶上山。<br>　　记者在山路边回头出镜。<br>　　洞口瀑布的俯拍镜头。<br>　　记者吊在绳上往下开降。<br>　　记者惊吓的镜头。<br>　　记者往下降的全景镜头。<br>　　记者被绳子吊得晃动，发出惊呼。<br>　　记者中途停下，用手接瀑布的水。<br>　　记者继续下降，终于落地。<br>　　记者面对镜头出镜报道。<br>　　景区镜头。<br><br>　　贵州各地美景镜头。 |

舒适地乘车、惬意地划船、刺激的瀑降，记者的体验，透彻又开心。

俯拍、仰拍、跟拍、自拍全用上，"远、全、中、近、特"景别频繁更换，节目的拍摄、剪辑与包装，视觉效果非常好。

紧贴内容，渲染气氛，丰富节奏，音乐与特效声的使用很熨帖。

这条新闻，很明显地呈现出与传统电视新闻的不同。无论是从头看起，还是中途打开电视突然看到，它都能让观众一直看下去。它不像新闻，新闻节目对这一题材与形式的引入，到底是能带来收视率和关注度的提升，还是会造成对新闻平台资源和公信力的消耗与稀释，还需要实践的具体验证。

但是，好看也许就是电视节目不断创新与尝试的最好理由。

### 三、农业、经济类节目

随着我国农村经济的大力发展，以农村新貌展示、乡村旅游推介、地方特色文化挖掘、农产品推介、农村致富经验交流等为主要内容的农村节目也成为电视荧屏上的热点节目，而且，越是贴近农村特色，越是让农民朋友喜欢，节目就会越受欢迎。其中，一些农业节目可谓挖空了心思，就连记者的现场报道方式也常常出其不意。下面来看《每日农经》节目 2016 年播出过的一期节目《湘西椪柑是个"美人"》。

（群山远景加字幕：湖南省湘西土家族苗族自治州泸溪县）

（记者以大山为背景，手拿玫瑰花）今天啊，我本来是来约会的。唉，你说，这对的时间要是碰上对的人，那肯定挺幸福。可是今天我碰砸了，没成！其实，说起来不就是时间上我来早点儿了吗？啊，当然了，我也觉得，她们不够成熟。你看一说，那脸儿都气青了。

（青色椪柑挂在树上晃动的镜头，拟人化配音）不是气青的，是根本还没成熟嘛。是你自己心急，还怨别人！唉，还是元旦以后再来吧！

（记者对着椪柑说话做手势）行，打住！我听出来了，她们这是要撵我走呀。

（椪柑果园的镜头。经销商在果园看果树的镜头。画外音配音）这就叫心急吃不了热豆腐，你们还别笑，来找湘西椪柑约会的，可不止我一个人。你看，我只是来见个面儿，他们搞不好，是来订婚的。

（记者画外音采访）订了吗？

（经销商采访同期声）订了！我们下完订单以后，得等果子颜色好了以后，我们才能过来采收呢。而且今年准备在这儿做 2000 吨左右的单子。

（记者面对镜头）得，人家是搭上了，我这回呀，算是白来一趟！唉！

（一位果农从镜头前走过，同期声）小伙子，这个还没成熟，那边那个椪柑之王正是成熟的时候。（果农向前走出镜头）

（记者面对镜头）椪柑之王？嘿嘿，怎么说来着？刚被关上一扇门，就有人帮你打开一扇窗！

（椪柑之王的镜头，画外音解说）那边儿还没成熟，这边儿已经颜色诱人了。她们圆鼓鼓，黄澄澄，模样俏，像灯笼。这，就是那位大哥所说的椪柑之王！

（湖南省湘西土家族苗族自治州柑橘研究所 彭际森所长）这个品种叫早蜜椪柑，它是从我们湘西老椪柑里面选育出来芽变，这个新品种外观非常漂亮，在我们湘西椪柑里面，也算是一个"美女"了。

（椪柑美女的详细介绍，内容略）

（果园镜头，画外音解说）湖南湘西自治州椪柑种植总面积 87 万亩，早蜜椪柑 3 万亩，因为品质良好，你得提前预订才行。那我是不是又来晚了？

（记者面对镜头）不忘老品种，同时开发新品种，这应该算未雨绸缪。在这儿呢，我也预祝咱们湘西的新老椪柑在今年的市场上能够取得双丰收！这叫什么呀？传统椪柑不愁卖，新品椪柑惹人爱，细皮嫩肉挺实在，（拿出玫瑰花）明年约会我还来！（记者走出画面）

一园子椪柑摇头晃脑会说话也就罢了，还有个记者急匆匆来相亲，相亲也就罢了，还要一波三折，先见青涩没成熟的，又巧遇黄澄澄、细皮嫩肉的"美女"。一个椪柑的推介节目，做得如此峰回路转，妙趣横生，确实出人意料，但是又不让人觉得生硬跳脱。充满喜感的解说词，层层递进的诙谐情节，难道不正是面对丰收的果园应有的情绪反应吗？一个农村节目做得有戏有味儿有看头，这不正是符合农民观众的口味儿吗？这个节目，诙谐幽默的背后，凝聚着创作团队的用心用脑用情。带有主观表演性的出镜方式，或许无法成为新闻现场报道的主流方式，但对新闻如何做好现场报道、创新报道方式来说，是值得借鉴的他山之石。

综上可以看出，记者出镜和现场报道，并不只是运用于一种节目形态，也不会永远是一副面孔。媒体在发展，电视在发展，节目在发展，现场报道方式也会不断地创新发展。如何做出精彩的现场报道，需要不断地总结与思考，练习与实践。

# 参考文献

[1] 宋晓阳 . 出镜记者现场报道指南 [M]. 北京：中国广播电视出版社，2008.

[2] 李良荣 . 新闻学概论 [M].6 版 . 上海：复旦大学出版社，2018.

[3] 吴信训 . 新编广播电视新闻学 [M].3 版 . 上海：复旦大学出版社，2018.

[4] 林晖 . 当代新闻报道教程 [M].2 版 . 上海：复旦大学出版社，2017.

[5] 胡智锋 . 电视节目策划学 [M].2 版 . 上海：复旦大学出版社，2012.

[6] 李彬 . 全球新闻传播史（公元 1500—2000 年）[M]. 北京：清华大学出版社，
    2005.

[7] 郭镇之 . 中外广播电视史 [M].3 版 . 上海：复旦大学出版社，2016.

[8] 张龙，崔林，张树华 . 电视直播与现场报道 [M]. 北京：中国传媒大学出版社，
    2017.

[9] 陆晔，赵民 . 当代广播电视概论 [M].2 版 . 上海：复旦大学出版社，2010.

[10] 兰德尔 . 全球新闻记者 [M]. 邹蔚苓，译 . 上海：复旦大学出版社，2013.

[11] 莱特尔，哈里斯，约翰逊 . 全能记者必备：新闻采集、写作和编辑的基本技能 [M].
    宋铁军，译 .7 版 . 北京：中国人民大学出版社，2010.

[12] 斯图尔特，凯什，龙耘 . 访谈的艺术 [M].10 版 . 上海：复旦大学出版社，2007.

[13] 施瓦茨 . 美联社新闻报道手册 [M]. 曹俊，王蕊，译 . 北京：中央编译出版社，
    2014.

[14] 崔林 . 电视新闻直播报道：现场的叙事 [M]. 北京：中国传媒大学出版社，2012.

[15] 邓秀军，刘静 . 出镜记者案例分析 [M]. 北京：北京大学出版社，2014.